Vistas del mundo hispánico

A LITERARY READER

Constance M. Montross
Clark University

Esther L. Levine
College of the Holy Cross

Charles Scribner's Sons

New York

Copyright © 1986, Scribner Book Companies, Inc.,
an affiliate of Macmillan, Inc.

Printed in the United States of America

Macmillan Publishing Company
866 Third Avenue, New York, New York 10022

Collier Macmillan Canada, Inc.

Library of Congress Cataloging in Publication Data
Main entry under title:

Vistas del mundo hispánico.

(The Scribner Spanish series)
    1. Spanish language—Readers.   I. Montross,
Constance M.   II. Levine, Esther L.   III. Series.
PC4117.V53   1986   468.6'421   85-27965
ISBN 0-02-382450-6

Printing: 3 4 5 6 7 8   Year: 7 8 9 0 1 2 3 4 5

ISBN 0-02-382450-6

Acknowledgments

Rosario Castellanos, selections from an interview, "En recuerdo de Rosario
Castellanos," María Luisa Cresta de Leguizamón in *La palabra y el hombre*, vol.
19, 1976, pp. 3–18.

Rosario Castellanos, *El eterno femenino*. Reprinted by permission of Fondo de
Cultura Económica, Mexico City.

"Conversación con Octavio Paz" de Edwin Honig, October 16, 1975, Cambridge, Mass. Reprinted from *Revista de Occidente* by permission of Fundación
José Ortega y Gassett, Fortuny, 53, Madrid 10, Spain.

Octavio Paz, "Máscaras mexicanas," in *El laberinto de la soledad*. Reprinted by
permission of Fondo de Cultura Económica, Mexico City.

"Conversando con Gabriela Mistral," Xesús Nieto Pena, in *Repertorio Americano*,
vol. 27, no. 9, Sept. 2, 1933, pp. 136–142. Reprinted by permission of Universidad Nacional, Instituto de Estudios Latinoamericanos, Heredia, Costa Rica.

Vistas del mundo
hispánico *A Literary Reader*

The Scribner Spanish Series
General Editor, Carlos A. Solé
The University of Texas at Austin

Gabriela Mistral, second sonnet from "Sonetos de la muerte," "A las nubes," "Meciendo," "Suavidades," "Canto que amabas." Reprinted by permission of Editorial Porrúa, S.A., Mexico City.

Pablo Neruda, selection from *Memorias—Confieso que he vivido.* © Pablo Neruda. Reprinted by permission of Carmen Balcells, Agencia Literaria, Barcelona, and Albaceazgo de Matilde Neruda.

Pablo Neruda, "Poema XX," "Explico algunas cosas," "Margarita Naranjo," "Oda a la vida." © Pablo Neruda. Reprinted by permission of Carmen Balcells, Agencia Literaria, Barcelona, and Albaceazgo de Matilde Neruda.

Silvina Ocampo, selection from "Correspondencia con Silvina Ocampo—Una entrevista que no osa decir su nombre," Danubio Torres Fierro, in *Plural*, Nov., 1975, pp. 57–60.

Silvina Ocampo, "La casa de azúcar," from *"La furia" y otros cuentos.*

"Conversaciones con García Márquez by Armando Durán, in *Sobre García Márquez.*

Gabriel García Márquez, "Un señor muy viejo con unas alas enormes," © Gabriel García Márquez, 1968. Reprinted by permission of Carmen Balcells, Agencia Literaria, Barcelona, and Gabriel García Márquez.

Ana María Matute, "La razón de *Historias de la Artámila*," from *Doce Historias de la Artámila*, edited by Manuel Durán and Gloria Durán, copyright © 1965 by Harcourt Brace Jovanovich, Inc. Reprinted by permission of the publisher.

Ana María Matute, "La conciencia," from *Historias de la Artámila.* © Ana María Matute, 1961. Reprinted by permission of Carmen Balcells, Agencia Literaria, Barcelona, and Ana María Matute.

Federico García Lorca, "Bodas de sangre," from *Obras completas.* Copyright © Herederos de Federico García Lorca, 1954. Reprinted by permission of New Directions Publishing Corporation.

Federico García Lorca, Selections from "Declaraciones sobre teatro" from *Obras completas.* Copyright © Herederos de Federico García Lorca, 1954. Reprinted by permission of New Directions Publishing Corporation.

Rosaura Sánchez, "Respuestas de Rosaura Sánchez" and "Entró y se sentó." Reprinted by permission of Rosaura Sánchez.

Francisco Jiménez, "La génesis de 'Cajas de cartón'." Reprinted by permission of the author.

Francisco Jiménez, "Cajas de cartón," by Francisco Jiménez. © 1977 by Bilingual Press. Reprinted by permission.

To Steven and David

Preface

Vistas del mundo hispánico: A Literary Reader seeks to introduce the intermediate-level college student to the world of Hispanic literature. Through the use of this literary anthology, students of Spanish not only will develop language skills, but also will be exposed to Spanish and Spanish-American authors whose writings break down all language and culture barriers.

Exposure to good literature at the intermediate level arouses the student's intellectual curiosity and provides a model for the development of the student's comprehension and writing skills. The authors we have chosen are well known for their expertise in creating literature with universal appeal; it is no coincidence that three of these authors—Gabriela Mistral, Pablo Neruda, and Gabriel García Márquez—are Nobel Prize winners.

Vistas del mundo hispánico includes selections by ten writers arranged under five timely themes. As long as humanity lives, men and women will always struggle to find their place in society (*"Los estereotipos sexuales"*), try to love one another (*"El amor universal"*), escape from harsh reality (*"El realismo mágico"*), seek truth and honor (*"El honor"*), and experience estrangement in a new land (*"La experiencia inmigrante"*). Thus, *Vistas del mundo hispánico* can be used in the classroom now and in the future without losing its impact upon the student of Spanish.

Unique to *Vistas del mundo hispánico* is the juxtaposition of selections—essays, short stories, drama, poetry—by a male and female author dealing with the same theme. Often these pairs of authors come from the same country and the same time period. Pablo Neruda actually met and was influenced by Gabriela Mistral, his counterpart in the chapter dealing with *"el amor universal."* It will be highly stimulating for both teacher and student to compare these perspectives on the same theme.

Another unique feature of *Vistas del mundo hispánico* is the autobiographical selection by each author through which the student is exposed to the writer's feelings and thoughts regarding his/her craft. These personal accounts help to eliminate the distance between the author and the student.

THEMATIC UNITS

I. *"Los estereotipos sexuales"* contains selections by the Mexican authors Rosario Castellanos and Octavio Paz, who examine men's and women's roles in Mexican society; these questions, of course, can extend to North American society and to the rest of the world as well. Two genres are represented in this chapter: Castellanos' selection is an excerpt from her drama *El eterno femenino,* while Paz's selection is from *"Máscaras mexicanas,"* a chapter of his book of essays *El laberinto de la soledad.* Comparing men's and women's roles in Mexican society as well as in other parts of the world will be a starting point for thought-provoking classroom discussion.

II. *"El amor universal"* is a celebration of love for humanity through the poetry of Nobel Prize Chilean authors Gabriela Mistral and Pablo Neruda. The autobiographical sections include an interview with Mistral and Neruda's poignant definition of poetry from his autobiography *Memorias.* To make the selections easily accessible to students, the poetry is presented chronologically, accompanied by pertinent biographical data to help clarify themes. Once the student understands the poetry, he/she can participate in meaningful discussion regarding the fundamental questions posed by these poems.

III. *"El realismo mágico"* exposes the student to Latin America's "boom" literature with the stories of the Argentinian Silvina Ocampo and the Colombian Gabriel García Márquez. Interviews with Ocampo and García Márquez aid in the interpretation of their stories. Ocampo's *"La casa de azúcar"* and García Márquez's *"Un señor muy viejo con alas enormes"* are short stories whose plots and themes force the reader to reexamine and question his/her perception of reality.

IV. *"El honor"* presents conflicts with honor and conscience as men and women try to seek happiness and peace of mind. Matute's personal account of the inspiration for her stories in the preface to *Doce historias de la Artámila* and García Lorca's definitions of theater prepare the student for the selections that follow. García Lorca's play is easily understood through the use of numerous marginal notes and summaries of the scenes not included. Students cannot help but debate the questions of morality, truth, and honor provoked by these writings by two distinguished Spanish authors.

V. *"La experiencia inmigrante"* presents the problems of assimilation and survival through the selections of Chicano authors Rosaura Sánchez and Francisco Jiménez. In the autobiographical section Sánchez's responses to our questions and Jiménez's account of the genesis of his story personalize their short stories. *"Entró y se sentó"* by Sánchez and *"Cajas de cartón"* by Jiménez are two clearly written short stories that will serve as catalysts for discussion on the immigrant experience.

TEACHING AIDS

Vistas del mundo hispánico contains a variety of sections and teaching aids. A painting by a Hispanic artist introduces each chapter's theme. A brief biographical introduction to each author precedes her/his autobiographical statement. After the selection itself, there are numerous comprehension and analytical questions, vocabulary exercises, topics for conversation and composition, and a Spanish/English vocabulary index.

The painting related to the theme of each chapter captures the student's attention and starts him/her thinking about the creative relationship between that topic and the work of art. A painting such as "*¿El adulterio?*" by Ramón Llovet, for example, illustrates how an artist chooses a certain medium to express his ideas and points of view. These paintings may be used also as a point of departure for discussions about the various perspectives of the artists and the writers.

The brief introductions in English and the autobiographical selections help the students view the writers as artists and as people. Both the autobiographical selections and the main selections are glossed with the appropriate vocabulary in order to help the students read accurately and fluently.

These readings are followed by comprehension and analysis questions. The first—a series of who, what, and where questions—test the students' understanding of the texts. The second group of questions centers around the question "Why?" and asks the students to probe more deeply into the texts. The students must look for specific themes and their development, examine the relationship between ideas and form, analyze particular verses or lines, compare and contrast, synthesize and summarize, and express personal reactions in order to understand the authors' intentions.

Following the questions, vocabulary lists and exercises are included to increase students' understanding and active vocabulary. The words were chosen for their frequency and importance in the selections and/or for the difficulty they often pose for intermediate students. Because the words are grouped grammatically and presented in context, the students can understand the specific meanings in the readings and use these words more accurately and easily. The exercises are varied and graduated, moving from the more passive and simple exercises, such as fill-ins, to the more difficult and active, such as translation and the creation of the students' own sentences.

The "*Temas de conversación*" and "*Temas de composición*" are closely coordinated to give students the opportunity to speak and write at greater length on the themes of each chapter. The students are asked to summarize, compare points of view, examine the relationship between the autobiographical selections and the main readings, and most important, relate these themes and perspectives to their own experiences and opinions, a starting point for their own creative work.

Each section of *"Temas de conversación"* contains several ideas for class discussion. Individual students or groups of students might be asked to prepare oral presentations on one or more of these topics. To assure that these presentations are thorough, and in order to reinforce the use of the vocabulary, the teacher might request that the students speak from notes, at least initially, being careful not to read from a prepared text. Individual students or groups might first present their views to other individuals or groups and then report back to the entire class, thus encouraging more oral practice and communication among all the members of the class. At the end of the class one student from each group or all the students might be asked to summarize the ideas of that day's discussion.

The topics of the *"Temas de composición"* flow logically from the topics for conversation. Many of the suggested titles require the students to take a stand and develop their theses with regard to a question discussed in class. Others make the students reflect upon and write analytically and creatively about their own experiences in relation to the themes of the chapter.

The Spanish/English vocabulary contains words from the vocabulary lists and other words the intermediate student needs to know to understand the selections.

We are much indebted to Helen McInnis and Ronald Harris of Macmillan and to Professor Carlos Solé for their invaluable suggestions and assistance in the preparation of *Vistas del mundo hispánico: A Literary Reader.*

C. M. M.
E. L. L.

Contents

Vistas del mundo hispánico *A Literary Reader*

I Los estereotipos sexuales

"El Quitasol," Goya. *(Courtesy Museo del Prado)*

1 *Rosario Castellanos*

(Courtesy N.Y. Public Library)

Writer of poetry, prose, and drama; professor; ambassador; mother; and wife—these were some of the public and private roles of Rosario Castellanos, an insightful and ironic critic of Mexico. In her works she explores the many difficulties of being a member of a minority, whether as an Indian in rural Chiapas or a modern woman in Mexico City. With both humor and sadness, she deals with injustice, loneliness, and disillusion.

Born on May 25, 1925, in Mexico City, Rosario Castellanos moved with her family to Chiapas, where she first saw the unjust treatment of the Indians. These experiences were the inspiration for her first novel, *Balún Canán*, in which Castellanos exposes the prejudices that cause suffering within both the Indian and Creole worlds.

At the age of fifteen she moved back to the capital to complete her high school and university education. There she started work as an editor for a number of literary magazines and published her first books of poetry: *Trayectoria del polvo*, 1948; *Apuntes para una declaración de fe*, 1949; *Dos poemas*, 1950; and *De la vigilia estéril*, 1950.

Her concern for Indians and women continued in the years that followed. She worked for the Instituto Nacional Indigenista in San Cristóbal Las Casas, and wrote *Oficio de tinieblas*, her second Indianist novel. In the short stories of *Álbum de familia* (1971) and *Convidados de agosto* (1964), she writes of the conflicts of contemporary women.

In 1971, Rosario Castellanos was named ambassador to Israel. On August 7, 1974, she died in an accident. The following selection from her last work, *El eterno femenino*, satirizes beliefs and prejudices that enslave human beings.

En recuerdo de Rosario Castellanos*

M.L.   Rosario, ¿se considera usted incluida dentro de alguna corriente[1] literaria, mexicana o hispanoamericana, como por ejemplo la indigenista?[2]

R.C.   Los críticos en general han coincidido en incluirme dentro de la
5   corriente indigenista porque los personajes que protagonizan la mayor parte de mis libros de relatos,[3] son indígenas, o mestizos,[4] o blancos pero en su relación con los indígenas. Sin embargo, yo no creo que esta inclusión sea válida porque lo que se entiende por literatura indigenista corresponde a una serie de esquemas, a una concepción del
10   mundo maniquea,[5] en la cual se dividen los buenos y los malos por el color de la piel; y naturalmente los buenos son los indios porque son las víctimas, y los malos son los blancos porque son los que ejercen el poder, tienen la autoridad y el dinero; y yo no creo que

*De una entrevista con Rosario Castellanos por María Luisa Cresta de Leguizamón.

[1] **corriente** current
[2] **indigenista** Indian, having to do with native people
[3] **relatos** stories
[4] **mestizos** people of Indian and European blood

[5] **maniquea** Manichean; of a religious system whose principal feature is a dualistic theology that represents a conflict between light and darkness

estos esquemas sean válidos. Precisamente lo que he tratado de hacer
en todos mis libros es que este esquema se muestre como falso y   15
aparezca la ambigüedad esencial de los seres humanos; pero además,
la serie de contradicciones que existen entre las relaciones sociales...

M.L.   Creo entender que el problema de la mujer le interesa profun-
damente. Dígame algo de ello, de la mujer escritora o intelectual, o
política, o madre...   20

R.C.   Creo que me interesa, más que nada, el problema en general.
Ser mujer, en México, es un problema; entonces hay que planteárselo[6]
de la forma más lúcida posible porque creo que es la manera de dar
un paso hacia la solución. En México vivieron con una serie de mitos
respecto a la femineidad, que no se examinan, que se supone que se   25
practican, que se traicionan constantemente y que no se pone en crisis
el momento de la traición y el momento de la sustentación de ese
mito; que no se ve cómo ese mito es absolutamente inaplicable a la
realidad. Y entonces, vivimos con una serie de desniveles de conducta, de pensamientos, de convicciones, con una serie de contra-   30
dicciones entre hechos[7] reales y formas ideológicas y formas de pensamientos que ya no se pueden llevar más lejos de lo que se han
llevado. Casi toda la moral nuestra, la moral que se aplica a las mujeres y que desde luego es absolutamente distinta a la de los hombres,
porque se la considera un ser inferior, un ser ancilar[8] en todos los   35
sentidos de la palabra, la moral que se le aplica a la mujer es una
moral válida en el siglo XVI porque las condiciones estaban dadas
para que la mujer aceptara esa moral, pero que tiene que seguir man-
teniendo y respetando en unas condiciones que son ya totalmente
diferentes. Ha logrado[9] una independencia económica, en muchos   40
casos superior a la del hombre; ha logrado un acceso a todos los
centros de educación sin ningún tipo de obstáculo, ha logrado un
acceso a las representaciones populares en la política, ha logrado una
serie de derechos en la ley; pero, en la realidad, las costumbres siguen
imponiéndose, y esta mujer que «de hecho» goza de tantas igualdades   45
y «de derecho» también, cuando trata de vivir su propia vida, tiene
que someterse[10] a una moral feudal periclitada. Entonces, esta serie
de contradicciones, que además yo he padecido de una manera mucho más intensa por el oficio que escogí, el de escritora, me ha preocupado, y en muchos casos me ha sublevado, sin que por eso quiera   50
decir que soy feminista en el sentido cursi[11] de la palabra. Esta situación me ha hecho escribir una serie de textos al respecto. Yo quisiera
que quedara claro cómo es contradictoria nuestra situación.

---

[6] **plantear** to state, to present   [9] **logrado** achieved
[7] **hechos** facts   [10] **someterse** submit herself
[8] **ancilar** ancillary, auxiliary   [11] **cursi** vulgar, pretentious

PREGUNTAS

1. ¿Por qué Rosario Castellanos no se considera parte de la corriente literaria indigenista?
2. ¿Cuál es el esquema que no cree válido? ¿Qué ha presentado en sus libros en vez de este esquema?
3. ¿Cómo se considera a la mujer mexicana? ¿Qué contradicciones tiene su vida? ¿Qué piensa Castellanos sobre esta situación?

El eterno femenino

PERSONAJES[1]

Los que aparezcan. Pero serán suficientes diez actores—siete mujeres y tres hombres—siempre y cuando sean versátiles y comprendan que se trata de[2] un texto no de caracteres[3] sino de situaciones.

Esto quiere decir que los protagonistas han de[4] definirse por las acciones (que, a veces, serán únicas), por las palabras (que no serán abundantes) y, fundamentalmente, por su vestuario[5] y por el ambiente[6] en que se mueven. 5

La resolución de este problema recae sobre el encargado[7] de la decoración.[8] No tratará, en ningún momento, de[9] ser realista, sino de captar la esencia, el rasgo definitivo de una persona, de una moda, de una época. Es aconsejable la exageración, de la misma manera que la usan los caricaturistas, a quienes les bastan 10 *unas cuantas líneas para que el público identifique a los modelos en los que inspiraron sus figuras.*

El texto, como se avisa desde el principio, es el de una farsa que, en ciertos momentos, el mantenimiento de un tono general y, sobre todo, el ritmo en el desarrollo de la trama,[10] ha de lograrlos el director. 15

Y yo agradecería que el equipo[11] entero de trabajo no olvidara la frase de Cortázar que bien podía haberme servido de epígrafe y que afirma que la risa ha cavado[12] siempre más túneles que las lágrimas.

PRIMER ACTO
OBERTURA[13]

Un salón de belleza en una colonia[14] residencial de la clase media mexicana en el Distrito Federal. Hay que[15] acentuar el aspecto marciano[16] de las clientes 20 *metidas[17] dentro de los secadores.[18] La* PEINADORA[19] *está terminando de colocar los tubos,[20] la red,[21] los protectores contra el calor en las orejas de una cliente. La* DUEÑA[22] *vigila, con ojo de águila, el correcto funcionamiento de su negocio. Se abre la puerta para dar paso[23] al agente de ventas,[24] viejo conocido en esos*

---

[1] **personajes**   characters in a play
[2] **se trata de**   deals with
[3] **caracteres**   personalities
[4] **han de**   should
[5] **vestuario**   costumes
[6] **ambiente**   surroundings
[7] **encargado**   the one in charge
[8] **decoración**   stage setting
[9] **tratará de**   will try
[10] **trama**   plot
[11] **equipo**   team
[12] **cavado**   dug

[13] **obertura**   overture
[14] **colonia**   city district
[15] **hay que**   it is necessary
[16] **marciano**   Martian
[17] **metidas**   put
[18] **secadores**   dryers
[19] **peinadora**   hairdresser
[20] **tubos**   curlers
[21] **red**   net
[22] **dueña**   owner
[23] **dar paso**   let in
[24] **ventas**   sales

25 *rumbos, con quien se intercambian los gestos rituales de saludo.*[25] *La* DUEÑA
lo lleva a un sitio en el que puedan, cómodamente, discutir y anotar el pedido.[26]
El AGENTE *saca de su portafolio su as*[27] *de triunfo: un nuevo catálogo.*

AGENTE. Esta vez, señora, se trata de algo sensacional, inaudito,[28]
insólito,[29] un producto nuevo.

30 *La* PEINADORA, *que ha conducido a la mujer con la que se trabajaba al
secador, se acerca a escuchar con curiosidad. A la dueña, obviamente, le parece
una falta de respeto. Pero no se atreve a*[30] *protestar, ni contra la presencia
de la peinadora, ni contra sus intervenciones, que siempre le parecen inso-
lentes, por miedo a quedarse sin nadie que le sirva. Éstas son, por lo pronto,*

35 *las consecuencias que se resienten, en carne propia, de la etapa del despegue*[31]
en el proceso de desarrollo en un país del tercer mundo.
PEINADORA (*asombrada y complacida*). ¿Otro?
DUEÑA (*con reproche*). Pero si todavía no hemos acabado de pagar los

40 abonos[32] del último producto nuevo que usted nos trajo. Hace jus-
tamente dos meses.
AGENTE. El progreso va rápido, señora, y nadie podrá detenerlo. En
cuanto al aparato[33] viejo (si es eso lo que la preocupa), la compañía
lo toma como enganche[34] del nuevo. Lo demás, ya lo sabe usted, que

45 es mi cliente consentida. Usted paga como quiere y cuando quiere.
PEINADORA. ¿Y si, de veras, no quiere?
AGENTE. No hay problema. La fianza[35] que se deposita al principio
nos cubre contra todas las eventualidades.
PEINADORA. Abusados, ¿no?

50 AGENTE. En los países latinos, donde el tullido[36] es alambrista,[37] son
frecuentes los cambios de voluntad, de domicilio, de nombre, de temperatura y hasta de gobierno. La casa se ve obligada a tomar sus
precauciones...
PEINADORA. ¡A poco es la Casa Blanca!

55 DUEÑA (*a la* PEINADORA, *áspera*). ¡No seas metiche![38]
AGENTE (*impávido,*[39] *prosiguiendo su lección aprendida de memoria*). Los
mánagers de nuestra compañía han tenido en cuenta[40] las peculiaridades de la clientela al diseñar[41] su sistema de crédito para estar a
salvo[42] de cualquier contingencia.

---

[25] **saludo** greeting
[26] **pedido** order
[27] **as** ace
[28] **inaudito** unheard-of
[29] **insólito** unusual
[30] **se atreve a** dares
[31] **despegue** take off (of an air-
plane), separation
[32] **abonos** payments
[33] **aparato** gadget, machine

[34] **enganche** down payment
[35] **fianza** security, bond
[36] **tullido** crippled
[37] **alambrista** tight rope walker
[38] **metiche** meddlesome
[39] **impávido** fearless; brazen
[40] **han tenido en cuenta** have kept
in mind
[41] **diseñar** design
[42] **a salvo** without injury

PEINADORA. ¿Quién está a salvo? 60
AGENTE. La compañía...digo, la clientela. (*Volviéndose a la* DUEÑA *y refiriéndose a la* PEINADORA.) ¡Qué muchacha tan simpática! ¿Dónde aprendió a hacer preguntas?
PEINADORA. En lugar distinto a donde a usted le enseñaron las respuestas. Por eso es que no coincidimos. 65
AGENTE (*con risa de conejo*,[43] *a la* DUEÑA). Señora, ¿no tendría usted inconveniente en invitarme a tomar una taza de café? Me encantaría que lo preparara la señorita, que tiene unas manos de hada.[44]
PEINADORA. ¿No prefiere usted que yo le haga un té con hojitas de tenme acá? (*Sin esperar la respuesta, se va.*) 70
AGENTE (*a la* DUEÑA). He querido hablar privadamente con usted porque todavía estamos en una etapa de experimentación y se trata de un secreto. Mire usted a sus clientes, con la cabeza metida dentro del secador. ¿Cuánto tiempo duran así?
DUEÑA (*en tono neutro, para no comprometerse*[45]). Depende de la cabeza 75
de cada una.
AGENTE. El promedio,[46] según las estadísticas, es de una hora. ¡Una hora! ¿No le parece monstruoso? Una hora en que no se puede platicar, ni oír la radio, ni ver la televisión porque con el ruido no se entiende una sola palabra. Ni leer porque se tienen las manos ocu- 80
padas con el manicure. Ni nada. Y luego, el calor. ¡Una hora! ¿Cuántas veces a la semana vienen sus clientes?
DUEÑA. Las rejegas,[47] una; las comunes y corrientes, dos. Las consentidas,[48] diario.
AGENTE. Eso hace un promedio mínimo de 52 horas al año. ¡52 horas 85
de infierno!
DUEÑA. Hay que sufrir para merecer, ¿no? Al que quiera azul celeste, que le cueste.
AGENTE. Ya les cuesta dinero, ya les cuesta tiempo. ¿No es suficiente?
DUEÑA. Al que quiera azul celeste bajo, que le cueste su trabajo. 90
AGENTE. Usted me perdonará, pero ésa no es la filosofía de la casa que yo represento. Nuestro lema[49] es: goce[50] cuanto pueda y no pague... (*Mefistofélico*) si puede.
DUEÑA. ¿Sí? Eso era lo que decía mi difunto y ya ve usted, murió sin dejarme dinero cual ninguno. De no haber sido por eso... ¿Usted cree 95
que yo me metí[51] a trabajar por mi gusto? Si hay justicia, Dios ha de tenerlo achicharrándose[52] en los apretados[53] infiernos.
AGENTE. No se preocupe, señora. Con nuestra casa no hay problema

---

[43] **conejo** rabbit
[44] **de hada** of a fairy
[45] **comprometerse** promise, bind oneself
[46] **promedio** average
[47] **rejegas** meek

[48] **consentidas** spoiled
[49] **lema** slogan
[50] **goce** enjoy
[51] **me metí** got involved with
[52] **achicharrándose** getting burned
[53] **apretados** tight, difficult

100 de salvación eterna. En lo que a nosotros concierne usted no tendrá deudas que le cobren[54] en el cielo. Todo liquidado antes del viaje.

PEINADORA (*con una bandeja y varias tazas*).   Hice café para los tres.

AGENTE (*resignándose a tener un testigo del que no se puede desembarazar[55]*). Gracias. Hay que pensar en la clientela, en el bienestar al que tienen derecho. ¡Ya no más el secador como instrumento de tortura!

105 PEINADORA.   ¡Bravo! ¿Van a cambiar la moda de los peinados?[56] ¿Los van a hacer más sencillos, más rápidos, más baratos?

DUEÑA.   ¿Quieres que nos quiten, a ti y a mí, el pan de la boca? ¡Estás chiflada![57]

AGENTE.   Muy bien visto, señora. No se trata de perjudicar los intereses
110 de la iniciativa privada simplificando, disminuyendo o haciendo superfluo el producto que ofrecen. Se trata, en este caso particular, de que mientras dura el secado del pelo—tiempo que no variará—la cliente se divierta. Nuestros expertos hicieron una encuesta:[58] ¿Qué hace una mujer reducida a la inercia total durante una hora?

115 PEINADORA.   Se aburre.

AGENTE.   Contábamos con las dos respuestas y debo confesar que no nos preocupamos demasiado por ellas. Pero cuando se descubrió que el aburrimiento o el sueño eran sólo transitorios y podían tener otras consecuencias...entonces...entonces fue necesario inventar algo para
120 conjurar el peligro.

PEINADORA.   ¿Cuál peligro?

AGENTE.   Que las mujeres, sin darse cuenta[59] se pusieran a pensar. El mismo refrán lo dice: piensa mal y acertarás.[60] El pensamiento es, en sí mismo, un mal. Hay que evitarlo.[61]

125 DUEÑA.   ¿Cómo?

AGENTE.   Con este aparato que le voy a mostrar. (*Deshace un paquete y muestra algún diminuto dispositivo electrónico.*)

DUEÑA (*decepcionada*).   ¿Esa pulga?[62]

PEINADORA.   ¿Para qué sirve?

130 AGENTE.   Para colocarse en donde se genera la corriente eléctrica del secador. Aparte de emitir unas vibraciones que amortiguan[63] la sensación no placentera[64] del secado—el ruido, el calor, el aislamiento, etc.—cumple una función positiva. Yo diría: Extremadamente positiva. Induce sueños.

135 DUEÑA.   ¿Sueños?

AGENTE.   ¡Maravillosos sueños! Durante todo el tiempo que la cliente está sometida a la acción de este aparato, sueña.

[54] **cobren** collect
[55] **desembarazar** get rid of
[56] **peinados** hairdos
[57] **chiflada** crazy
[58] **encuesta** poll
[59] **darse cuenta** realize
[60] **acertarás** you will hit the mark
[61] **evitarlo** avoid it
[62] **pulga** flea
[63] **amortiguan** deaden, muffle
[64] **placentera** enjoyable

PEINADORA. ¿Y qué sueña?

AGENTE. Lo que quiera. Mire, aquí, operando este botón, se obtiene el control absoluto del material. Hay un catálogo completo de varian- 140 tes: sueña que es la mujer más bonita del mundo; que todos los hombres se enamoran de ella; que todas las mujeres la envidian; que a su marido le suben el sueldo;[65] que no hay alza[66] de precios en los artículos de primera necesidad; que consigue una criada eficiente y barata; que este mes queda embarazada;[67] que este mes no queda embar- 145 azada; que sus hijos sacan diez de promedio[68] en la escuela; que sus hijas necesitan brassiere; que se muere su suegra;[69] que se queda viuda[70] y cobra un gran seguro de vida[71]... en fin, hay para todas las situaciones y para todos los gustos.

PEINADORA. ¡Pero son sueños de lo más comunes y corrientes![72] 150

AGENTE. Bueno... si usted tiene una clientela especial nosotros le proporcionamos unos aparatos especiales. Naturalmente, son más caros.

DUEÑA. Ya me lo imaginaba. Han de costar[73] un ojo de la cara.[74]

AGENTE. No, no. Si se trata del modelo barato, como el que usted necesita, no hay problema. Y tenga usted en cuenta lo que puede 155 usted subir de valor a su trabajo. Usted sabe tan bien como yo que no es usted la que paga: es la clientela. Y de paso hace usted una obra caritativa.[75] La gente es capaz de darlo todo con tal de no pensar. Sí, el gran riesgo del ocio.[76] ¿Se da usted cuenta del peligro que correríamos si...? 160

DUEÑA (*horrorizada*). ¡Ni pensarlo!

PEINADORA (*contemplando el dispositivo*). La solución al problema está aquí.

AGENTE. Exactamente. Ya no hay por qué preocuparse.

PEINADORA. Es como una especie de droga, de L.S.D. 165

DUEÑA. ¿Cómo te atreves a hacer esas comparaciones? Las drogas son una porquería[77] para viciosos. Éste es un aparato decente.

AGENTE. ¿Hacemos el pedido?

DUEÑA. No. Déjemelo a vistas. No me quiero embarcar en una aventura. 170

AGENTE. ¡Pruébelo! No se arrepentirá.

PEINADORA. ¿Por qué no lo estrenamos[78] con Lupita? Sería como una especie de regalo. (*Al* AGENTE.) Se trata de una ocasión muy especial: viene hoy a peinarse para su boda.

---

[65] **sueldo** salary
[66] **alza** raise
[67] **embarazada** pregnant
[68] **diez de promedio** an A average
[69] **suegra** mother-in-law
[70] **viuda** widow
[71] **seguro de vida** life insurance
[72] **comunes y corrientes** common

[73] **Han de costar** They must cost
[74] **un ojo de la cara** ''an arm and a leg''
[75] **caritativa** charitable
[76] **ocio** idleness
[77] **porquería** filth, trifle
[78] **estrenamos** try for the first time

175 AGENTE.   Tenemos exactamente lo que se necesita en esos casos. ¿Dónde
quiere que se lo coloque?

PEINADORA (*llevándolo a un secador*).   Aquí.

DUEÑA.   Fíjate en cómo se hace a ver si aprendes.

AGENTE.   Es facilísimo. (*Trabaja, observado muy de cerca por la* PEINA-
180 DORA.) Listo. ¿Se lo dejo graduado en algún punto?

PEINADORA.   Sí. En ese punto que dice: ¿Qué me reserva el porvenir?[79]

DUEÑA (*todavía aprensiva*).   ¿No será muy arriesgado?[80]

AGENTE.   Por favor señora, ¡no me ofenda! ¿Quién cree usted que pla-
neó ese sueño? ¿Una persona común y corriente? De ningún modo.
185 ¿Un genio? Tampoco. El primero es muy limitado; el segundo está
loco. Entonces recurrimos a algo mejor que los dos juntos: una máquina, una computadora, un cerebro electrónico. Lo que no puede
equivocarse nunca. El sueño será placentero.[81] Y ahora (*transfigurado
por sus atavismos*[82] *en maestro de ceremonias del Salón México*), querido
190 público, vamos a tener el gusto de dedicar nuestra pieza «¿Qué me
reserva el porvenir?» con especial dedicatoria a nuestra dilecta amiga
Lupita y personas que la acompañan. ¡Hey, familia!...

DANZÓN
LUNA DE MIEL[83]

En un sofá, cubierta con un velo[84] *y vestida con el más convencional y pomposo*
195 *traje de novia*[85]*—al fin y al cabo es para una sola vez en la vida—está* LUPITA.
En la cola[86] *del traje hay una mancha*[87] *de sangre que no resultaría muy visible*
si ella no arreglara cuidadosamente los pliegues[88] *de modo que la mancha resalte*
a la vista. Mientras ella se ocupa de este menester,[89] *con una virtuosa minu-*
ciosidad, JUAN, *el marido, se pasea como una fiera enjaulada.*[90] *Fuera de una*
200 *trusa*[91] *color carne—que ha de producir, lo más posible, una impresión de des-*
nudez—no tiene puesto más que el sombrero de copa, el cuello duro, la corbata
de plastrón,[92] *los puños almidonados,*[93] *abrochados con vistosas mancuernas,*[94]
los calcetines altos y zapatos de charol.[95] *Gesticula, como si hiciera cuentas con*
los dedos[96] *y, por fin, se decide a consultar una especie de enorme código*[97]
205 *abierto sobre un facistol.*[98] *Con una pluma de ganso*[99] *va poniendo una palomita*[100]
en aquello que ya ha sido consumado.

[79] **porvenir** future		[91] **trusa** trunks	
[80] **arriesgado** risky		[92] **corbata de plastrón** linen cravat	
[81] **placentero** pleasant		[93] **puños almidonados** starched cuffs	
[82] **atavismos** atavisms, throwbacks		[94] **mancuernas** cufflinks	
[83] **luna de miel** honeymoon		[95] **charol** patent leather	
[84] **velo** veil		[96] **como si hiciera cuentas con los**	
[85] **traje de novia** wedding dress		**dedos** as if he were counting	
[86] **cola** train (of a dress)		with his fingers	
[87] **mancha** stain		[97] **código** code of laws	
[88] **pliegues** folds		[98] **facistol** lectern	
[89] **menester** chore		[99] **pluma de ganso** quill pen	
[90] **fiera enjaulada** caged beast		[100] **palomita** mark	

JUAN. Vamos a ver: parágrafo IV, inciso[101] C, del Débito Conyugal. Despachado.[102] Inciso F. Misión cumplida. Incisión H... La H es muda, lo que quiere decir...no estoy seguro...pero tampoco muy inseguro. En caso de duda, puntos suspensivos. Ya está. Inciso N... (*triunfal-* 210 *mente*) ¡a-ja-ja!

(*Deja el libro y va, con un ímpetu de toro que embiste,*[103] *al lugar de* LUPITA *quien, aprovechando la distracción de su marido, se ha levantado el velo y se relame*[104] *los labios con los signos del más obvio placer.* JUAN *la contempla reprobatoriamente, la toma por los hombros, la sacude*[105] *con violencia y* 215 *ordena:*)

JUAN. ¡Mírame a los ojos!

(LUPITA *obedece sin parpadear*[106] *y* JUAN *retrocede, horrorizado.*)

JUAN. ¡Mujer impúdica![107] ¿Cómo te atreves a mirarme así? ¡Bájate el velo, ipso facto, desvergonzada![108] Ahora sí. Mírame a los ojos y dime: 220 ¿ha sido ésta la primera vez?

LUPITA (*en uno de esos apartes obvios del teatro antiguo*). ¡Qué manía tienen todos los hombres de preguntar lo mismo! (*A* JUAN, *con voz inocente.*) No sé de qué me estás hablando.

JUAN (*tomado de sorpresa. Evidentemente no era la repuesta que esperaba.* 225 *Improvisa*). Digo que si es la primera vez que te casas.

LUPITA. Ah, bueno. Claro. ¡No faltaba más!

JUAN (*solemne, con la mano sobre el corazón*). ¿Y has llegado pura al matrimonio?

LUPITA (*señalando orgullosamente la mancha*). ¿Qué no ves? 230

JUAN. Sí, veo, pero no soy muy experto. Parece salsa Catsup.

LUPITA. ¡Salsa Catsup! Es plasma. De la mejor calidad. Compré un cuarto de litro en el Banco de Sangre.

JUAN. Muy bien contestado. (*Va al libro y dibuja una palomita mientras* LUPITA *continúa hablando.*) 235

LUPITA. A mí me hubiera gustado comprar alguna cosa más bonita con ese dinero: un vestido, unas medias... Pero mis amigas me aconsejaron: lo primero es lo primero, decían y...pues ni modo.

JUAN. Tus amigas tenían razón. (*Abandona el libro y vuelve a la órbita de* LUPITA.) Y ahora, la pregunta de los sesenta y cuatro mil pesos: ¿Te 240 gustó?

LUPITA (*indignada*). ¿Gustarme? ¿A mí? ¿A una muchacha decente? ¿Por quién me tomas?

JUAN (*esperanzado*). ¿No te gustó?

LUPITA (*firme*). Me pareció repugnante, asqueroso.[109] 245

---

[101] **inciso** clause	[106] **parpadear** blinking
[102] **despachado** dispatched	[107] **impúdica** immodest
[103] **embiste** charges, attacks	[108] **desvergonzada** shameless
[104] **relame** licks her lips	[109] **asqueroso** filthy, disgusting
[105] **sacude** shakes	

JUAN (*transportado*).   Gracias, Lupita. Ya sabía yo que no ibas a fallarme[110] a la hora de la verdad. Gracias, gracias.

LUPITA.   No volveré a permitirte que te acerques nunca, jamás, a mí.

JUAN.   ¿Ni siquiera si te obligo?

250 LUPITA.   ¿Serías capaz?

JUAN.   Naturalmente. ¿Qué podría impedírmelo? Tengo la fuerza y tengo el derecho. Además, tú me juraste[111] obediencia ante un altar.

LUPITA.   Juré por ignorancia, por inocencia... Y ahora tú te aprovechas de mi situación. ¡Infame!

255 JUAN.   ¡Vas a ver lo que se te espera! ¿Crees que has apurado[112] ya la copa del dolor hasta las heces?[113] Ja, ja, ja. Permíteme una sonrisa. Lo de hoy no fue sino un pequeño botón de muestra.[114]

LUPITA.   Pero si me dolió horrores, me destrozaste.[115] ¡Mira! (*Señala, dramáticamente, la mancha.*)

260 JUAN (*con petulancia*).   Pues eso no es nada. Y va a llegar el momento en que no te vas a quejar de lo duro sino de lo tupido.[116]

LUPITA (*de rodillas*).   ¡Piedad!

JUAN (*verdugo*).[117]   No, no me apiadaré de ti aunque me lo supliques hincándote a mis pies. (*Lupita repta[118] por el suelo y hace todas las ges-*

265 *ticulaciones inútiles que reclama la proximidad de una catástrofe inevitable.*) ¿Qué crees que un macho mexicano se va a dejar conmover[119] por unas lágrimas de cocodrilo? No. Seguiré implacablemente hasta...

OSCURO.

LA ANUNCIACIÓN

LUPITA *vestida con unos muy ceñidos[120] pantalones toreros. Guapísima y exul-*

270 *tante de dicha.[121] Con el trapo de sacudir[122] hace verónicas[123] y otras figuras taurinas mientras una multitud invisible grita «¡Olé!». LUPITA hace una reverencia al público y empieza a mimar[124] lo que dice la VOZ de un locutor en el micrófono, desempeñando,[125] el papel[126] del toro y del torero.[127]*

VOZ. La noche de su alternativa,[128] y después de una faena[129] inolvi-

275 dable, el diestro[130] se tiró a matar. De una sola estocada[131] rindió al burel[132] que tan noblemente se prestó al juego. La multitud agitó

---

[110] **fallarme** fail me
[111] **juraste** swore
[112] **apurado** drained
[113] **heces** dregs
[114] **muestra** sample
[115] **destrozaste** destroyed, shattered
[116] **tupido** thick, dense; blocked, choked
[117] **verdugo** executioner
[118] **repta** crawls
[119] **conmover** to move (emotionally)
[120] **ceñidos** tight
[121] **dicha** happiness

[122] **trapo de sacudir** dustmop
[123] **verónicas** passes in bull fighting
[124] **mimar** mimic
[125] **desempeñando** acting
[126] **papel** role
[127] **torero** bullfighter
[128] **alternativa** ceremony of becoming a bullfighter
[129] **faena** job, work
[130] **diestro** bullfighter
[131] **estocada** thrust, stab
[132] **burel** dark red bull

pañuelos[133] blancos reclamando, para el diestro, orejas y rabo,[134] los que
le fueron concedidos, después de varias vueltas al ruedo.[135] (*Se extingue
la* VOZ. LUPITA *hace una reverencia al público que aplaude, simula arrojar los
trofeos y vuelve adonde estaba: su casa.*)

LUPITA.   Ese noble burel, de gran alzada[136] y trapío,[137] abierto de pi-   280
tones,[138] soy yo, su segura servidora, Lupita. Y no es que me guste
presumir, pero cuando me comparo con otras... Con Mariquita la del
7, por ejemplo, que volvió viva al corral. O con Carmen, que después
de varios pinchazos[139] en el hueso tiene que ser rematada por los
mozos de cuadrilla.[140] Y me consta que lo que es por ellas no quedó.   285
Buena casta, buen encierro. Se crecían al castigo. Pero se necesitaba
el temple[141] torero de mi Juan.
(*El ambiente pasa del pasodoble*[142] *al bolero.*[143] *Disminuyen las luces.*)
LUPITA.   Claro que el ambiente ayuda: las noches de luna, los mariscos,[144] los clavadistas[145] de la Quebrada. (*Cesa la música. Luz plena.*)   290
Aunque no deja uno de ponerse nervioso con la idea del cuentón[146]
del hotel. Y de los nervios a la espantáa, no hay más que un paso...que,
gracias a Dios, mi Juan nunca dio. Pero tuvo que oír, para qué negarlo,
las llamadas de atención del juez de plaza y, a veces, suspender la
corrida programada a causa del mal tiempo. Pero aquí, pisando[147]   295
terreno propio, reverdecen[148] sus laureles. Revoleras, verónicas, pases
de rodillas, manoletinas...[149]
(*Lupita actúa lo que dice, auxiliada por el sacudidor*[150] *y la escoba,*[151] *y se
encuentra tan absorta en lo que hace que no se da cuenta de que se abrió la
puerta para dar paso a su mamá, una señora muy cargada de razones.*)   300
MAMÁ (*escandalizada*). ¡Lupita!
LUPITA (*feliz. Corre a abrazarla*).   ¡Qué padre[152] que viniste! ¡Ayúdame a
sacarlo en hombros!
MAMÁ.   ¿Estás loca? ¿Es ése el comportamiento[153] digno de una señora?
LUPITA.   Soy muy feliz, mamá.   305
MAMÁ.   Allí está precisamente tu error. Una señora decente no tiene
ningún motivo para ser feliz...y si lo tiene, lo disimula. Hay que tener

[133] **pañuelos**   handkerchiefs
[134] **orejas y rabo**   ears and tail
[135] **ruedo**   bull ring
[136] **alzada**   height, stature
[137] **trapío**   fine appearance
[138] **pitones**   horns
[139] **pinchazos**   stabs
[140] **cuadrilla**   team of four or more persons
[141] **temple**   disposition, frame of mind
[142] **pasodoble**   Spanish dance and song
[143] **bolero**   Spanish dance
[144] **mariscos**   shell-fish
[145] **clavadistas**   musicians
[146] **cuentón**   story-teller
[147] **pisando**   treading
[148] **reverdecen**   turn green again
[149] **revoleras, etc.**   passes in bull-fighting
[150] **sacudidor**   duster
[151] **escoba**   broom
[152] **padre**   stupendous
[153] **comportamiento**   behavior

en cuenta[154] que su inocencia ha sido mancillada,[155] su pudor[156] violado. Ave de sacrificio, ella acaba de inmolarse[157] para satisfacer los
310   brutales apetitos de la bestia.

LUPITA. ¿Cuál bestia?

MAMÁ. El marido, claro. Y no, no me vayas a salir con que te gustó
porque voy a pensar que todos los esfuerzos que hice por educarte
fueron vanos. ¡Yo, cosiendo ajeno[158] para pagar las escuelas más caras,
315   los internados[159] más exclusivos! (*Se deja caer en un sillón y se seca una
lágrima inexistente.*) ¡Para luego recibir este pago! No lloro, porque de
tanto coser ajeno se me secaron los ojos. Pero si pudiera llorar...

LUPITA (*arrodillándose frente a su madre*). Mamá, por favor, no te pongas
así.

320 MAMÁ. ¿Cómo quieres que me ponga cuando veo lo que he visto? ¡Lo
que sigo viendo! Mi dinero tirado a la calle, los certificados volviéndose amarillos en las paredes y tú brincoteando[160] como una loca.

LUPITA (*sin saber exactamente qué actitud tomar*). Pero no de gusto, mamá.

MAMÁ. Ah, ¿no? ¿Entonces qué? ¿Era baile de San Vito?

325 LUPITA. Estaba contenta, mamá, pero no por lo que tú te imaginas.
¡Dios me libre y me guarde! Estaba contenta porque parece que...parece
que estoy esperando.

MAMÁ (*próxima al soponcio*).[161] ¡Jesús, María y José! ¿Esperando? ¿Y en
esas fachas?[162] Aflójate inmediatamente el cinturón, antes de que te
330   provoque un aborto. Necesitas una bata.[163] Cómoda. Hay que dejar,
desde el principio, que el niño crezca a su gusto. (*Hace lo que dice.*)
Así. ¿No te sientes mejor? No, no; te lo estoy viendo en la cara: tienes
náusea, una náusea horrible, ¿verdad?

LUPITA. No.

335 MAMÁ. ¿Cómo te atreves a contradecirme? ¿Quién sabe de estos asun-
tos: tú o yo? Claro que tienes náusea.

LUPITA. De veras, mamá, no.

MAMÁ (*comenzando a preocuparse*). No puede ser. Pero hay remedio.
Vamos a arreglarlo ahora mismo, no te apures. Bébete esto.

340 LUPITA (*mirando el vaso lleno de una sustancia de la que desconfía*). ¿Qué
es?

MAMÁ. Agua tibia con sal.

LUPITA (*probándolo apenas*). Sabe a rayos.[164]

MAMÁ. ¿Y qué querías? ¿Vida y dulzura? (LUPITA *da unos cuantos tra-*

---

[154] **tener en cuenta** to keep in mind
[155] **mancillada** stained
[156] **pudor** modesty
[157] **inmolarse** sacrifice oneself
[158] **cosiendo ajeno** taking in sewing
[159] **internados** boarding schools
[160] **brincoteando** jumping
[161] **soponcio** fainting
[162] **fachas** bad looking clothes
[163] **bata** lounging robe
[164] **sabe a rayos** it tastes awful

gos,[165] *tira el vaso y trata de evitar el espasmo de asco*[166] *que se apodera de* 345
ella en su carrera al baño. La MAMÁ *sonríe, complacida.*)
MAMÁ. Ahora todo está en orden.
(LUPITA *regresa del baño, cadavérica. Se deja caer en un sillón.*)
MAMÁ (*solícita*). ¿Cómo te sientes, mi vida?
LUPITA. Como un perro. 350
MAMÁ. ¿Ya ves como no era tan difícil? Es cosa de voluntad y de
hábito. Déjame que te ayude un poco. (*La toma, la despeina, le quita el
maquillaje,*[167] *la deja hecha un desastre y luego contempla, con la satisfacción
del artista, su obra.*)
MAMÁ. ¡Qué sorpresa tan maravillosa va a recibir tu marido! No es 355
que yo crea que él se merece nada pero, a fin de cuentas, él puso su
granito de arena.
LUPITA (*quejumbrosa*).[168] Mamá...
MAMÁ (*dándole los últimos toques para que sea un verdadero guiñapo*).[169] Sí,
mi reina. 360
LUPITA. Creo que...
(*No puede continuar. Ahoga los ruidos que produce en un pañuelo. A éstos
hay que añadir el de la llave en la cerradura.*[170] *Entra* JUAN, *satisfecho. Se
detiene un poco al ver a su suegra y en el esfuerzo que hace por recuperar su
expresión amable no se da cuenta del nuevo aspecto de* LUPITA. 365
JUAN. Santas y muy buenas tardes tengan sus mercedes.
LUPITA (*violenta*). No te hagas el chistoso.[171] Entras hablando así, como
si en tu vida hubieras roto un plato. ¡Irresponsable! ¡Monstruo!
JUAN. ¿Yo?
LUPITA. Sí, tú. Ni modo que sea el vecino de enfrente. 370
MAMÁ (*conciliadora, a* JUAN). No le haga usted caso. Es que se siente
un poco mal. Como está en estado[172]...
JUAN (*tarda un momento en comprender lo que se le dice y luego reacciona como
movido por un resorte*).[173] ¡Lupita! ¡Mi Lupita! (*Cuando va a abrazarla se
detiene porque no la reconoce.*) ¿Qué te pasa? 375
LUPITA. No me pasa: me pasó. Una aplanadora,[174] un tren. Estoy muerta.
¿No me ves? Muerta. Y tú, más fresco que una lechuga,[175] ¿verdad?
Muy campante.[176] (*Solloza.*) Si no hubiera sido por mamá...
JUAN (*a la* MAMÁ, *alarmado*). ¿Está delicada?
MAMÁ. Muy, muy delicada. 380
JUAN. Habrá que llamar a un médico, a una ambulancia...

---

[165] **tragos** swallows, drinks
[166] **espasmo de asco** spasm of nausea
[167] **maquillaje** make-up
[168] **quejumbrosa** complaining
[169] **guiñapo** ragamuffin
[170] **cerradura** lock
[171] **chistoso** the funny one
[172] **en estado** pregnant
[173] **resorte** spring
[174] **aplanadora** roller, leveller
[175] **lechuga** head of lettuce
[176] **campante** cheerful

LUPITA (*furiosa*). Lo que sea con tal de que yo desaparezca del mapa y deje de molestarte, ¿no?

JUAN. No me interpretes mal, mi vida. Pero entiende mi situación. Me

385 agarraste[177] completamente en curva. Cuando salí esta mañana para el trabajo no tenía la menor idea y ahora... Además, recuerda que ésta es la primera vez que yo voy a ser padre. Es, como quien dice, mi debut.

LUPITA. ¿Y yo qué? ¿Soy una veterana en el oficio? ¿Cuántos hijos

390 malhabidos me conoces? ¿Eh? ¡Dime, cuántos! ¡Egoísta! ¡Infecto!

MAMÁ. Calma, calma, no se peleen. Es por el bien del niño.

JUAN (*resentido*). Pero... no entiendo. ¿Por qué me odia así? ¿Qué tiene?

MAMÁ. Antojos.[178]

JUAN. ¿Antojos?

395 MAMÁ. Y si no se cumplen inmediata y escrupulosamente, el niño va a nacer muy mal. Con una mancha en la cara, con labio leporino[179]...

JUAN. ¡No lo permita Dios! Lupita, por favor, rápido, dime rápido, qué es lo que se te antoja para ir a traértelo, pero de inmediato, o antes si es posible.

400 LUPITA (*lánguida y condescendiente*). Nieve[180] de limón. (JUAN *le besa las manos con gratitud y se dispone a salir disparado, pero lo detiene la* MAMÁ.)

MAMÁ. ¿Nieve de limón? Eso no es un antojo. Eso es una estupidez. La nieve de limón se consigue en cualquier esquina. Además el limón es malo. Corta la sangre.

405 LUPITA (*aterrorizada*). ¡No!

JUAN. ¿Entonces?

LUPITA (*a la* MAMÁ). Dile tú.

MAMÁ. Lo más indicado en estos casos es pedir trufas.[181]

JUAN. ¿Qué son trufas?

410 MAMÁ. ¿Y yo qué voy a saber? Mi marido, que en paz descanse, nunca dio con ellas.[182]

JUAN. Entonces, Lupita... Déjame verte el labio. (LUPITA *le saca la lengua*.) No se le nota nada.

MAMÁ (*impertérrita[183] ante este despliegue de lógica masculina, tan despreciable*

415 *si se la compara con el atavismo[184] y la intuición de la mujer*). Ah, pero eso sí, lo que es por buscarlas, mi pobre difunto no paró. De día y de noche durante los nueve meses del embarazo. Y Lupita nació buena y sana. Lo que cuenta es la intención.

LUPITA (*a* JUAN). Ándale, mi vida, córrele.

---

[177] **agarraste** caught, grabbed
[178] **antojos** whims, fancies
[179] **labio leporino** lip deformity where upper lip is split
[180] **nieve** sherbet
[181] **trufas** truffles

[182] **dio con** found
[183] **impertérrita** dauntless
[184] **atavismo** atavism, reappearance in an individual of traits of a remote ancestor

JUAN.   Pero adónde... No tengo la menor idea. Por lo menos díganme,   420
¿las trufas se comen?

MAMÁ (*enigmática*).   Esas preguntas, joven, sólo las responde la experiencia.

JUAN (*sin alternativa*).   Adiós, Lupita.

LUPITA.   Chao, mi amor.   425

JUAN.   Tal vez no nos veamos en mucho, mucho tiempo.

LUPITA.   Te esperaré siempre.

JUAN.   ¿Para cuándo, más o menos, se calcula el desenlace?[185]

MAMÁ.   Cuestión de meses, joven. Y píquele si quiere estar presente
a la hora de la hora. (*Sale* JUAN.)   430

MAMÁ (*poniéndose cómoda*).   Bueno, ahora que, por fin nos han dejado
tranquilas, vamos a tener una larga, muy larga plática, de mujer a
mujer. Voy a explicarte, con todos los detalles, qué es lo que va a
sucederte. (*El sonido de la voz de la madre se pierde entre el estruendo de
truenos y relámpagos[186] de una tempestad desatada. De pronto sobreviene el*   435
silencio y se escucha la voz de la MAMÁ *que dice:*) Como ves, no hay
felicidad comparable a la de ser madre, Lupita. Aunque te cueste,
como en muchos casos, la vida. Y siempre, la juventud y la belleza.
Ah, pero ser madre... ser madre...

OSCURO.

PREGUNTAS

Personajes

Comprensión
1. ¿De qué trata el texto?
2. ¿Qué elementos ayudarán a definir a los protagonistas?
3. ¿Qué debe tratar de hacer el encargado de la decoración?

Análisis
1. Las farsas se caracterizan por su sátira y sus argumentos improbables. En *El
eterno femenino*, ¿cómo serán los personajes? ¿el diálogo? ¿el argumento?

Obertura

Comprensión
1. ¿Dónde está la peluquería? ¿Qué se debe acentuar en la apariencia de las
clientes?
2. Según el agente, ¿cómo es el producto nuevo?
3. ¿Cómo reacciona la dueña cuando la peinadora se acerca al agente?
4. Según el agente, ¿cómo puede pagar la dueña?

---

[185] **desenlace** conclusion, dénouement

[186] **truenos y relámpagos** thunder and lightning

5. ¿Qué tipo de preguntas le hace la peinadora al agente? ¿Por qué se siente incómodo él? ¿Por qué quiere él que ella le prepare una taza de café?
6. ¿Qué sueños puede inducir el aparato?
7. ¿Con qué compara el aparato la peinadora?
8. ¿Por qué ha venido Lupita hoy a la peluquería?
9. ¿Cómo será el sueño de Lupita?

Análisis
1. ¿Qué tipo de persona es el agente? ¿En qué tiene interés? ¿Cuál es su actitud hacia las mujeres?
2. ¿Qué papel tiene la peinadora? ¿Qué critica ella?
3. ¿Qué critica Castellanos al incluir la lista de sueños que induce el aparato? ¿Cuáles serían los sueños de una mujer norteamericana?

Luna de miel

Comprensión
1. ¿Cómo están vestidos Lupita y Juan? ¿Cómo arregla su vestido Lupita?
2. ¿Qué consulta Juan?
3. ¿Qué preguntas le hace Juan a Lupita? ¿Cómo las contesta Lupita?
4. ¿Era virgen Lupita cuando se casó?
5. ¿Cómo le pareció el sexo a Lupita?
6. ¿Por qué cree Juan que tiene el derecho al sexo?

Análisis
1. La Virgen de Guadalupe es una figura religiosa venerada por el pueblo mexicano. El personaje literario don Juan ejemplifica al macho mexicano. ¿Qué relación tienen Lupita (Guadalupe) y Juan con estas dos figuras?
2. ¿Para qué sirve el incidente de la mancha en el vestido de Lupita? ¿Cómo reaccionó usted a este incidente?

La anunciación

Comprensión
1. ¿Cómo está vestida Lupita? ¿Qué papeles desempeña ella?
2. Al volver la escena a su casa, ¿cómo explica Lupita quién es el toro?
3. ¿Qué es lo que actúa Lupita con la ayuda del sacudidor y la escoba?
4. Según su madre, ¿cuál es el error de Lupita?
5. ¿Por qué es que la madre considera al marido una bestia?
6. ¿Por qué insiste la madre que Lupita tiene náusea? ¿Qué le hace beber? ¿Cómo reacciona Lupita?
7. ¿Por qué la madre despeina a Lupita y le quita el maquillaje?
8. ¿Cómo saluda Lupita a Juan?
9. ¿Cómo reacciona Juan cuando sabe que Lupita está en estado?
10. Según la madre, ¿qué antojos tiene Lupita? ¿Qué tiene que buscar Juan?

Análisis
1. ¿Con qué pasaje bíblico se asocia el título de esta escena? ¿Qué efecto tiene esta asociación?

2. ¿Por qué se usa la historia de una corrida de toros para contar la concepción del hijo?
3. ¿Cómo controla la madre a Lupita y a Juan?
4. ¿Qué papeles estereotipados desempeñan los tres? ¿En qué momentos es que Juan y Lupita no desempeñan estos papeles?
5. ¿Cómo interpreta usted las últimas palabras de la madre: «Como ves, no hay felicidad comparable a la de ser madre, Lupita. Aunque te cueste, como en muchos casos, la vida. Y siempre, la juventud y la belleza. Ah, pero ser madre...ser madre».

VOCABULARIO

Verbos
atreverse a   to dare.
«La dueña no *se atreve a* protestar ni contra la presencia de la peinadora, ni contra sus intervenciones...»
conmover   to move, touch, affect (with emotions).
«¿Qué crees que un macho mexicano se va a dejar *conmover* por unas lágrimas de cocodrilo?»
darse cuenta de   to realize.
«Juan...*no se da cuenta del* nuevo aspecto de Lupita».
desempeñar   to play (a role).
Lupita *desempeña* el papel del toro y el del torero.
estar en estado   to be pregnant.
Se siente un poco mal porque *está en estado.*
haber de   to be supposed to.
«Los protagonistas *han de* definirse por las acciones, por las palabras,...»
hay que   it is necessary.
«*Hay que* acentuar el aspecto marciano de las clientes metidas dentro de los secadores».
jurar   to swear.
«Además, tú me *juraste* obediencia ante un altar».
realizar   to realize, to accomplish.
Ella pudo *realizar* sus sueños; se casó y tuvo una familia.
tratar de   to try to; to deal with.
1. «El encargado no *tratará,* en ningún momento, *de* ser realista».
2. «Se *trata de* un texto no de caracteres sino de situaciones».
tener en cuenta   to keep in mind.
«Los mánagers de nuestra compañía *han tenido en cuenta* las peculiaridades de la clientela».

Sustantivos
el aparato   gadget.
«Este *aparato* emite unas vibraciones que amortiguan la sensación no placentera del secado».
el antojo   whim.
El *antojo* de Lupita es nieve de limón.
el, la cliente   client.
«...la *cliente* está sometida a la acción de este aparato, sueña».

la dueña   owner.
«La *dueña* vigila, con ojo de águila, el correcto funcionamiento de su negocio».
el peinado   hairdo.
«¿Van a cambiar la moda de los *peinados?*»
la peinadora   hairdresser.
La *peinadora* está terminando de colocar los tubos.
el pedido   order.
«La dueña lleva al agente a un sitio en el que puedan cómodamente discutir y anotar el *pedido*».
el secador   dryer.
«Mire usted a sus clientes, con la cabeza metida dentro del *secador*».
la suegra   mother-in-law.
«Se detiene (Juan) un poco al ver a su *suegra...*»

Adjetivos
avergonzado   ashamed.
Lupita no se siente *avergonzada* durante su luna de miel.
desvergonzada   shameless.
«¡Bájate el velo, *desvergonzada!*»
embarazada   pregnant.
Sueña con estar *embarazada*.
metido   placed into, put into.
Tienen las cabezas *metidas* dentro de los secadores.

EJERCICIOS DE VOCABULARIO

Consulte la lista de vocabulario y complete las oraciones. Haga los cambios apropiados.

1. El agente quiere saber cuánto tiempo duran las clientes con las cabezas _____ dentro de los secadores.
2. La dueña le exclama a la peinadora: «¿Cómo _____ _____ _____ hacer estas comparaciones?»
3. El actor _____ el papel de Juan en *El eterno femenino*.
4. Lupita le _____ a Juan que llegó pura al matrimonio.
5. El agente le aconseja a la dueña que _____ _____ _____ que con el aparato nuevo, ella podrá aumentar el valor de su trabajo.

Use en oraciones:

1. tratar de
2. el pedido
3. haber de
4. el peinado

Escoja la forma apropiada de la palabra correcta para completar cada frase:

1. (realizar, darse cuenta de)
   (a) Cuando Juanito nació, mamá _____ el sueño de tener un nieto.
   (b) Cuando la esposa _____ que estaba en estado, llamó por teléfono a su marido.

2. (conmover, mover)
   (a) Queremos _____ el sofá de la sala al sótano.
   (b) La película me _____ tanto que no pude reprimir las lágrimas.
3. (embarazada, avergonzada)
   (a) Aunque no estaba casada, no se sentía _____ cuando supo que estaba _____.

Complete las frases siguientes con sus propias palabras; no es necesario usar solamente palabras de la lista.

1. Para quitar la *mancha* del vestido, hay que _____.
2. Un *antojo* mío ha sido _____.
3. No *me atrevo a* _____ porque _____.
4. Un estudiante *ha de tener en cuenta* que _____.

TEMAS DE CONVERSACIÓN

Conteste las preguntas siguientes en preparación para una discusión en la clase.

1. Usted ha leído el primer acto de tres. ¿Cómo desarrollaría y terminaría usted el drama? ¿Qué les ocurriría a Lupita, a Juan, y a Mamá? ¿Compraría el aparato la dueña?
2. ¿Qué papeles desempeñan la mujer y el hombre mexicanos en *El eterno femenino?* Compárelos con los de la mujer y el hombre norteamericanos. ¿Qué diferencias y semejanzas hay? ¿Deben cambiar? Piense en su propia experiencia y la de sus amigos.
3. Usted es autor/autora de la versión norteamericana de *El eterno femenino.* ¿Qué mitos y creencias criticaría usted? ¿Dónde tendría lugar la acción? ¿El drama sería una farsa? ¿Quiénes serían los personajes principales? ¿Qué ocurriría?
4. ¿Qué programas en la televisión o qué películas critican o refuerzan los papeles estereotipados? ¿Quiénes y cómo son los personajes principales? ¿Cómo son las relaciones entre los sexos? ¿Cuáles de estos programas o películas prefiere usted?

TEMAS DE COMPOSICIÓN

Basándose en sus respuestas y las de la clase a los temas de conversación, escriba sobre uno de los temas siguientes:

1. *El eterno femenino:* Actos II y III.
2. La versión norteamericana de *El eterno femenino,* que se titula _____.
3. Los estereotipos mexicanos y norteamericanos: una comparación.
4. El papel de la televisión y del cine con respecto a los estereotipos sexuales.

2 Octavio Paz

(Courtesy Magnum)

Born in Mexico in 1914, Octavio Paz is well known not only for his poetry, but also for his critical analysis of his native land. As a child, he was introduced to Spanish literature and began to write poetry in his early years. From his parents he inherited two cultures and a love of freedom—his mother was Andalusian and his father had fought in the Mexican Revolution with Zapata. This dual inheritance is perhaps the catalyst in Paz' search for man's spirit and identity in much of his work.

Few writers have experienced life as diversely as Paz. During the Spanish Civil War, he served in a Congress whose aim was to defend culture against Fascism. In 1944, in the midst of World War II, he was awarded a Guggenheim scholarship that offered him the opportunity for study in the United States and an escape from both a dull job and a disillusioning association with leftist writers. This voluntary exile provided him with a different perspective of his country and the opportunity for analysis and contrast of the Mexican identity. *The Labyrinth of Solitude,* a collection of essays published in 1950, is a product of this self-examination.

During the following years Paz served as Mexico's ambassador to France, Japan, and India. In 1968, however, he resigned his post in India as a protest against the Mexican government's slaughter of a group of dissident students. During this period he published a great number of works—poetry, essays, translations, critiques—and taught at various academic institutions, including Harvard University.

Octavio Paz's numerous life experiences have kindled his search for man's universal qualities. Verses from his poem *"Vuelta,"* written in 1971, perhaps shed light upon this quest,

> *«Camino sin avanzar*
> *Nunca llegamos...»*

*«Conversación con Octavio Paz» de Edwin Honig**

HONIG.   Como le decía, Octavio, creo que debemos marcar unos límites a esta conversación para no repetir cosas que usted ha explicado ya en sus escritos, salvo[1] en los casos que presenten una problemática interesante. Para comenzar, quisiera hacerle unas preguntas en torno
5   a sus primeras experiencias como traductor. ¿Qué le decidió a traducir?
PAZ.   En realidad, no fue una decisión mía. Fue, como siempre, un accidente. Aunque—de nuevo: como siempre—hablar de accidente es también hablar de deseo. Cuando llegué a Estados Unidos por pri-
10   mera vez, me dije: «Debo mejorar mi inglés, para leer a los poetas americanos e ingleses». De modo aprendí inglés principalmente para leer poesía. Más tarde, al leer ciertas obras de poetas anglosajones y

---

*La conversación tuvo lugar el 16 de octubre de 1975 en Cambridge, Mass.

[1] **salvo**   except

franceses, pensé que deberían ser conocidas en español. Ya ve usted: era un deseo, un amor, y junto a este amor, el deseo de compartirlo...[2]

HONIG.   ...La conocida frase de Robert—la poesía es lo que se pierde   15
en la traducción—es satisfactoria. Si hay algo que se pierde, también hay algo que se recupera. La sensación de haber recuperado o encontrado algo, rara vez se menciona. ¿Existe acaso alguna propiedad estable en lo que se refiere al texto?

PAZ.   Yo diría que la poesía es lo que se transforma. Después de todo,   20
un poema no es únicamente un texto. El texto se realiza en la lectura, que es una interpretación—siempre distinta—del texto. Ahora bien, ¿qué es el texto? El texto son los signos,[3] que pueden ser escritos u orales; ellos emiten el significado.[4] Los signos son cosas: pueden verse y oírse. Los signos son cosas que producen significados..., pero los   25
significados no son cosas. En la lectura del texto ponemos en movimiento un sistema de transformaciones que es la esencia de la traducción. Esto es posible gracias a la naturaleza anfibia[5] de los signos, que son cosas y son significados, algo material que se vuelve mental. Pero la situación es más compleja apenas aparece la poesía. En la   30
masa, los signos emiten significados—ésa es su función—en la poesía, los atributos materiales del signo, especialmente el sonido, son igualmente esenciales. En poesía, el sonido es inseparable del sentido. Un poema es la fusión del aspecto sensual, físico, del lenguaje y su aspecto mental, ideal. Por eso es «imposible» traducir poemas: ¿cómo   35
reproducir la materialidad de los signos, sus atributos físicos? Aquí comienza la traducción como arte. Ya que no podemos reproducir los signos del original, debemos encontrar sus equivalentes. El texto se pierde, pero podemos reproducir su efecto por medio de otros signos. Con medios distintos hay que producir resultados semejantes.[6] Digo   40
semejantes, no idénticos. La traducción es el arte de la analogía, el arte de las correspondencias. Un arte de sombras y ecos. Llamo ahora analogía a lo que antes llamé transformación...

HONIG.   Y en nuestros días de nuevo hay un gran interés por la poesía oral.   45

PAZ.   Sí. Es lamentable oír a los críticos franceses hablar constantemente de la «escritura». Creo que se olvidan de algo muy importante. La poesía siempre ha sido hablada. El habla se oye, no se lee.

HONIG.   El punto de vista oral nos permite advertir algo que de otro modo resulta difícil de comprender: es un error pensar que la tra-   50
ducción literal es la verdadera o la única posible.

[2] **compartirlo**   share it
[3] **signos**   signs
[4] **significado**   meaning

[5] **anfibia**   amphibious
[6] **semejantes**   similar

No son factos pero ideas

PAZ. La traducción literal no es traducción. Ni siquiera en la prosa. Sólo las matemáticas y la lógica pueden traducirse literalmente. La verdadera prosa—la literatura, la historia—tiene un ritmo y nume-
55 rosas propiedades físicas, como la poesía. Al traducirla, hacemos lo mismo que cuando traducimos poesía: transformaciones, metáforas...

3 clases

PAZ. Quizá deberíamos decir que hay tres clases de traducción. Una es la traducción literal, útil en la enseñanza de un idioma. Luego está la traducción literaria, en la cual se cambia el original con el fin de
60 ser más «fiel» y menos «literal». Por último, la imitación, que ni es literal ni literaria. En la imitación, el punto de partida es el mismo que en la traducción literaria: el poema original. Pero el punto de llegada es distinto: otro poema.

HONIG. Ahora bien, si es cierto que en gran parte de la historia de la
65 cultura y la literatura la poesía se manifiesta como materia oral (y, desde luego, todavía hay poetas que detestan escribir un poema y preferirían mucho más decir sus versos), es evidente que el acto crea- dor es al mismo tiempo un acto de re-creación. Lo que hace el «poeta oral» (como el bardo en los tiempos de Homero) es re-decir el mismo
70 poema en modos distintos.

PAZ. En el acto de creación intervienen la tradición y la invención. Para hacer un poema son necesarios ciertos patrones,[7] como el metro y la rima. Además, las figuras retóricas. Todo esto viene ya dado, la tradición se lo transmite al poeta. Pero, al mismo tiempo usted tiene
75 que decir algo nuevo, personal. Al escribir un poema, usted inventa algo y, a la vez repite cosas ya muy antiguas. Si usted inventa de- masiado...es desastroso; su texto es incomunicable. Si inventa poco, también es un desastre; el texto no dice nada que puede interesar a los demás. Incomunicación por oscuridad excesiva o por lo menos
80 excesiva claridad. Es necesario hallar un equilibrio. Lo mismo sucede al traducir. La traducción es sólo un grado en este equilibrio entre la repetición e invención, tradición y creación. Quizá convendría añadir algo más: cada poema original es la traducción de un texto descono- cido o ausente.

PREGUNTAS

1. ¿Por qué se decidió Octavio Paz a traducir obras?
2. Explique la idea de que en la traducción «hay algo que se pierde pero también hay algo que se recupera».
3. ¿Cuáles son los signos de un poema?
4. Según Paz, ¿por qué es «imposible» traducir poemas?
5. ¿Qué es necesario hacer para interpretar un poema completamente?
6. ¿Cuáles son los tres tipos de traducción?
7. Según Paz, ¿cuáles son las cualidades de un poema efectivo?

---

[7] **patrones** patterns

Máscaras mexicanas

Viejo o adolescente, criollo[1] o mestizo,[2] general, obrero o licenciado,[3] el mexicano se me aparece como un ser que se encierra y se preserva: máscara el rostro y máscara la sonrisa. Plantado en su arisca[4] soledad, espinoso y cortés a un tiempo, todo le sirve para defenderse: el silencio y la palabra, la cortesía y el desprecio, la ironía y la resignación. Tan   5
celoso de su intimidad como de la ajena, ni siquiera se atreve a rozar con los ojos[5] al vecino: una mirada puede desencadenar la cólera de esas almas cargadas de electricidad. Atraviesa la vida como desollado;[6] todo puede herirle, palabras y sospecha de palabras. Su lenguaje está lleno de reticencias, de figuras y alusiones, de puntos suspensivos; en   10
su silencio hay repliegues,[7] matices, nubarrones,[8] arcoíris[9] súbitos, amenazas indescifrables. Aun en la disputa prefiere la expresión velada[10] a la injuria: «al buen entendedor pocas palabras». En suma, entre la realidad y su persona establece una muralla, no por invisible menos infranqueable, de impasibilidad y lejanía. El mexicano siempre está lejos,   15
lejos del mundo y de los demás. Lejos, también de sí mismo.

El lenguaje popular refleja hasta qué punto nos defendemos del exterior: el ideal de la «hombría»[11] consiste en no «rajarse»[12] nunca. Los que se «abren» son cobardes. Para nosotros, contrariamente a lo que ocurre con otros pueblos, abrirse es una debilidad o una traición. El   20
mexicano puede doblarse, humillarse, «agacharse», pero no «rajarse», esto es, permitir que el mundo exterior penetre en su intimidad. El «rajado» es de poco fiar, un traidor o un hombre de dudosa fidelidad, que cuenta los secretos y es incapaz de afrontar los peligros como se debe. Las mujeres son seres inferiores porque, al entregarse,[13] se abren.   25
Su inferioridad es constitucional y radica en su sexo, en su «rajada», herida que jamás cicatriza.[14]

El hermetismo es un recurso de nuestro recelo[15] y desconfianza. Muestra que instintivamente consideramos peligroso al medio que nos rodea. Esta reacción se justifica si se piensa en lo que ha sido nuestra historia   30
y en el carácter de la sociedad que hemos creado. La dureza y hostilidad del ambiente—y esa amenaza,[16] escondida e indefinible, que siempre

---

[1] **criollo**   person of pure Spanish blood living in the Americas
[2] **mestizo**   person of mixed Spanish and Indian blood
[3] **licenciado**   lawyer, scholar
[4] **arisca**   harsh
[5] **rozar...los ojos**   glance
[6] **desollado**   one who has been flayed
[7] **repliegues**   creases, folds

[8] **nubarrones**   large, threatening clouds
[9] **arcoíris**   rainbows
[10] **velada**   veiled
[11] **hombría**   manliness
[12] **rajarse**   crack
[13] **entregarse**   submit
[14] **cicatriza**   heals
[15] **recelo**   suspicion
[16] **amenaza**   threat

flota en el aire—nos obligan a cerrarnos al exterior, como esas plantas de la meseta que acumulan sus jugos tras una cáscara[17] espinosa. Pero
35 esta conducta, legítima en su origen, se ha convertido en un mecanismo que funciona solo, automáticamente. Ante la simpatía y la dulzura nuestra respuesta es la reserva, pues no sabemos si esos sentimientos son verdaderos o simulados. Y además, nuestra integridad masculina corre el peligro ante la benevolencia como ante la hostilidad. Toda abertura
40 de nuestro ser entraña una dimensión de nuestra hombría.

Nuestras relaciones con los otros hombres también están teñidas[18] de recelo. Cada vez que el mexicano se confía a un amigo o a un conocido, cada vez que se «abre», abdica. Y teme que el desprecio[19] del confidente siga a su entrega. Por eso la confidencia deshonra y es tan peligrosa
45 para el que la hace como para el que la escucha; no nos ahogamos en la fuente que no refleja, como Narciso, sino que la cegamos.[20] Nuestra cólera no se nutre nada más del temor de ser utilizados por nuestros confidentes—temor general a todos los hombres—sino de la vergüenza de haber renunciado a nuestra soledad. El que se confía, se enajena;
50 «me he vendido con Fulano»,[21] decimos cuando nos confiamos a alguien que no lo merece. Esto es, nos hemos «rajado», alguien ha penetrado en el castillo fuerte. La distancia entre hombre y hombre, creadora del mutuo respeto y la mutua seguridad, ha desaparecido. No solamente estamos a merced[22] del intruso, sino que hemos abdicado.
55 Todas estas expresiones revelan que el mexicano considera la vida como lucha, concepción que no lo distingue del resto de los hombres modernos. El ideal de hombría para otros pueblos consiste en una abierta y agresiva disposición al combate; nosotros acentuamos el carácter defensivo, listos a repeler el ataque. El «macho» es un ser hermético,
60 encerrado en sí mismo, capaz de guardarse y guardar lo que se le confía. La hombría se mide por la invulnerabilidad ante las armas enemigas o ante los impactos del mundo exterior. El estoicismo es la más alta de nuestras virtudes guerreras y políticas. Nuestra historia está llena de frases y episodios que revelan la indiferencia de nuestros héroes ante
65 el dolor o el peligro. Desde niños nos enseñan a sufrir con dignidad las derrotas,[23] concepción que no carece de grandeza. Y si no todos somos estoicos e impasibles—como Juárez[24] y Cuahtémoc[25]—al menos procuramos ser resignados, pacientes y sufridos. La resignación es una de nuestras virtudes populares. Más que el brillo de la victoria nos con-
70 mueve la entereza[26] ante la adversidad…

[17] **cáscara**	skin, shell, rind	[22] **a merced**	at the mercy
[18] **teñidas**	tinged	[23] **derrotas**	defeats
[19] **desprecio**	disdain	[24] **Juárez**	Mexican president
[20] **cegamos**	blind, cover, block	[25] **Cuahtémoc**	last Aztec emperor
[21] **Fulano**	John Doe	[26] **entereza**	fortitude

Si en la política y el arte el mexicano aspira a crear mundos cerrados, en la esfera de las relaciones cotidianas procura que imperen el pudor,[27] el recato y la reserva ceremoniosa. El pudor, que nace de la vergüenza ante la desnudez propia o ajena, es un reflejo casi físico entre nosotros. Nada más alejado de esta actitud que el miedo al cuerpo, característico de la vida norteamericana. No nos da miedo ni vergüenza nuestro cuerpo; lo afrontamos con naturalidad y lo vivimos con cierta plenitud—a la inversa de lo que ocurre con los puritanos. Para nosotros el cuerpo existe; da gravedad y límites a nuestro ser. Lo sufrimos y gozamos; no es un traje que estamos acostumbrados a habitar, ni algo ajeno a nosotros: somos nuestro cuerpo. Pero las miradas extrañas nos sobresaltan, porque el cuerpo no vela intimidad, sino la descubre. El pudor, así, tiene un carácter defensivo, como la muralla china de la cortesía o las cercas[28] campesinas. Y por eso la virtud que más estimamos en las mujeres es el recato, como en los hombres la reserva. Ellas también deben defender su intimidad.

Sin duda en nuestra concepción del recato femenino interviene la vanidad masculina del señor—que hemos heredado de indios y españoles. Como casi todos los pueblos, los mexicanos consideran a la mujer como un instrumento, ya de los deseos del hombre, ya de los fines que le asignan la ley, la sociedad o la moral. Fines, hay que decirlo, sobre los que nunca se le ha pedido su consentimiento y en cuya realización participa sólo pasivamente, en tanto que «depositaria» de ciertos valores. Prostituta, diosa, gran señora, amante, la mujer transmite o conserva, pero no crea, los valores y energías que le confían la naturaleza o la sociedad. En un mundo hecho a la imagen de los hombres, la mujer es sólo un reflejo de la voluntad y querer masculinos. Pasiva, se convierte en diosa, amada, ser que encarna los elementos estables y antiguos del universo: la tierra, madre y virgen; activa, es siempre función, medio, canal. La feminidad nunca es un fin en sí mismo, como lo es la hombría.

En otros países estas funciones se realizan a la luz pública y con brillo. En algunos se reverencia a las prostitutas o a las vírgenes; en otros, se premia a las madres; en casi todos, se adula y respeta a la gran señora. Nosotros preferimos ocultar esas gracias y virtudes. El secreto debe acompañar a la mujer. Pero la mujer no sólo debe ocultarse sino que, además, debe ofrecer cierta impasibilidad sonriente al mundo exterior. Ante el escarceo[29] erótico, debe ser «decente»; ante la adversidad, «sufrida». En ambos casos su respuesta no es instintiva ni personal sino conforme a un modelo genérico. Y ese modelo, como en el caso del «macho», tiende a subrayar los aspectos defensivos y pasivos, en una

---

[27] **pudor**   modesty
[28] **cercas**   fences

[29] **escarceo**   excitement

gama[30] que va desde el pudor y la «decencia» hasta el estoicismo, la resignación y la impasibilidad.

La herencia hispanoárabe no explica completamente esta conducta.
115 La actitud de los españoles frente a las mujeres es muy simple y se expresa, con brutalidad y concisión, en dos refranes: «la mujer en casa y con la pata rota»[31] y «entre santa y santo, pared de cal y canto».[32] La mujer es una fiera doméstica, lujuriosa y pecadora de nacimiento, a quien hay que someter con el palo y conducir con el «freno de la reli-
120 gión».[33] De ahí que muchos españoles consideran a las extranjeras—y especialmente a las que pertenecen a países de raza o religión diversas a las suyas—como presa fácil. Para los mexicanos la mujer es un ser oscuro, secreto y pasivo. No se le atribuyen malos instintos; se pretende que ni siquiera los tiene. Mejor dicho, no son suyos sino de la especie;
125 la mujer encarna la voluntad de la vida, que es por esencia impersonal, y en este hecho radica su imposibilidad de tener una vida personal. Ser ella misma, dueña de su deseo, su pasión o su capricho, es ser infiel a sí misma. Bastante más libre y pagano que el español—como heredero de las grandes religiones naturalistas pre-colombinas—el mexicano no
130 condena al mundo natural. Tampoco el amor sexual está teñido de luto y horror, como en España. La peligrosidad no radica en el instinto sino en asumirlo personalmente. Reaparece así la idea de pasividad: tendida o erguida, vestida o desnuda, la mujer nunca es ella misma. Manifestación indiferenciada de la vida, es el canal del apetito cósmico. En este
135 sentido, no tiene deseos propios.

Las norteamericanas proclaman también la ausencia de instintos y deseos, pero la raíz de su pretensión es distinta y hasta contraria. La norteamericana oculta o niega ciertas partes de su cuerpo—y con más frecuencia, de su psiquis: son inmorales y, por lo tanto, no existen. Al
140 negarse, reprime su espontaneidad. La mexicana simplemente no tiene voluntad. Su cuerpo duerme y sólo se enciende si alguien lo despierta. Nunca es pregunta, sino respuesta, materia fácil y vibrante que la imaginación y la sensualidad masculina esculpen.[34] Frente a la actividad que despliegan[35] las otras mujeres, que desean cautivar a los hombres a
145 través de la agilidad de su espíritu o del movimiento de su cuerpo, la mexicana opone un cierto hieratismo, un reposo hecho al mismo tiempo de espera y desdén.[36] El hombre revolotea a su alrededor, la festeja,[37] la canta, hace caracolear[38] su caballo o su imaginación. Ella se vela en el recato y la inmovilidad. Es un ídolo. Como todos los ídolos, es dueña

---

[30] **gama** range
[31] **«la mujer...»** "A woman's place is at home with a broken leg"
[32] **«entre santa...»** Between a female saint and a male saint, a wall of rough stone and mortar
[33] **«freno de...»** reins of religion

[34] **esculpen** sculpture
[35] **despliegan** display
[36] **desdén** disdain
[37] **festeja** courts
[38] **caracolear** to wheel, do half turns

de fuerzas magnéticas, cuya eficacia y poder crecen a medida que el 150
foco emisor[39] es más pasivo y secreto. Analogía cósmica: la mujer no
busca, atrae. Y el centro de su atracción es su sexo, oculto, pasivo.
Inmóvil sol secreto.

Esta concepción—bastante falsa si se piensa que la mexicana es muy
sensible e inquieta—no la convierte en mero objeto, en cosa. La mujer 155
mexicana, como todas las otras, es un símbolo que representa la esta-
bilidad y continuidad de la raza. A su significación cósmica se alía la
social: en la vida diaria su función consiste en hacer imperar[40] la ley y
el orden, la piedad y la dulzura. Todos cuidamos que nadie «falte al
respeto a las señoras», noción universal, sin duda, pero que en México 160
se lleva hasta sus últimas consecuencias. Gracias a ella se suavizan muchas de las asperezas[41] de nuestras relaciones de «hombre a hombre».
Naturalmente habría que preguntar a las mexicanas su opinión; ese
«respeto» es a veces una hipócrita manera de sujetarlas e impedirles
que se expresen. Quizá muchas preferirían ser tratadas con menos «res- 165
peto» (que, por lo demás, se les concede solamente en público) y con
más libertad y autenticidad. Esto es, como seres humanos y no como
símbolos o funciones. Pero, ¿cómo vamos a consentir que ellas se expresen, si toda nuestra vida tiende a paralizarse en una máscara que
oculte nuestra intimidad? 170

Ni la modestia propia, ni la vigilancia social, hacen invulnerable a la
mujer. Tanto por la fatalidad de su anatomía «abierta» como por su
situación social—depositaria de la honra, a la española—está expuesta
a toda clase de peligros, contra los que nada pueden la moral personal
ni la protección masculina. El mal radica[42] en ella misma; por naturaleza 175
es un ser «rajado», abierto. Mas, en virtud de un mecanismo de com-
pensación fácilmente explicable, se hace virtud de su flaqueza[43] original
y se crea el mito de la «sufrida mujer mexicana». El ídolo—siempre
vulnerable, siempre en trance de convertirse en ser humano—se transforma en víctima, pero en víctima endurecida e insensible al sufri- 180
miento, encallecida[44] a fuerza de sufrir. (Una persona «sufrida» es menos
sensible al dolor que las que apenas si han sido tocadas por la adversidad.) Por obra del sufrimiento, las mujeres se vuelven como los hombres:
invulnerables, impasibles y estoicas.

Se dirá que al transformar en virtud algo que debería ser motivo de 185
vergüenza, sólo pretendemos descargar nuestra conciencia y encubrir
con una imagen una realidad atroz. Es cierto, pero también lo es que al
atribuir a la mujer la misma invulnerabilidad a que aspiramos, recubri-
mos con una inmunidad[45] moral su fatalidad anatómica, abierta al ex-

---

[39] **emisor** transmitter
[40] **imperar** rule, command
[41] **asperezas** roughness
[42] **radica** to be in such a place, to take root

[43] **flaqueza** weakness
[44] **encallecida** hardened
[45] **inmunidad** immunity

190 terior. Gracias al sufrimiento, y su capacidad para resistirlo sin protesta, la mujer trasciende su condición y adquiere los mismos atributos del hombre.

Es curioso advertir que la imagen de la «mala mujer» casi siempre se presenta acompañada de la idea de actividad. A la inversa de la «ab-195 negada madre», de la «novia que espera» y del ídolo hermético, seres estáticos, la «mala» va y viene, busca a los hombres, los abandona. Por un mecanismo análogo al descrito más arriba, su extrema movilidad la vuelve invulnerable. Actividad e impudicia[46] se alían en ella y acaban por petrificar su alma. La «mala» es dura, impía, independiente, como 200 el «macho». Por caminos distintos, ella también trasciende su fisiología y se cierra al mundo.

Es significativo, por otra parte, que el homosexualismo masculino sea considerado con cierta indulgencia, por lo que toca al agente activo. El pasivo, al contrario, es un ser degradado y abyecto. El juego de los 205 «albures»[47]—esto es, el combate verbal hecho de alusiones obscenas y de doble sentido, que tanto se practica en la ciudad de México—transparenta esta ambigua concepción. Cada uno de los interlocutores, a través de trampas verbales y de ingeniosas combinaciones lingüísticas, procura anondar[48] a su adversario; el vencido es el que no puede con-210 testar, el que se traga las palabras de su enemigo. Y esas palabras están teñidas de alusiones sexualmente agresivas; el perdidoso es poseído, violado, por el otro. Sobre él caen las burlas y escarnios[49] de los espectadores. Así pues, el homosexualismo masculino es tolerado, a condición de que se trate de una violación del agente pasivo. Como en el 215 caso de las relaciones heterosexuales, lo importante es «no abrirse» y, simultáneamente, rajar, herir al contrario.

PREGUNTAS

Comprensión
1. ¿Para qué usa la máscara el mexicano?
2. ¿Por qué el mexicano no mira directamente a su vecino?
3. ¿Cómo se defiende el mexicano de los demás?
4. ¿Qué quiere decir Paz cuando dice que en el silencio del mexicano hay «nubarrones, arcoíris súbitos»?
5. «El mexicano siempre está lejos, lejos del mundo y de los demás. Lejos, también de sí mismo». Explique estas palabras de Paz.
6. ¿A qué se debe el hermetismo del mexicano?
7. ¿Cómo justifica Paz este hermetismo?
8. ¿Cómo reacciona el mexicano ante la dulzura?
9. Para un mexicano, ¿es fácil confiarse a otro? Explique.
10. ¿Cuál es la diferencia entre el ideal de la hombría de los mexicanos y el de otros hombres?

---

[46] **impudicia** immodesty
[47] **albures** word games
[48] **anondar** destroy
[49] **escarnios** jeers

11. ¿Cuál es la virtud que se admira más en los políticos mexicanos? ¿Cuál es la que se admira más en las mujeres?
12. ¿Cómo es la actitud de los mexicanos ante el cuerpo? ¿Es igual a la de los norteamericanos?
13. ¿Cómo consideran los mexicanos a la mujer? ¿Cómo es ella ante esta actitud?
14. ¿Cómo debe actuar una mexicana ideal?
15. Para una mexicana, ¿es posible tener una vida personal? Explique.
16. ¿Qué quiere decir Paz cuando afirma que la mujer «nunca es pregunta, sino respuesta»?
17. Según Paz, ¿en qué consiste y por qué existe el respeto que se le concede a la mujer mexicana?
18. ¿Cómo se transforma la mujer en víctima?
19. Según Paz, ¿por qué se tolera el homosexualismo?

Análisis
1. ¿Por qué usa Paz tantos contrastes en la primera oración?
2. Explique la teoría de no «rajarse». Compare a la mujer y al hombre mexicano según esta teoría.
3. ¿Qué diferencias hay entre la mujer mexicana y la norteamericana? ¿Está Ud. de acuerdo con la opinión de Octavio Paz sobre la norteamericana?
4. «...la mujer no busca, atrae. Y el centro de su atracción es su sexo, oculto, pasivo. Inmóvil sol secreto». ¿Cómo se pueden interpretar estas palabras de Octavio Paz?
5. ¿Llevan la misma máscara la mujer y el hombre mexicanos? ¿Por qué?
6. ¿Qué importancia tiene «el mito de la ‹sufrida mujer mexicana› »?
7. ¿Qué comparación hay entre la mujer «mala» y el «macho»?
8. «La traducción literal no es traducción. Ni siquiera en la prosa...La verdadera prosa...tiene un ritmo y numerosas propiedades físicas, como la poesía», dice Paz en su entrevista. Trate de traducir un párrafo. ¿Es fácil traducir el texto y no perder las connotaciones de ciertas palabras?
9. Octavio Paz, en su entrevista, define un poema como «la fusión del aspecto sensual, físico, del lenguaje y su aspecto mental, ideal». Examine el párrafo siguiente. ¿Demuestra éste las cualidades poéticas que menciona Paz? ¿Puede Ud. encontrar otros párrafos con estas cualidades?

> En un mundo hecho a la imagen de los hombres, la mujer es sólo un reflejo de la voluntad y querer masculinos. Pasiva, se convierte en diosa, amada, ser que encarna los elementos estables y antiguos del universo: la tierra, madre y virgen; activa, es siempre función, medio, canal.

10. ¿Qué relación puede haber entre el título de este capítulo, «Máscaras mexicanas», y el del libro, *El laberinto de la soledad*?

VOCABULARIO

Verbos
atravesar (ie) to go through.
   «*atraviesa* la vida como desollado; todo puede herirle...»
confiarse a to trust.
   «Cada vez que el mexicano *se confía* a un amigo...abdica».

entregarse a   to give oneself, to submit.

«Las mujeres son seres inferiores porque al *entregarse,* se abren».

herir (ie)   to harm, to wound.

«Como en el caso de las relaciones heterosexuales, lo importante es ‹no abrirse› y, simultáneamente, rajar, *herir* al contrario».

rajarse   to crack.

«...*rajarse,* esto es permitir que el mundo exterior penetre en su intimidad...»

Sustantivos

el alma   (*f.*) soul.

«Una mirada puede desencadenar la cólera de esas *almas* cargadas de electricidad».

la amenaza   threat.

«...y esa *amenaza* escondida e indefinible que siempre flota en el aire nos obligan a cerrarnos al exterior...»

la cáscara   peel, shell.

«...nos obligan a cerrarnos al exterior, como esas plantas que acumulan sus jugos tras una *cáscara* espinosa...»

la cerca   fence.

«...el pudor, así tiene un carácter defensivo, como...*las cercas* campesinas».

la debilidad   weakness.

«Para nosotros...abrirse es una *debilidad* o traición...»

el desprecio   disdain.

«...todo le sirve para defenderse...la cortesía y *el desprecio*...»

la dureza   hardness.

«...*la dureza* y hostilidad del ambiente ...nos obligan a cerrarnos al exterior...»

la fiera   beast.

«La mujer es una *fiera* doméstica, lujuriosa y pecadora de nacimiento...»

la hombría   manliness.

«*La hombría* se mide por la invulnerabilidad ante las armas enemigas o ante los impactos del mundo exterior».

la lástima   pity.

Es una *lástima* que no sepa hablar español.

la lucha   struggle, battle.

«Todas estas expresiones revelan que el mexicano considera la vida como *lucha*...»

la máscara   mask.

«¿Cómo vamos a consentir que ellas se expresen si toda nuestra vida tiende a paralizarse en una *máscara* que oculte nuestra intimidad?»

la muralla   wall, rampart.

«...entre la realidad y su persona establece una *muralla,* no por invisible menos infranqueable, de impasibilidad y lejanía».

el peligro   danger.

«El ‹rajado› es de poco fiar, un traidor...que cuenta los secretos y es incapaz de afrontar *los peligros* como se debe...»

el pudor   modesty.

«*El pudor,* que nace de la vergüenza ante la desnudez propia o ajena, es un reflejo casi físico entre nosotros».

la raíz   root.

«Las norteamericanas proclaman también la ausencia de instintos y deseos, pero *la raíz* de su pretensión es distinta y hasta contraria...»

el recato   modesty, virtue.
«...y por eso la virtud que más estimamos en las mujeres es *el recato*, como en los hombres la reserva...»
el recelo   suspicion.
«El hermetismo es un recurso de nuestro *recelo* y desconfianza».
la simpatía   congeniality.
«Ante *la simpatía* y la dulzura nuestra respuesta es la reserva, pues no sabemos si esos sentimientos son verdaderos o simulados...»
la vergüenza   shame.
«No nos da miedo ni *vergüenza* nuestro cuerpo; lo afrontamos con naturalidad...»

Adjetivos
ajeno   another's.
«...no es un traje que estamos acostumbrados a habitar, ni algo *ajeno* a nosotros...somos nuestro cuerpo...»
celoso   jealous.
«Tan *celoso* de su intimidad como de la ajena; ni siquiera se atreve a rozar con los ojos al vecino...»
cobarde   cowardly.
«...los que se abren son *cobardes*...»
desollado   a person who has been flayed.
«...el mexicano atraviesa la vida como *desollado*; todo puede herirle...»
infiel   unfaithful.
«Ser ella misma, dueña de su deseo, su pasión o su capricho, es ser *infiel* a sí misma».

EJERCICIOS DE VOCABULARIO

Consulte la lista de vocabulario y complete las oraciones. Haga los cambios apropiados.

1. _____ es lo que distingue a un hombre de una fiera.
2. En Halloween, muchos niños se ponen _____ _____ en la cara para no mostrar quiénes son.
3. «¡Dame tu dinero o te voy a matar!», es un tipo de _____.
4. _____ divide mi tierra y la de mi vecino.
5. Dicen que Felipe es _____ porque tiene miedo de luchar con otros.

Use en oraciones:

1. entregarse a
2. el desprecio
3. confiarse a
4. ajeno

Complete las frases siguientes con sus propias palabras. No es necesario que use las palabras de la lista.

1. ¡Qué *vergüenza* sentí al _____!*
2. Después de *herir* a la mujer _____ .
3. Es un *peligro* _____.
4. Le tengo mucho *recelo* porque _____.

Traduzca al español las oraciones siguientes:

1. I have *sympathy* for her because her mother died.
2. Why are you *jealous* of your friend?
3. His *weakness* is chocolate but mine is beer.

TEMAS DE CONVERSACIÓN

Conteste las preguntas siguientes en preparación para una discusión en la clase.

1. Ud. es el Octavio Paz de los Estados Unidos. ¿Qué escribiría Ud. sobre las «máscaras norteamericanas»?
2. Ud. es un mexicano típico según la descripción de Paz. ¿Cuál es su actitud hacia:
   (a) la mujer «feminista» de hoy día?
   (b) el/la drogadicto?
   (c) el niño que juega con muñecas?
   (d) el hombre que llora?
   (e) el/la suicida?
   (f) la mujer/soldado en un campo de batalla?
3. Paz dice que «como casi todos los pueblos, los mexicanos consideran a la mujer como un instrumento...» ¿Cree Ud. que es igual en los Estados Unidos?
4. ¿Es posible que un hombre mexicano se confíe a otra persona (al decirle todos sus secretos) y al mismo tiempo sea admirado por otros hombres? ¿Sería posible esto para un hombre norteamericano?
5. Un mexicano (como el descrito por Paz) se enamora de una norteamericana durante unas vacaciones en los Estados Unidos. ¿Deben casarse? ¿Por qué sí o por qué no? ¿Qué se dirían? ¿Qué problemas tendrían? ¿Vivirían en México o en los Estados Unidos? ¿Tendrían muchos hijos? ¿Trabajaría la mujer después de tener hijos?

TEMAS DE COMPOSICIÓN

Basándose en sus respuestas y las de la clase a los temas de conversación, escriba sobre uno de los temas siguientes:

1. El carácter de alguien que Ud. conoce por medio de sus «máscaras». (Use metáforas y símiles en este análisis.) [*Una metáfora* es una figura retórica en

Italicized words appear in the Vocabulario.

la cual se hace una comparación por medio de una sustitución directa. Por ejemplo: «la mujer es un ídolo» (*woman is an idol*), «la mujer es una fiera doméstica» (*woman is a domestic beast*). *Un símil* es otra figura retórica, pero en ésta, la comparación se hace a través de una típica estructura con la palabra comparativa «como». Por ejemplo: «la mujer es como un instrumento» (*woman is like an instrument*), «el mexicano atraviesa la vida como desollado» (*a Mexican goes through life like one who has been flayed or hurt*).]

2. El hombre mexicano y el norteamericano: diferencias y semejanzas.
3. La mujer vista por Rosario Castellanos y Octavio Paz.
4. Imagine una conversación entre Rosario Castellanos y Octavio Paz.

II El amor universal

"Open Air School," Diego Rivera. *(Lithograph, 1932; 12½" × 16⅜". Collection, The Museum of Modern Art, New York. Gift of Abby Aldrich Rockefeller.)*

3 Gabriela Mistral

(Courtesy A.P./Wide World Photos)

Lucila Godoy Alcayaga was born on April 7, 1889, in Vicuña in the north of Chile. Tragedy first entered her young life when her father abandoned her family. After her family's move to La Serena, Lucila started her writing career and later became a teacher. While teaching in La Cantera, she met and fell in love with Romelio Ureta, a railroad employee. In 1909, sometime after they stopped seeing each other, Romelio committed suicide. Many of her poems, including "*Sonetos de la muerte*," express her grief over his death.

Her first book of poetry, *Desolación*, was published under the pseudonym of Gabriela Mistral. In an oath at the end of the book, she explains the purpose of *Desolación,* and points to the future direction of her poetry:

> Dios me perdone este libro amargo[1] y los hombres que sienten la vida como dulzura me lo perdonen también.
>
> En estos cien poemas queda sangrando[2] un pasado doloroso en el cual la canción se ensangrentó[3] para aliviarme. Lo dejo tras de mí como a la hondonada[4] sombría[5] y por laderas[6] más clementes subo hacia las mesetas espirituales donde una ancha luz caerá sobre mis días. Yo cantaré desde ellas las palabras de la esperanza, cantaré como lo quiso un misericordioso,[7] para consolar a los hombres.

In accordance with that oath, her next book, *Ternura,*[8] is a collection of lullabies and children's poems that tell of maternal love.

Gabriela Mistral served her fellow man and her country in numerous ways as a diplomatic representative, journalist, professor, and poet. In Mexico she collaborated on a national education program. Particularly interested in the education of Indians and women, she published an anthology for women, *Lecturas para mujeres.* After World War I she was a member of the Institute for Intellectual Cooperation of the League of Nations. A contributor to several journals and newspapers, Gabriela Mistral was also a visiting professor at Barnard College and Middlebury College. While consul in Brazil (she also served in Spain, Portugal, Italy, and the United States), Gabriela suffered a deep loss—the death of her nephew at the age of seventeen.

In 1945 Gabriela Mistral won the Nobel Prize for Literature, the first woman and the first Latin American writer to be so honored. Twelve years later, on January 10, 1957, she died of cancer.

Along with offering us an intimate view of the tragedies and joys of her life, the poetry of Gabriela Mistral also shows us how these experiences are transformed into art.

---

[1] **amargo**   bitter
[2] **sangrando**   bleeding
[3] **ensangrentó**   became stained with blood
[4] **hondonada**   ravine
[5] **sombría**   gloomy
[6] **laderas**   slopes
[7] **misericordioso**   a compassionate person
[8] **ternura**   tenderness

Conversando con Gabriela Mistral*

...En cuanto a la enseñanza superior—afirma—, soy partidaria[1] de la jerarquización. Creo que el Instituto y la Universidad no deben ser invadidos por la democracia; que es preciso un sentido de los valores y un sentido suntuario,[2] no utilitario.

Detesto ese criterio norteamericano que hace del estudio sólo un medio de ganarse la vida.

Creo que el Liceo francés, con su enseñanza de tipo humanístico, con su imposición de las lenguas clásicas, es un buen modelo.

En lo que se refiere a la enseñanza industrial, reconozco que es una rama[3] muy importante del saber; pero la miro como una cosa inaccesible para mí, como si tratase de algo de otro planeta. Y desde luego insisto en que la enseñanza, especialmente la superior, no debe mezclarse a la política, sino limitarse a su función específica. Hacer ciencia y pensamiento puro.

...Yo soy una mujer que nunca ha hecho política, aunque otra cosa se diga por ahí. Soy socialista, un socialismo particular, es cierto, que consiste exclusivamente en ganar lo que se come y en sentirse prójimo de los explotados. Pero política no hice nunca. Y ahora, cuando regrese a Chile y se celebren elecciones, es posible que no haga uso del voto, porque creo en los gremios,[4] pero no en el voto...

...La única pregunta que Gabriela Mistral debe contestarnos es ésta:
—¿Hispanoamericanismo o universalismo?
—La endecha[5] sentimental de los suramericanos no me parece eficaz—responde. Universalismo. Pero junto a este deseo, la inquietud de pensar que las razas no se funden.

...—Sí—declara. Soy rabiosamente individualista. Necesito el aislamiento, pero a veces la masa tira de mí y siento la necesidad angustiosa de mezclarme con ella, de fundirme en ella. Luego una nueva crisis me aparta otra vez. Es mi temperamento.

—¿Sólo?
—Acaso el prejuicio.. Pero no, no. También la religión, la no representada, la de oración sin palabras, me hace falta. Es mi escapada. El complemento de mi poesía. Y la poesía, en ocasiones, de tanto como

---

*Una conversación con Xesús Nieto Pena.

[1] **partidaria** supporter
[2] **suntuario** sumptuary
[3] **rama** branch

[4] **gremios** unions, guilds
[5] **endecha** dirge

se aleja uno, es casi un suicidio. ¡Esto me aparta de tantas cosas
35 nuevas!...
—¿Lo siente usted?
—Quizá no.

Sonríe al hacer su incrédula negación. Gabriela Mistral, tan compren-
siva, tan humana, con el recuerdo de muchos dolores de su vida, pre-
40 fiere la evasión sentimental a creer en lo que no quiere creer. Pero
discute siempre dulcemente, para no sentir en sí misma lo agudo de
sus contradicciones.

LA POESÍA

...Pero me siento en más puro acuerdo con estos poetas renovadores
que con los que lagrimearon tanto romanticismo llorón en sus libros.
45 Estimo en especial de las nuevas escuelas la renovación de la metáfora
y de la imagen. Yo misma comprobé que los niños entienden y gustan
de las imágenes y metáforas que algunos escritores llaman absurdas.
...El concepto de la vida interior es ahora más noble que el de los poetas
románticos que lloraron con emociones falsas....

AMOR A LOS CAMPESINOS[6] Y A LOS PRESOS[7]

50 —Ya usted conoce—termina diciéndonos la incomparable poetisa—
mis desvelos[8] por los campesinos. Todo lo que me inundó de goce
espiritual nació en aquellas zonas rurales en que di escuela y prediqué
el amor a las gentes del campo. Entiendo que es hora de acabar con la
humillante existencia que arrastran esos seres y repararles[9] debida-
55 mente. Bien comprendo la emoción de Rosalía de Castro. Yo así la he
sentido al contacto con sus rudos modales,[10] encubridores[11] de espíritus
sin mácula.[12]

¿Y los presos? Otra gran mujer, paisana suya, la que más admiro de
todas las mujeres, Concepción Arenal, me enseñó a quererlos y a com-
60 padecerlos. ¡Tanta labor se debe realizar en las cárceles[13] y presidios!
¡Tanta desgracia pudiera ser evitada!...

PREGUNTAS

1. ¿Qué opina Gabriela Mistral de la enseñanza en el Liceo francés?
2. Admiraba ella el criterio norteamericano de la enseñanza? ¿Por qué? ¿Está
   usted de acuerdo con ella?
3. ¿Qué funciones tienen la religión y la poesía para Gabriela Mistral?

---

[6] **campesinos** peasants, farmers
[7] **presos** prisoners
[8] **desvelos** anxiety, worries
[9] **repararles** remedy for them,
make amends to them

[10] **modales** manners, customs
[11] **encubridores** hiding, concealing
[12] **mácula** stain, spot
[13] **cárceles** prisons

4. ¿Qué estima ella en especial de las nuevas escuelas de poesía?
5. ¿Por quiénes siente un amor especial Gabriela Mistral? ¿Por qué?

En el segundo soneto de «Sonetos de la muerte», Gabriela Mistral busca una reunión con su amante después de la muerte:

2

Este largo cansancio[1] se hará mayor un día,
y el alma dirá al cuerpo que no quiere seguir
arrastrando[2] su masa por la rosada vía,[3]
por donde van los hombres, contentos de vivir...

Sentirás que a tu lado cavan[4] briosamente[5]   5
que otra dormida llega a la quieta ciudad.
Esperaré que me hayan cubierto totalmente...

Sólo entonces sabrás el porqué,[6] no madura
para las hondas[7] huesas[8] tu carne todavía,
tuviste que bajar, sin fatiga, a dormir.   10

Se hará luz en la zona de los sinos,[9] oscura;
sabrás que en nuestra alianza signo de astros había
y, roto enorme, tenías que morir...

PREGUNTAS

Comprensión
1. ¿Qué le dirá el alma al cuerpo algún día? ¿Qué quiere decir esto?
2. ¿Qué es la «rosada vía»?
3. ¿Qué sentirá el amante nuevo?
4. ¿Qué sabrá o aprenderá el amante?
5. ¿Por qué tenía que morir él?

Análisis
1. ¿Cuál es el tema del soneto?
2. ¿Cómo se divide el soneto? ¿Cómo corresponden estas partes al tema?
3. ¿Por qué usa la autora tantos verbos en el futuro? ¿Qué sugiere este tiempo verbal?
4. ¿Qué significa, «Se hará luz en la zona de los sinos, oscura?» ¿Qué efecto tiene la repetición del sonido *s*?

[1] **cansancio** fatigue
[2] **arrastrando** dragging
[3] **vía** way
[4] **cavan** dig
[5] **briosamente** vigorously

[6] **el porqué** the reason
[7] **hondas** deep
[8] **huesas** graves
[9] **sinos** fates, destiny

El poema siguiente trata del efecto del tiempo:

A las nubes

Nubes vaporosas,[1]
nubes como tul,[2]
llevad l'alma mía
5   por el cielo azul.

¡Lejos de la casa
que me ve sufrir,
lejos de estos muros
que me ven morir!

10   Nubes pasajeras,
llevadme hacia el mar,
a escuchar el canto
de la pleamar[3]
y entre la guirnalda[4]
15   de olas a cantar.

Nubes, flores, rostros,[5]
dibujadme[6] a aquel
que ya va borrándose[7]
por el tiempo infiel.
20   Mi alma se pudre[8]
sin el rostro de él.

Nubes que pasáis,
nubes, detened
sobre el pecho[9] mío
25   la fresca merced.
¡Abiertos están
mis labios de sed!

PREGUNTAS

Comprensión:
1. ¿A dónde quiere la poetisa que las nubes la lleven? ¿Por qué?
2. ¿Qué hará el alma cerca del mar?

[1] **vaporosas** ethereal, cloudy	[6] **dibujadme** sketch for me
[2] **tul** tulle	[7] **borrándose** is being erased
[3] **pleamar** high water, high tide	[8] **se pudre** rots
[4] **guirnalda** wreath	[9] **pecho** breast
[5] **rostro** face	

3. ¿Por qué es «infiel» el tiempo?
4. ¿Por qué «se pudre» su alma?

Análisis
1. ¿Cuál es el tema del poema?
2. ¿Qué papel desempeñan las nubes en el poema?

El poema «Meciendo» revela el amor de Gabriela Mistral por los niños, por la naturaleza, y por Dios.

Meciendo

El mar sus millares[1] de olas[2]
mece,[3] divino.
Oyendo a los mares amantes,
mezo a mi niño.   5

El viento errabundo en la noche
mece los trigos.[4]
Oyendo a los vientos amantes,
mezo a mi niño.

Dios Padre sus miles de mundos   10
mece sin ruido.
Sintiendo su mano en la sombra
mezo a mi niño.

PREGUNTAS

Comprensión
1. ¿Qué hacen el mar, el viento, la poetisa y Dios?
2. ¿Cómo reacciona ella cuando oye a los mares y a los vientos, y siente la mano de Dios en la sombra?

Análisis
1. ¿Cuál es la idea central del poema?
2. ¿Qué repetición hay? ¿Qué relación tiene con el tema?
3. Lea el poema en voz alta. ¿Cómo suena? ¿Cómo es el ritmo? ¿En qué sentido se parece el poema a una canción de cuna (*lullaby*)?

[1] **millares**   thousands
[2] **olas**   waves
[3] **mece**   rocks
[4] **trigos**   crops, cornfield

En este poema, el mundo es transformado por el cariño al niño.

Suavidades

Cuando yo te estoy cantando,
en la Tierra acaba el mal.
todo es dulce por tus sienes:[1]
la barranca,[2] el espinar.[3]

Cuando yo te estoy cantando,
se me acaba la crueldad;
suaves son, como tus párpados,[4]
¡la leona y el chacal![5]

PREGUNTAS

Comprensión

1. Según la poetisa, ¿qué ocurre cuando le canta al niño?
2. Explique por qué la poetisa compara los párpados del niño con la leona y el chacal.

Análsis

1. ¿Cuál es la idea central del poema?
2. ¿Qué cualidades sugieren las palabras: «la barranca», «espinas», «leona», y «chacal»? ¿Por qué las usa la autora?
3. ¿Cómo se parecen las dos estrofas del poema? ¿Qué significado tiene esto?

Este poema de la colección *Nocturno*, revela la fe que consuela a Gabriela Mistral después de la muerte de su sobrino.

Canto que amabas

Yo canto lo que tú amabas, vida mía,
por si[1] te acercas y escuchas, vida mía,
por si te acuerdas del mundo que viviste,
al atardecer[2] yo canto, sombra mía.

Yo no quiero enmudecer,[3] vida mía.
¿Cómo sin mi grito fiel me hallarías?
¿Cuál señal,[4] cuál me declara, vida mía?

Soy la misma que fue tuya, vida mía.
Ni lenta ni trascordada[5] ni perdida.

[1] **sienes** temples
[2] **barranca** gorge
[3] **espinar** place full of thorn bushes
[4] **párpados** eyelids
[5] **chacal** jackal

[1] **por si** if by chance
[2] **al atardecer** at nightfall
[3] **enmudecer** to be silent, to become dumb
[4] **señal** sign
[5] **trascordada** forgotten

Acude[6] al anochecer,[7] vida mía;
ven recordando un canto, vida mía,
si la canción reconoces de aprendida
y si mi nombre recuerdas todavía.

Te espero sin plazo[8] y sin tiempo.   15
No temas noche, neblina[9] ni aguacero[10]
Acude con sendero[11] o sin sendero
Llámame adonde tú eres, alma mía,
y marcha recto[12] hacia mí, compañero.

PREGUNTAS

Comprensión
1. ¿Qué canta la poetisa? ¿Por qué y cuándo lo canta?
2. ¿Cómo podría hallarla el sobrino?
3. ¿Ha cambiado la poetisa?
4. Si el sobrino la recuerda, ¿qué quiere la autora que haga él?
5. ¿Quién es el «alma mía» en el penúltimo verso?

Análisis
1. ¿Cuál es el tema central del poema?
2. ¿Qué palabras o estructuras se repiten en el poema (por ejemplo, «vida mía»)? ¿Por qué?
3. ¿Qué tienen en común los poemas, «A las nubes», «Este largo cansancio…», «Canto que amabas»? ¿Qué diferencias hay entre ellos?

VOCABULARIO

Verbos
acudir   to come to the aid of.
«*Acude* al anochecer, vida mía»;
arrastrar   to drag.
«y el alma dirá al cuerpo que no quiere seguir/*arrastrando* su masa por la rosada vía»,
borrar   to erase.
«Nubes, flores, rostros,/dibujadme a aquel/que ya va *borrándo*se»
cavar   to dig.
«Sentirás que a tu lado/*cavan* briosamente»
dibujar   to sketch.
«*dibujadme* a aquel/que ya va borrándose»
mecer   to rock.
«El mar sus millares de olas/*mece*, divino».

---

[6] **acude**   come
[7] **anochecer**   dusk
[8] **plazo**   term, space
[9] **neblina**   mist, drizzle
[10] **aguacero**   rain shower
[11] **sendero**   path
[12] **recto**   straight

pudrirse   to rot.
«Mi alma *se pudre*/sin el rostro de él»

Sustantivos
el aguacero   rain shower.
El *aguacero* vino al fin del día de verano.
el anochecer   nightfall; (verbo, **anochecer**   to grow dark, to arrive at nightfall)
«Acude al *anochecer*, vida mía»
la barranca   gorge, ravine.
«todo es dulce por tus sienes:/la *barranca*, el espinar»
la canción de cuna   lullaby.
La mamá le cantaba una *canción de cuna* al niño.
la guirnalda   wreath.
«llevadme hacia el mar,/a escuchar el canto/de la pleamar/y entre la *guirnalda* de olas a cantar».
la huesa   grave.
«Sólo entonces sabrás el porqué, no madura/para las hondas *huesas* tu carne todavía,/
el labio   lip.
«¡Abiertos están/mis *labios* de sed!»
la nube   cloud
«Nubes vaporosas/nubes como tul».
la ola   wave.
«y entre la guirnalda/de *olas* a cantar».
el párpado   eyelid.
«suaves son, como tus *párpados*,/¡la leona y el chacal!»
el pecho   breast.
«...detened/sobre el *pecho* mío/la fresca merced».
el sendero   path.
«Acude con *sendero* o sin *sendero*»
el trigo   wheat; (plural) crops, cornfield.
«El viento errabundo en la noche/mece los *trigos*»

Adjetivos
amargo   bitter.
«Dios me perdone este libro *amargo*»
hondo   deep.
«Sólo entonces sabrás el porqué, no madura/para las *hondas* huesas tu carne todavía/

EJERCICIOS DE VOCABULARIO

Consulte la lista de vocabulario y complete las oraciones. Haga los cambios apropiados.

1. _____, mi amor; necesito tu ayuda.
2. Al dibujar la forma humana, el artista incluyó dos _____, dos _____, y dos _____.
3. Al _____, vi aparecer la primera estrella.
4. El café está muy _____; le hace falta azúcar.

Indique la palabra que no corresponde al grupo:

1. nube, ola, brazo, aguacero
2. sendero, párpado, pecho

Traduzca al español y termine las frases siguientes con sus propias palabras.

1. They put the *wreath* on him because. . . .
2. What is *rotting* in the *ravine?* I think. . . .
3. After *digging* the *deep grave,* the *workers.* . . .
4. As she *rocked* her baby. . . .

Use en oraciones:

1. arrastrar
2. borrar
3. canción de cuna
4. hondo

TEMAS DE CONVERSACIÓN

Conteste las preguntas siguientes en preparación para una discusión en la clase.

1. Describa un problema, una dificultad o una pérdida que usted haya tenido. ¿Puede o pudo usted encontrar una solución? Compare usted su reacción con la de Gabriela Mistral ante la pérdida de su amante y de su sobrino.
2. Piense en algunas canciones de cuna o poemas para niños. Dé ejemplos específicos. Cuando usted era niño/niña, ¿cuál era su canción favorita? ¿Qué papel tienen la rima y el ritmo en las canciones de cuna?

TEMAS DE COMPOSICIÓN

Basándose en sus respuestas y las de la clase a los temas de conversación, escriba un poema o un párrafo sobre uno de los temas siguientes:

1. Un problema y su resolución.
2. Una canción de cuna.
3. Una carta relatando el mensaje del poema «Canto que amabas».

4 *Pablo Neruda*

(Courtesy of A.P./Wide World Photos)

Ricardo Eliezer Neftalí Reyes y Basoalto was born in Parral, Chile in 1904. However, it was with the pseudonym of Pablo Neruda that this son of humble parents acquired his fame as poet, diplomat, revolutionary, and voice of the people. A timid and solitary child, Neruda spent many hours reading and writing poetry. His father, however, loathed these pastimes, and once burned his notebooks. Fearing discovery by his father, Ricardo adopted the pseudonym of Neruda, a name he had found in a magazine and which he later discovered was that of a famous Czech writer. Young Neruda met Gabriela Mistral when she was the headmistress of a secondary school for girls in Temuco, Chile.

At the age of 20, he published *Veinte poemas de amor y una canción desesperada*. His diplomatic career began three years later with this appointment as consul in Asia and later, in 1934 in Spain. Upon experiencing the senseless brutality of Spain's Civil War, especially the assassination of the poet Federico García Lorca, his friend and colleague, Neruda wrote poetry filled with both satire and protest. *España en el corazón* was written during this time and published at the risk of many lives because of its contents.

Neruda's experiences with the Spanish Civil War converted him to Communism. In 1943, he was elected to the Senate in Chile. Between 1925 and 1945, he published *Residencia en la tierra* in three parts; many of the poems in this collection are characterized by his surrealism and sense of alienation. Neruda was forced into exile in 1949 because of his membership in the Communist Party; it was in Mexico that he published his *Canto general I y II*.

Upon his return to Chile in 1953, he published his *Odas elementales*. Both his political and literary careers grew in the following years. In 1970, he was the Communist Party's candidate for president of Chile; and while he was Chile's ambassador to France, Neruda was awarded the Nobel Prize for Literature in 1971. Chile's Communist government, under Salvador Allende's regime, fell in 1973. Days after the coup, Neruda died. Although a heart attack is listed as the cause of death, many rumors circulated that he had been arrested and shot because of his political leanings. Shortly before his death, Neruda's books and papers were burned by "vandals," ironically repeating what had occurred during his childhood. Although the new military junta refused to give him a state funeral, hundreds of people defied the government and participated in his funeral procession.

Reflecting his politics and defense of the common man, Neruda's poetry allows us to feel his love for humanity.

SELECCIÓN AUTOBIOGRÁFICA ─────────────────────────────

Memorias—Confieso que he vivido

«...La poesía... Tiene que caminar en la oscuridad[1] y encontrarse con el corazón del hombre, con los ojos de la mujer, con los desconocidos de las calles, de los que a cierta hora crepuscular,[2] o en plena noche estrellada, necesitan aunque sea no más que un solo verso... Esa visita a

─────────────────────────────

[1] **oscuridad** darkness   [2] **crepuscular** twilight

lo imprevisto[3] vale todo lo andado, todo lo leído, todo lo aprendido... 5
Hay que perderse entre los que no conocemos para que de pronto re-
cojan lo nuestro de la calle, de la arena,[4] de las hojas[5] caídas mil años
en el mismo bosque[6]...y tomen tiernamente ese objeto que hicimos nosotros... Sólo entonces seremos verdaderamente poetas... En ese objeto
vivirá la poesía... 10
En los tiempos en que comencé a escribir, el poeta era de dos carac-
terísticas. Unos eran poetas grandes señores que se hacían respetar por
su dinero, que les ayudaba en su legítima o ilegítima importancia. La
otra familia de poetas era la de los militantes errabundos[7] de la poesía,
gigantes de cantina,[8] locos fascinadores, atormentados sonámbulos.[9] 15
Queda también, para no olvidarme, la situación de aquellos escritores
amarrados,[10] como el galeote[11] a su cadena,[12] al banquillo de la admi-
nistración pública. Sus sueños fueron casi siempre ahogados[13] por montañas de papel timbrado[14] y terribles temores a la autoridad y al ridículo.
Yo me lancé a la vida más desnudo que Adán, pero dispuesto a man- 20
tener la integridad de mi poesía. Esta actitud irreductible[15] no sólo valió
para mí, sino para que dejaran de reírse los bobalicones.[16] Pero después
dichos bobalicones, si tuvieron corazón y conciencia, se rindieron[17] como
buenos seres humanos ante lo esencial que mis versos despertaban. Y
si eran malignos[18] fueron tomándome miedo. 25
Y así la Poesía, con mayúscula,[19] fue respetada. No sólo la poesía,
sino los poetas fueron respetados. Toda la poesía y todos los poetas.
Otros miden[20] los renglones[21] de mis versos probando que yo los
divido en pequeños fragmentos o los alargo demasiado. No tiene ninguna importancia. ¿Quién instituye los versos más cortos o más largos, 30
más delgados o más anchos, más amarillos o más rojos? El poeta que
los escribe es quien lo determina. Lo determina con su respiración y con
su sangre, con su sabiduría y su ignorancia, porque todo ello entra en
el pan de la poesía.
El poeta que no sea realista va muerto. Pero el poeta que sea sólo 35
realista va muerto también. El poeta que sea sólo irracional será entendido sólo por su persona y por su amada,[22] y esto es bastante triste. El
poeta que sea sólo un racionalista, será entendido hasta por los asnos,[23]

---

[3] **imprevisto** unexpected, unforeseen
[4] **arena** sand
[5] **hojas** leaves
[6] **bosque** forest
[7] **errabundos** wandering
[8] **cantina** bar, saloon
[9] **sonámbulos** insomniacs
[10] **amarrados** tied down
[11] **galeote** galley slave
[12] **cadena** chain

[13] **ahogados** drowned
[14] **timbrado** stamped
[15] **irreductible** unyielding
[16] **bobalicones** nitwits
[17] **rindieron** surrendered
[18] **malignos** malicious, evil
[19] **mayúscula** capital letter
[20] **miden** measure
[21] **renglones** lines
[22] **amada** lover
[23] **asnos** asses

y esto es también sumamente triste. Para tales ecuaciones no hay cifras[24]
40 en el tablero,[25] no hay ingredientes decretados por Dios ni por el diablo,
sino que estos dos personajes importantísimos mantienen una lucha
dentro de la poesía, y en esta batalla vence[26] uno y vence otro, pero la
poesía no puede quedar derrotada.[27]

La inclinación profunda del hombre es la poesía y de ella salió la
45 liturgia, los salmos, y también el contenido de las religiones. El poeta
se atrevió con los fenómenos de la naturaleza y en las primeras edades
se tituló sacerdote para preservar su vocación. De ahí que en la época
moderna, el poeta, para defender su poesía, tome la investidura que le
dan la calle y las masas. El poeta civil de hoy sigue siendo el del más
50 antiguo sacerdocio. Antes pactó con las tinieblas[28] y ahora debe interpretar la luz.

PREGUNTAS

1. Según Neruda, ¿qué debe hacer un verdadero poeta?
2. ¿Qué tipos de poetas existían cuando Neruda era joven?
3. ¿Cómo se llegó a respetar la poesía?
4. ¿Debe un poeta determinar la extensión de sus versos según las reglas? ¿Por qué?
5. Explique cómo debe ser un poeta. ¿Quiénes son los «dos personajes importantísimos que mantienen una lucha dentro de la poesía»?

En sus *Memorias*, Pablo Neruda dice que siempre le gustó el libro *Veinte poemas de amor y una canción desesperada* porque «a pesar de su aguda melancolía, está presente en él el goce de la vida.» En estos poemas, Neruda se separa de la tradición modernista cuya obsesión reside en lo estético y lo formal en vez de la simplicidad de expresión. «Poema XX» es parte de esta colección.

Poema XX

Puedo escribir los versos más tristes esta noche.

Escribir, por ejemplo: «La noche está estrellada,[1]
y tiritan,[2] azules, los astros, a lo lejos».

5 *El viento de la noche gira[3] en el cielo y canta.*

Puedo escribir los versos más tristes esta noche.
Yo la quise, y a veces ella también me quiso.

---

[24] **cifras** numbers
[25] **tablero** board, counter
[26] **vence** conquers
[27] **derrotado** defeated
[28] **tinieblas** shadows

[1] **estrellada** starry
[2] **tiritan** shiver
[3] **gira** spins

En las noches como ésta la tuve entre mis brazos.
La besé tantas veces bajo el cielo infinito.

Ella me quiso, a veces yo también la quería.   10
¡Cómo no haber amado sus grandes ojos fijos!

Puedo escribir los versos más tristes esta noche.
Pensar que no la tengo. Sentir que la he perdido.

Oír la noche inmensa, más inmensa sin ella.
Y el verso cae al alma como al pasto[4] el rocío.[5]   15

¡Qué importa que mi amor no pudiera guardarla![6]
La noche está estrellada y ella no está conmigo.

Eso es todo. A lo lejos alguien canta. A lo lejos.
Mi alma no se contenta con haberla perdido.

Como para acercarla[7] mi mirada la busca.   20
Mi corazón la busca, y ella no está conmigo.

La misma noche que hace blanquear[8] los mismos árboles.
Nosotros, los de entonces, ya no somos los mismos.

Ya no la quiero, es cierto, pero cuánto la quise.
Mi voz buscaba al viento para tocar su oído.[9]   25

De otro. Será de otro. Como antes de mis besos.
Su voz, su cuerpo claro. Sus ojos infinitos.

Ya no la quiero, es cierto, pero tal vez la quiero.
Es tan corto el amor, y es tan largo el olvido.[10]

Porque en noches como ésta la tuve entre mis brazos,   30
mi alma no se contenta con haberla perdido.

Aunque éste sea el último dolor que ella me causa,
y éstos sean los últimos versos que yo le escribo.

PREGUNTAS

Comprensión
1. ¿Cómo fue la relación amorosa entre el poeta y su amada? Explique los versos «Yo la quise...», «Ya no la quiero...cuánto la quise...», y «Ya no la quiero...tal vez la quiero» para describir esta relación.
2. ¿La quiere el poeta todavía? ¿Quiere ella al poeta todavía?
3. ¿Cómo es la noche cuando el poeta piensa en su amada? ¿Por qué la noche le hace al poeta recordarla?

[4] **pasto** pastures
[5] **rocío** dew
[6] **guardarla** keep her
[7] **acercarla** bring her nearer
[8] **blanquear** whiten
[9] **oído** hearing, ear
[10] **olvido** oblivion, forgetting

Análisis
1. ¿Cuál es el tema del poema?
2. ¿Qué comparación hay entre el estado de la naturaleza y el del hombre?
3. ¿Qué función tiene la repetición de varias frases? Por ejemplo. «Puedo escribir los versos más tristes esta noche.»

La brutalidad[1] de la Guerra Civil Española[2] afectó fuertemente a Neruda. «Explico algunas cosas» fue escrito durante este tiempo.

Explico algunas cosas

Preguntaréis: Y dónde están las lilas?[3]
Y la metafísica cubierta de amapolas?[4]
Y la lluvia que a menudo golpeaba
sus palabras llenándolas
de agujeros[5] y pájaros?

Os voy a contar todo lo que me pasa.

Yo vivía en un barrio[6]
de Madrid, con campanas,[7]
con relojes, con árboles.

Desde allí se veía
el rostro seco de Castilla
como un océano de cuero.[8]

Mi casa era llamada
la casa de las flores, porque por todas partes
estallaban[9] geranios: era
una bella casa
con perros y chiquillos.

Raúl,[10] te acuerdas?
Te acuerdas, Rafael?
Federico, te acuerdas
debajo de la tierra,
te acuerdas de mi casa con balcones en donde
la luz de junio ahogaba[11] flores en tu boca?
¡Hermano, hermano!

[1] **brutalidad** brutality
[2] **Guerra Civil Española** Spanish Civil War
[3] **lilas** lilacs
[4] **amapolas** poppies
[5] **agujeros** gullies
[6] **barrio** neighborhood
[7] **campanas** bells
[8] **cuero** leather
[9] **estallaban** exploded
[10] **Raúl, Rafael, Federico** other poets and friends of Neruda
[11] **ahogaba** drowned

Todo
era grandes voces, sal de mercaderías[12]
aglomeraciones de pan palpitante,
mercados de mi barrio de Argüelles con su estatua
como un tintero[13] *pálido entre las merluzas:*[14]   30
el aceite[15] *llegaba a las cucharas,*
un profundo latido[16]
de pies y manos llenaba las calles,
metros, litros, esencia
aguda de la vida,   35
                                    pescados hacinados,[17]
contextura de techos[18] *con sol frío en el cual*
la flecha[19] *se fatiga,*
delirante marfil[20] *fino de las patatas,*
tomates repetidos hasta el mar.   40

Y una mañana todo estaba ardiendo
y una mañana las hogueras[21]
salían de la tierra
devorando seres,
y desde entonces fuego,   45
pólvora desde entonces,
y desde entonces sangre.

Bandidos con aviones y con moros[22]
bandidos con sortijas[23] *y duquesas,*
bandidos con frailes[24] *negros bendiciendo*[25]   50
venían por el cielo a matar niños
y por las calles la sangre de los niños
corría simplemente, como sangre de niños.

Chacales[26] *que el chacal rechazaría,*
piedras que el cardo[27] *seco mordería*[28] *escupiendo*[29]   55
víboras[30] *que las víboras odiarían!*

Frente a vosotros he visto la sangre
de España levantarse

[12] **mercaderías** marketplaces
[13] **tintero** ink well
[14] **merluzas** hake
[15] **aceite** oil
[16] **latido** heart-beating
[17] **hacinados** stacked up
[18] **techos** roofs
[19] **flecha** arrow
[20] **marfil** fine-toothed comb, ivory
[21] **hogueras** bonfires

[22] **moros** Moors
[23] **sortijas** rings
[24] **frailes** friars
[25] **bendiciendo** blessing, exalting
[26] **chacales** jackals
[27] **cardo** thistle
[28] **mordería** would bite
[29] **escupiendo** spitting
[30] **víboras** vipers

para ahogaros en una sola ola
60 *de orgullo y de cuchillos!*

Generales
traidores:
mirad mi casa muerta,
mirad España rota:
65 *pero de cada casa muerta sale metal ardiendo*
en vez de flores,
pero de cada hueco[31] *de España*
sale España,
pero de cada niño muerto sale un fusil[32] *con ojos,*
70 *pero de cada crimen nacen balas*[33]
que os hallarán un día el sitio
del corazón.

Preguntaréis, por qué su poesía
no nos habla del suelo, de las hojas,
75 *de los grandes volcanes de su país natal?*

Venid a ver la sangre por las calles,
venid a ver
la sangre por las calles,
venid a ver la sangre
80 *por las calles!*

PREGUNTAS

Comprensión
1. ¿Cómo era el barrio del poeta? ¿Cómo era su casa?
2. ¿Cómo era el mercado? ¿Qué vendían allí? ¿Cómo contenía la «esencia aguda de la vida»?
3. ¿Qué ocurrió una mañana? ¿Cómo cambió el barrio?
4. ¿Cómo eran las personas que cambiaron el barrio?
5. ¿Qué quiere el poeta que hagan los «Generales»?
6. ¿Qué anuncia el poeta sobre el futuro?

Análisis
1. ¿Cuál es la intención del poeta en este poema?
2. La primera estrofa se refiere a su poesía estética de años anteriores. Según esta estrofa, ¿qué imágenes usaba él en esta poesía?
3. Los cinco sentidos están representados en la descripción del barrio de antes.

[31] **hueco** ditch, hole   [33] **balas** bullets
[32] **fusil** gun

Busque expresiones que utilicen cada sentido. ¿Usa el autor los cinco sentidos en la descripción del barrio de ahora, que empieza con la línea «y mañana...»?
4. ¿Qué contraste hay entre el barrio de antes y el de ahora? ¿Por qué existe este contraste? ¿Cómo son los sentimientos del poeta hacia este cambio? ¿Qué palabras sugieren estos sentimientos?
5. En las últimas estrofas, ¿cómo contesta el poeta la pregunta que él hace aquí y al principio del poema?
6. ¿Qué función tienen las frases que se repiten en la última estrofa?

Muchos poemas del *Canto general I y II* critican el imperialismo y exponen el sufrimiento del pueblo. «Margarita Naranjo» es el poema VIII de la sección «La tierra se llama Juan» donde obreros de diversas actividades cuentan su historia trágica directamente al lector. En el poema siguiente, la trama ocurre en la empresa salitrera (*nitrate works plant*) «María Elena» en Antofagasta, Chile.

Margarita Naranjo

Estoy muerta. Soy de María Elena.
Toda mi vida la viví en la pampa.
Dimos la sangre para la Compañía
norteamericana, mis padres antes, mis hermanos. 5
Sin que hubiera huelga,[1] sin nada nos rodearon.[2]
Era de noche, vino todo el Ejército.[3]
Iban de casa en casa despertando a la gente,
llevándola al campo de concentración.
Yo esperaba que nosotros no fuéramos. 10
Mi marido ha trabajado tanto para la Compañía,
y para el Presidente, fue el más esforzado[4]
consiguiendo los votos aquí, es tan querido,
nadie tiene nada que decir de él, él lucha
por sus ideales, es puro y honrado 15
como pocos. Entonces vinieron a nuestra puerta,
mandados[5] por el Coronel Urízar,
y lo sacaron a medio vestir y a empellones[6]
lo tiraron[7] al camión que partió en la noche,
hacia Pisagua, hacia la oscuridad.[8] Entonces 20
me pareció que no podía ya respirar más, me parecía
que la tierra faltaba debajo de los pies,
es tanta la traición, tanta la injusticia,
que me subió a la garganta[9] algo como un sollozo[10]

[1] **huelga** strike
[2] **rodearon** surrounded
[3] **Ejército** Army
[4] **esforzado** strong, valiant, put forth much effort
[5] **mandados** sent
[6] **a empellones** forcefully
[7] **tiraron** threw
[8] **oscuridad** darkness
[9] **garganta** throat
[10] **sollozo** cry

25

que no me dejó vivir. Me trajeron comida
las compañeras, y les dije: «No comeré hasta que vuelva».
Al tercer día hablaron al señor Urízar,
que se rió con grandes carcajadas,[11] enviaron
telegramas y telegramas que el tirano en Santiago

30

no contestó. Me fui durmiendo y muriendo,
sin comer, apreté[12] los dientes para no recibir
ni siquiera la sopa o el agua. No volvió, no volvió,
y poco a poco me quedé muerta, y me enterraron,[13]
aquí, en el cementerio de la oficina salitrera,

35

había en esa tarde un viento de arena,
lloraban los viejos y las mujeres y cantaban
las canciones que tantas veces canté con ellos.
Si hubiera podido, habría mirado a ver si estaba
Antonio, mi marido, pero no estaba, no estaba,

40

no lo dejaron venir ni a mi muerte: ahora
aquí estoy muerta, en el cementerio de la pampa
no hay más que soledad en torno[14] a mí, que ya no existo,
que ya no existiré sin él, nunca más, sin él.

PREGUNTAS

Comprensión

1. ¿Quién es la narradora del poema? ¿Dónde está? ¿De dónde habla?
2. ¿Qué miembros de su familia habían trabajado para la Compañía?
3. ¿Cómo era el esposo de la narradora?
4. ¿Tuvo razón el Ejército para llevárselo? ¿En qué forma se lo llevaron?
5. ¿Cómo se sintió la narradora cuando se llevaron a su esposo?
6. ¿Qué hicieron sus compañeras cuando ella dejó de comer? ¿Qué hizo el señor Urízar?
7. ¿Por qué no vino su esposo al entierro?

Análisis

1. ¿Cuál es el tema del poema?
2. ¿Qué efecto tiene la narrativa de primera persona sobre el lector? ¿Qué efecto tiene el hecho de que está muerta?
3. Neruda era un crítico de las dictaduras. ¿Cómo expresa él esta crítica en el poema?
4. ¿Qué tipo de ambiente político describe este poema?
5. ¿Cómo son los sentimientos de la narradora? ¿Reaccionaría Ud. de la misma forma?
6. En la selección autobiográfica, Neruda dice que «la poesía…tiene que caminar y encontrarse con el corazón del hombre…» ¿Se encuentra el poeta con «el corazón del hombre» en este poema? Explique.

[11] **carcajadas**   roars of laughter
[12] **apreté**   ground my teeth
[13] **enterraron**   buried
[14] **en torno**   around

Las *Odas elementales* de Pablo Neruda contienen más celebración por la humanidad que protesta. Hay odas escritas a flores, animales y cosas además de sentimientos y personas. «Oda a la vida» viene de esta colección.

Oda a la vida

La noche entera
Con un hacha[1]
me ha golpeado el dolor,
pero el sueño   5
pasó lavando como un agua oscura
piedras ensangrentadas.[2]
Hoy de nuevo estoy vivo.
De nuevo
te levanto,   10
vida,
sobre mis hombros.[3]

Oh vida,
copa clara,
de pronto   15
te llenas
de agua sucia,
de vino muerto,
de agonía, de pérdidas,
de sobrecogedoras[4] telarañas,[5]   20
y muchos creen
que ese color de infierno[6]
guardarás para siempre.

No es cierto.

Pasa una noche lenta,   25
pasa un solo minuto
y todo cambia.
Se llena
de transparencia
la copa de la vida.   30
El trabajo espacioso[7]
nos espera.

[1] **hacha** axe
[2] **ensangrentadas** bloody
[3] **hombros** shoulders
[4] **sobrecogedoras** surprising
[5] **telarañas** spiderwebs
[6] **infierno** hell
[7] **espacioso** slow, deliberate

De un solo golpe nacen las palomas.[8]
Se establece la luz sobre la tierra.

35 Vida, los pobres
poetas
te creyeron amarga,[9]
no salieron contigo
de la cama
40 con el viento del mundo.
Recibieron los golpes
sin buscarte
se barrenaron[10]
un agujero[11] negro
45 y fueron sumergiéndose
en el luto[12]
de un pozo[13] solitario.

No es verdad, vida,
eres
50 bella
como la que yo amo
y entre los senos[14] tienes
olor a menta.[15]

Vida,
55 eres
una máquina plena,[16]
felicidad, sonido
de tormenta, ternura[17]
de aceite delicado.

60 Vida,
eres como una viña:[18]
atesoras[19] la luz y la repartes[20]
transformada en racimo.[21]

El que de ti reniega[22]
65 que espere

[8] **palomas** doves
[9] **amarga** bitter
[10] **barrenaron** drilled
[11] **agujero** hole
[12] **luto** mourning
[13] **pozo** well
[14] **senos** breasts, bosom
[15] **menta** mint

[16] **plena** complete, full
[17] **ternura** tenderness
[18] **viña** vineyard
[19] **atesoras** hoards, stores up
[20] **repartes** distributes
[21] **racimo** bunch
[22] **reniega** denies

un minuto, una noche
un año corto o largo,
que salga
de su soledad mentirosa,[23]
que indague[24] *y luche, junte*   70
sus manos a otras manos,
que no adopte ni halague[25]
a la desdicha[26]
que la rechace[27] *dándole*
forma de muro,   75
como a la piedra los picapedreros,[28]
que corte la desdicha
y se haga con ella
pantalones.
La vida nos espera   80
a todos
los que amamos
el salvaje[29]
olor a mar y menta
que tiene entre los senos.   85

PREGUNTAS

Comprensión
1. ¿Qué efecto tiene el sueño sobre el dolor?
2. ¿Cambia la vida rápidamente? ¿Por qué?
3. ¿Tiene Neruda la misma perspectiva de la vida que otros poetas? Explique.
4. ¿Qué consejo le da el poeta a la gente?

Análisis
1. ¿Cuál es el tema de «Oda a la vida»?
2. Neruda compara la vida a una copa, una máquina y una viña. Escoja una de estas comparaciones y explique cómo se desarrolla.
3. «El poeta debe interpretar la luz», dice Neruda en la selección autobiográfica. También en este poema, Neruda menciona que «la luz se establece sobre la tierra». ¿A qué se refiere el poeta cuando menciona la luz?
4. Explique estos últimos versos:

> *La vida nos espera*
> *a todos*
> *los que amamos*
> *el salvaje*

[23] **mentirosa**   deceitful
[24] **indague**   inquire, find out
[25] **halague**   flatter, please
[26] **desdicha**   misery, unhappiness
[27] **rechace**   reject
[28] **picapedreros**   stonecutters
[29] **salvaje**   wild

> *olor a mar y menta*
> *que tiene entre los senos.*

¿Qué sugieren estas imágenes?

5. ¿Tiene tono optimista o pesimista este poema? ¿Está de acuerdo Ud. con el poeta?

VOCABULARIO

Verbos

arder   to blaze.
«...y una mañana todo estaba *ardiendo*...»
golpear   to hit, give blows.
«...la lluvia que a menudo *golpeaba*...»
guardar   to keep.
«...*guardarás* para siempre...»
hallar   to find.
«...que os *hallarán* un día el sitio...»
llenar   to fill, stack up.
«...de pronto te *llenas*...»
odiar   to hate.
«...víboras que las víboras *odiarían*...»
rechazar   to deny, to repel.
«...a la desdicha que la *rechace*...»
respirar   to breathe.
«...me pareció que no podía ya *respirar* más...»

Sustantivos

el aceite   oil.
«...*el aceite* llegaba a las cucharas...»
la arena   sand.
«...había en esa tarde un viento de *arena*...»
el barrio   neighborhood.
«Yo vivía en un *barrio*...»
el cielo   sky, heaven.
«El viento de la noche gira en el *cielo*...»
el corazón   heart.
«Mi *corazón* la busca...»
el golpe   blow, hit.
«De un solo *golpe* nacen las palomas...»
la pólvora   gunpowder.
«...y desde entonces fuego, *pólvora* desde entonces...»
la sangre   blood.
«Dimos la *sangre* para la Compañía...»
el suelo   floor, soil, earth.
«...no nos habla del *suelo*, de las hojas...»

Adjetivos

amargo   bitter.
«...te creyeron *amarga*...»

claro light in color.
«...su voz, su cuerpo *claro*...»
corto short.
«Es tan *corto* el amor...»
lento slow.
«Pasa una noche *lenta*...»
oscuro dark.
«...pasó lavando como un agua *oscura*...»
roto broken.
«...mirad España *rota*...»
seco dry.
«...el rostro *seco* de Castilla...»
sucio dirty.
«...de agua *sucia*...»

EJERCICIOS DE VOCABULARIO

Consulte la lista de vocabulario y complete las oraciones.

1. En la playa hay mucha _____.
2. _____quiere decir lo mismo que encontrar.
3. Algo que no está limpio está _____.
4. Por ser muy cruel María, dicen que tiene _____ de piedra.
5. No quiero perder la joya; por eso, la voy a _____.

Complete las frases siguientes con sus propias palabras; no es necesario que use solamente palabras de la lista.

1. Después de ver el cristal *roto,* la mamá...
2. Amar es gozar de la vida; *odiar* es...
3. ¡Ay, Dios mío! El herido perdió mucha *sangre* y ahora...
4. Él *rechazó* todo lo que le ofrecieron porque...

Use en oraciones:

1. arder
2. amargo
3. el barrio
4. respirar

Traduzca al español:

1. The *dark sky* was like my *broken heart.*
2. I *hated* him so much, I *hit* him.
3. *Blood filled* the *soil.*

TEMAS DE CONVERSACIÓN

Conteste las preguntas siguientes en preparación para una discusión en la clase:

1. ¿Cómo se siente Ud. cuando está solo bajo una noche estrellada? ¿En qué piensa?

2. Describa la relación amorosa que se encuentra en el «Poema XX». ¿Es una relación típica? ¿Se sentiría Ud. igual que el poeta?
3. ¿Cómo se siente Ud. después de leer «Explico algunas cosas»? ¿Cómo se sentiría usted si esto ocurriera en su propio pueblo? ¿Puede dar Ud. un ejemplo de una ciudad o un pueblo que haya tenido una experiencia parecida?
4. ¿Cuál es su reacción ante el cuento de Margarita Naranjo? ¿Sería igual la reacción de usted si esto ocurriera a un miembro de su propia familia? ¿Han ocurrido incidentes como éste en la realidad?
5. ¿Tiene Ud. la misma opinión de la vida que Pablo Neruda? ¿Puede Ud. hacer otras comparaciones a la vida (como las que hace Neruda)?

TEMAS DE COMPOSICIÓN

Basándose en sus respuestas y las de la clase a los temas de conversación, escriba sobre uno de los temas siguientes:

1. La noche y el amor en el «Poema XX».
2. Ud. es uno de los amantes en el «Poema XX». Escriba dos entradas en un diario (*diary*); en una, describa cuando la relación iba bien y en otra, describa cómo es en el momento actual.
3. Ud. es periodista y acaba de leer «Explico algunas cosas». Escriba un artículo para el periódico sobre el efecto de la Guerra Civil en este pueblo español. ¿Qué diferencia hay entre el artículo y el poema?
4. Compare «Explico algunas cosas» con la pintura «Guernica» de Picasso.
5. «Margarita Naranjo» presenta los sentimientos de la narradora. Usando la narrativa de primera persona (Ud. es el esposo de Margarita), escriba un párrafo sobre la misma situación.
6. «Margarita Naranjo» y la protesta política.
7. El mensaje de «Oda a la vida».
8. Escoja un objeto ridículo y escriba una oda.
9. En sus poemas, Gabriela Mistral y Pablo Neruda expresan amor por la humanidad. Una consecuencia de este amor es la protesta poética de Neruda contra la injusticia. Piense sobre alguna injusticia que le haya ocurrido a usted o a otra persona y escriba unos versos basados en esa experiencia.

III El realismo mágico

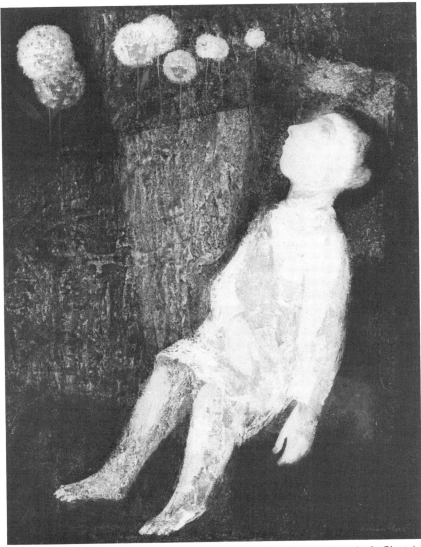

«¿Lo mira o sueña?» 1968 Ramón Llovet. (Courtesy Sala Gaspar, Consejo de Ciento)

5 *Silvina Ocampo*

(Courtesy Inter-Prensa)

Silvina Ocampo was born in 1903 in Buenos Aires to a well-to-do Argentinian family. The youngest of six daughters, her interests in the arts flourished in an intellectual and comfortable environment. Silvina's older sister, Victoria, became a noted writer and founded the journal *Sur*. At the age of seven Silvina began to paint, and later traveled to Paris to study under French masters.

Not satisfied with her work in painting, she decided to devote herself to writing, a field in which she has achieved much success. Author of poetry, prose, and drama, Silvina Ocampo has won the Premio Nacional de Literatura of Argentina. Among her collections of poetry are *Enumeración de la patria y otros poemas, Los nombres, Lo amargo por dulce,* and

Amarillo celeste. La furia y otros cuentos, Viaje olvidado and *Autobiografía de Irene* are three of her five books of short stories. The novel *Los que aman odian* was written in collaboration with her husband, Adolfo Bioy Casares. Ocampo has compiled two anthologies, *Antología de la literatura fantástica* and *Antología poética argentina,* with her husband and Jorge Luis Borges.

In the fictional world of many of her stories, including *Casa de azúcar,* which follows, ambiguity, fantasy, and commonplace reality play essential roles.

SELECCIÓN AUTOBIOGRÁFICA ──────────────────────

*Correspondencia con Silvina Ocampo**

Querida Silvina:

Leo en la nota que sobre ti hace Enrique Pezzoni en la *Enciclopedia de la Literatura Argentina,* que alguna vez dijiste que «siempre quise escribir. Durante una época, mandaba a mis amigos cartas en que inventaba
5 sentimientos. Eran cartas de amor y de odio». Ojalá que esta carta que ahora prometes escribir sea como aquéllas.

Tu vida ha estado dedicada, casi por entero, a la literatura. ¿Estás satisfecha, de alguna manera, con lo hecho?

¿Cómo fue-es- la relación con Victoria? ¿Nunca temiste que su figura
10 te sofocara?

¿Y cómo es convivir con un escritor?

¿Por qué te interesa partir de una realidad cotidiana,[1] nimia,[2] casi siempre vulgar, y desde ahí revelar sus aspectos agazapados,[3] insólitos?[4]

15 ¿Cuál es tu actitud como escritora: pasas primero una mirada sorprendente y atónita[5] por el mundo, y éste te devuelve a tu propia intimidad? ¿O es al revés? Es posible que ya lo hayas hecho antes, pero sería bueno que hablaras con detenimiento[6] sobre estas palabras tuyas: «fui y soy la espectadora de mí misma».

20 ¿Qué lugar ocupan en tu literatura la muerte, lo imprevisto,[7] lo irracional, lo inconciliable, la locura[8] de vivir en un cotidiano absurdo?

*Selecciones de correspondencia entre Danubio Torres Fierro y Silvina Ocampo.

[1] **cotidiana** daily
[2] **nimia** insignificant
[3] **agazapados** arresting, overwhelming
[4] **insólitos** unusual
[5] **atónita** astonished, amazed
[6] **detenimiento** deliberation
[7] **imprevisto** unforeseen
[8] **locura** madness

Lo pregunto porque son, sin duda, temas recurrentes.
Un abrazo: Danubio
Buenos Aires, 28 de agosto de 1975...

...Por ejemplo, si ahora me preguntas por qué escribo, me pregunto   25
a mí misma con signos de admiración ¡por qué escribo! luego se me
ocurre contestar: para no morir. Mi respuesta es sin duda en el momento
que la enuncio: para no morir, pero si la examino advierto[9] que no
concuerda[10] con lo que siento en este minuto: y hace muchos años que
escribo, por lo tanto esta contestación no es válida. Tampoco sería ver-   30
dad esta otra respuesta; escribo porque necesito expresar lo que siento
sin gruñidos,[11] lo que he vivido sin ironía, lo que imagino sin remilgos,[12]
aunque lo que siento, imagino y he vivido me parezca trivial, pues lo
que para mí es trivial puede no serlo para otra persona. También podría
no ser verdad esta otra respuesta que puede parecer ridícula: escribo   35
como siguiendo un mandato[13] que recibo de labios milagrosos (serán de
la inspiración) que me hacen modificar una rosa, un rostro, un caballo,
mis lágrimas, el musical destino de una persona que no conozco demasiado y que voy conociendo a través de un relato[14] que escribo y que
se alegra frente a la vida simplemente porque la vida es divina aunque   40
esté colmada[15] de catástrofes. También tendría otra respuesta: escribo
para vivir en otro mundo dentro de otros seres, escribo como los que
aman viajar y que viajan, personas que envidio[16] porque aprovechan
sus viajes, y yo que odio viajar los desaprovecho. Todo sitio nuevo que
conozco me angustia porque despierta mi nostalgia de la ubicuidad[17]   45
(¿todos habremos sido Dios alguna vez?), y naturalmente quiero quedar
en ese sitio nuevo toda mi vida, si el sitio tiene algún encanto. De todo
esto podrías deducir que escribo para poder quedar en el lugar donde
viven los personajes de mis relatos. Podría también contestar airada-
mente: escribo porque me encanta lo que escribo, porque me gusta   50
más que cualquier página que escriben otros escritores, salvo algunas
maravillas que conozco que me hacen morir de envidia: esta presun-
tuosa declaración me pone en ridículo tal vez pero, cuando uno escribe,
desaparecen esos ridículos y mezquinos[18] sentimientos. No hay que
ponerse un antifaz[19] ni disfrazarse.[20] Podría también decir: escribo para   55
ser libre, para hacer reír, para hacer llorar, para que me quieran, para
no ser tan muda[21] como lo soy oralmente, y tonta, aunque lo soy un
poco bastante cuando escribo.

[9] **advierto** notice
[10] **concuerda** agrees
[11] **gruñidos** growls, grumbles
[12] **remilgos** prudery, affectation
[13] **mandato** command
[14] **relato** story
[15] **colmada** filled to the brim
[16] **envidio** envy

[17] **ubicuidad** ubiquity, omnipres-
ence
[18] **mezquinos** petty, niggardly
[19] **antifaz** mask
[20] **disfrazarse** go in disguise, to
masquerade
[21] **muda** mute

Me preguntas cuándo empecé a escribir. No podría señalar la fecha.
60 Odio las fechas (¿será porque la vejez llega gracias a ellas?) y pongo la
palabra odio para darte un gusto. Los números me vuelven supersti-
ciosa. En los primeros tiempos de mi vida desde los siete años me
dediqué, o más bien me dedicaron, a la pintura y al dibujo. A veces
para expresar algo escribía sobre los dibujos unas breves palabras. Re-
65 cuerdo una vez que anoté: «Todo es amarillo pero también rosado»;
había sol, el dibujo era negro...

Convivir con un escritor es espléndido: es el a b c de mi vida. Es cierto
que la realidad cotidiana es más extraña que la ficción para mí y por eso
parece nimia[22] en mis relatos: yo la veo extraordinaria. Paso una mirada
70 sorprendida por el mundo y ella me revela su intensidad y viceversa,
según los casos. Para indagar[23] el mundo empleo el diálogo con gente
primaria que es la que más me interesa. No vacilo en preferir el diálogo
con un obrero o un campesino al diálogo con una intelectual o un hombre
refinado...
75 La muerte ocupa en mis escritos lo que ocupa en la vida de los hombres,
es inútil que trate de evitarla.[24] Siempre espera en algún sitio de mis
relatos. Para evitarla hice vivir a los protagonistas en el tiempo al revés:
empezar la vida desde la muerte y morir en el nacimiento pues en el
momento culminante,[25] cuando creo evitarla, aparece con algún veneno
80 o con un arma, o con alguna treta.[26] Me preocupa como me preocupa
Dios desde que existe mi memoria.
Lo imprevisto también existe siempre por estrictos que parezcan los
planes que uno se ha propuesto. Lo irracional y lo inconciliable me
parecen también inevitables. «La locura de vivir en un cotidiano ab-
85 surdo» aparece en la novela que estoy escribiendo. El título, si puede
despertar alguna curiosidad, será: *Los epicenos.* Es lo mejor que he escrito
y según mis cálculos será terminada a principios del año que viene. Mis
compatriotas no aprecian mis libros excepto, tal vez, los jóvenes, porque
soy demasiado argentina y represento al escribir todos nuestros defec-
90 tos. Me salvo de las virtudes. Pero, quién no tiene virtudes de las cuales
se salva y defectos atractivos...

PREGUNTAS

1. ¿Cuáles son tres razones por las cuales escribe Silvina Ocampo?
2. ¿Cuándo empezó a escribir ella?
3. ¿Cómo considera la realidad cotidiana?
4. ¿Qué papel ocupa la muerte en su obra literaria?
5. ¿Qué opinión tiene ella de lo imprevisto?

[22] **nimia**   too much, excessive; stingy
[23] **indagar**   search, investigate
[24] **evitarla**   avoid it
[25] **culminante**   culminating
[26] **treta**   trick; thrust

La casa de azúcar

Las supersticiones no dejaban vivir a Cristina. Una moneda[1] con la
efigie[2] borrada, una mancha de tinta,[3] la luna vista a través de dos
vidrios,[4] las iniciales de su nombre grabadas[5] por azar[6] sobre el tronco
de un cedro[7] la enloquecían[8] de temor. Cuando nos conocimos llevaba
puesto un vestido verde, que siguió usando hasta que se rompió, pues   5
me dijo que le traía suerte y que en cuanto se ponía otro, azul, que le
sentaba[9] mejor, no nos veíamos. Traté de combatir estas manías absurdas. Le hice notar que tenía un espejo roto en su cuarto y que por más
que yo le insistiera en la conveniencia de tirar los espejos rotos al agua,
en una noche de luna, para quitarse la mala suerte, lo guardaba; que   10
jamás temió que la luz de la casa bruscamente se apagara, y a pesar de
que fuera un anuncio seguro de muerte, encendía[10] con tranquilidad
cualquier número de velas;[11] que siempre dejaba sobre la cama el sombrero, error en que nadie incurría.[12] Sus temores eran personales. Se
infligía verdaderas privaciones; por ejemplo: no podía comprar frutillas   15
en el mes de diciembre, ni oír determinadas músicas, ni adornar la casa
con peces[13] rojos, que tanto le gustaban. Había ciertas calles que no
podíamos cruzar, ciertas personas, ciertos cinematógrafos que no podíamos frecuentar. Al principio de nuestra relación, estas supersticiones
me parecieron encantadoras, pero después empezaron a fastidiarme[14]   20
y a preocuparme seriamente. Cuando nos comprometimos[15] tuvimos
que buscar un departamento[16] nuevo, pues según sus creencias, el destino de los ocupantes anteriores influiría sobre su vida (en ningún momento mencionaba la mía, como si el peligro la amenazara sólo a ella y
nuestras vidas no estuvieran unidas por el amor). Recorrimos[17] todos   25
los barrios de la ciudad; llegamos a los suburbios más alejados,[18] en
busca de un departamento que nadie hubiera habitado: todos estaban
alquilados[19] o vendidos. Por fin encontré una casita en la calle Montes
de Oca, que parecía de azúcar. Su blancura brillaba con extraordinaria
luminosidad. Tenía teléfono y, en el frente, un diminuto jardín. Pensé   30
que esa casa era recién construida, pero me enteré de[20] que en 1930 la

[1] **moneda** coin
[2] **efigie** effigy
[3] **tinta** ink
[4] **vidrios** panes of glass
[5] **grabadas** engraved
[6] **por azar** by chance
[7] **cedro** cedar
[8] **enloquecían** to drive insane
[9] **sentaba** fit
[10] **encendía** lit
[11] **velas** candles
[12] **incurría** became liable
[13] **peces** fish
[14] **fastidiarme** bother me
[15] **nos comprometimos** became engaged
[16] **departamento** house, apartment
[17] **recorrimos** examined, surveyed
[18] **alejados** distant
[19] **alquilados** rented
[20] **me enteré de** I found out

había ocupado una familia, y que después, para alquilarla, el propietario le había hecho algunos arreglos. Tuve que hacer creer a Cristina que nadie había vivido en la casa y que era el lugar ideal: la casa de nuestros
35 sueños. Cuando Cristina la vio, exclamó:
—¡Qué diferente de los departamentos que hemos visto! Aquí se respira olor a limpio. Nadie podrá influir en nuestras vidas y ensuciarlas con pensamientos que envician²¹ el aire.
En pocos días nos casamos y nos instalamos allí. Mis suegros²² nos
40 regalaron los muebles del dormitorio, y mis padres los del comedor. El resto de la casa lo amueblaríamos de a poco. Yo temía que, por los vecinos, Cristina se enterara de mi mentira, pero felizmente hacía sus compras²³ fuera del barrio y jamás conversaba con ellos. Éramos felices, tan felices que a veces me daba miedo. Parecía que la tranquilidad nunca
45 se rompería en aquella casa de azúcar, hasta que un llamado telefónico destruyó mi ilusión. Felizmente Cristina no atendió²⁴ aquella vez el teléfono, pero quizá lo atendiera en una oportunidad análoga. La persona que llamaba preguntó por la señora Violeta: indudablemente se trataba de la inquilina²⁵ anterior. Si Cristina se enteraba de que yo la había
50 engañado, nuestra felicidad seguramente concluiría: no me hablaría más, pediría nuestro divorcio, y en el mejor de los casos tendríamos que dejar la casa para irnos a vivir, tal vez, a Villa Urquiza, tal vez a Quilmes, de pensionistas en alguna de las casas donde nos prometieron darnos un lugarcito para construir ¿con qué? (con basura, pues con mejores ma
55 teriales no me alcanzaría el dinero) un cuarto y una cocina. Durante la noche yo tenía cuidado de descolgar el tubo,²⁶ para que ningún llamado inoportuno nos despertara. Coloqué un buzón²⁷ en la puerta de calle; fui el depositario de la llave, el distribuidor de cartas.
Una mañana temprano golpearon a la puerta y alguien dejó un pa
60 quete. Desde mi cuarto oí que mi mujer protestaba, luego oí el ruido del papel estrujado.²⁸ Bajé la escalera y encontré a Cristina con un vestido de terciopelo²⁹ entre los brazos.
—Acaban de traerme este vestido—me dijo con entusiasmo.
Subió corriendo las escaleras y se puso el vestido, que era muy es
65 cotado.³⁰
—¿Cuándo te lo mandaste hacer?
—Hace tiempo. ¿Me queda bien? Lo usaré cuando tengamos que ir al teatro, ¿no te parece?
—¿Con qué dinero lo pagaste?
70 —Mamá me regaló unos pesos.

²¹ **envician** corrupt
²² **suegros** in-laws
²³ **hacía sus compras** went shopping
²⁴ **atendió** attended to
²⁵ **inquilina** resident

²⁶ **descolgar el tubo** take the receiver off the hook
²⁷ **buzón** mailbox
²⁸ **estrujado** crumpled
²⁹ **terciopelo** velvet
³⁰ **escotado** low cut

—Me pareció raro, pero no le dije nada, para no ofenderla.

Nos queríamos con locura. Pero mi inquietud comenzó a molestarme, hasta para abrazar a Cristina por la noche. Advertí[31] que su carácter había cambiado: de alegre se convirtió en triste, de comunicativa en reservada, de tranquila en nerviosa. No tenía apetito. Ya no preparaba esos ricos postres,[32] un poco pesados, a base de cremas batidas[33] y de chocolate, que me agradaban,[34] ni adornaba periódicamente la casa con volantes[35] de nylon, en las tapas[36] de la letrina, en las repisas[37] del comedor, en los armarios,[38] en todas partes, como era su costumbre. Ya no me esperaba con vainillas a la hora del té, ni tenía ganas de ir al teatro o al cinematógrafo de noche, ni siquiera cuando nos mandaban entradas de regalo. Una tarde entró un perro en el jardín y se acostó frente a la puerta de calle, aullando.[39] Cristina le dio carne y le dio de beber y, después de un baño, que le cambió el color del pelo, declaró que le daría hospitalidad y que lo bautizaría con el nombre de Amor, porque llegaba a nuestra casa en un momento de verdadero amor. El perro tenía el paladar[40] negro, lo que indica pureza de raza.

Otra tarde llegué de improviso a casa. Me detuve en la entrada porque vi una bicicleta apostada[41] en el jardín. Entré silenciosamente y me escurrí[42] detrás de una puerta y oí la voz de Cristina.

—¿Qué quiere?—repitió dos veces.

—Vengo a buscar a mi perro —decía la voz de una muchacha—. Pasó tantas veces frente a esta casa que se ha encariñado con[43] ella. Esta casa parece de azúcar. Desde que la pintaron, llama la atención de todos los transeúntes.[44] Pero a mí me gustaba más antes, con ese color rosado y romántico de las casas viejas. Esta casa era muy misteriosa para mí. Todo me gustaba en ella: la fuente donde venían a beber los pajaritos; las enredaderas[45] con flores, como cornetas[46] amarillas; el naranjo. Desde que tengo ocho años esperaba conocerla a usted, desde aquel día en que hablamos por teléfono, ¿recuerda? Prometió que iba a regalarme un barrilete.[47]

—Los barriletes son juegos de varones.

—Los juguetes no tienen sexo. Los barriletes me gustaban porque eran como enormes pájaros: me hacía la ilusión de volar sobre sus alas. Para usted fue un juego prometerme ese barrilete; yo no dormí en toda la noche. Nos encontramos en la panadería,[48] usted estaba de espaldas y

---

[31] **advertí** I noticed
[32] **postres** desserts
[33] **cremas batidas** whipped cream
[34] **agradaban** pleased
[35] **volantes** kites
[36] **tapas** covers, lids
[37] **repisa** mantelpiece; shelf
[38] **armario** closet
[39] **aullando** howling
[40] **paladar** palate, roof of the mouth

[41] **apostada** placed
[42] **me escurrí** slipped, sneaked
[43] **se ha encariñado con** has become fond of
[44] **transeúntes** passers-by
[45] **enredaderas** climbing plants
[46] **cornetas** bugles, cornets
[47] **barrilete** kite
[48] **panadería** bakery

no vi su cara. Desde ese día no pensé en otra cosa que en usted, en cómo sería su cara, su alma, sus ademanes[49] de mentirosa. Nunca me regaló aquel barrilete. Los árboles me hablaban de sus mentiras. Luego
110 fuimos a vivir a Morón, con mis padres. Ahora, desde hace una semana   110 estoy de nuevo aquí.

—Hace tres meses que vivo en esta casa, y antes jamás frecuenté estos barrios. Usted estará confundida.

—Yo la había imaginado tal como es. ¡La imaginé tantas veces! Para
115 colmo[50] de la casualidad, mi marido estuvo de novio con usted.   115

—No estuve de novia sino con mi marido. ¿Cómo se llama este perro?

—Bruto.

—Lléveselo, por favor, antes que me encariñe con él.

—Violeta, escúcheme. Si llevo el perro a mi casa, se morirá. No lo puedo
120 cuidar. Vivimos en un departamento muy chico. Mi marido y yo tra-   120 bajamos y no hay nadie que lo saque a pasear.

—No me llamo Violeta. ¿Qué edad tiene?

—¿Bruto? Dos años. ¿Quiere quedarse con él? Yo vendría a visitarlo de vez en cuando, porque lo quiero mucho.

125 —A mi marido no le gustaría recibir desconocidos en su casa, ni que   125 aceptara un perro de regalo.

—No se lo diga, entonces. La esperaré todos los lunes a las siete de la tarde en la plaza Colombia. ¿Sabe dónde es? Frente a la iglesia Santa Felicitas, o si no la esperaré donde usted quiera y a la hora que prefiera;
130 por ejemplo, en el puente[51] de Constitución o en el parque Lezama. Me   130 contentaré con ver los ojos de Bruto. ¿Me hará el favor de quedarse con él?

—Bueno. Me quedaré con él.

—Gracias, Violeta.

135 —No me llamo Violeta.   135

—¿Cambió de nombre? Para nosotros usted es Violeta. Siempre la misma misteriosa Violeta.

—Oí el ruido seco de la puerta y el taconeo[52] de Cristina, subiendo la escalera. Tardé un rato en salir de mi escondite y en fingir[53] que acababa
140 de llegar. A pesar de haber comprobado la inocencia del diálogo, no sé   140 por qué, una sorda[54] desconfianza comenzó a devorarme. Me pareció que había presenciado una representación de teatro y que la realidad era otra. No confesé a Cristina que había sorprendido la visita de esa muchacha. Esperé los acontecimientos, temiendo siempre que Cristina
145 descubriera mi mentira, lamentando que estuviéramos instalados en ese   145 barrio. Yo paseaba todas las tardes por la plaza que queda frente a la

[49] **ademanes**   gestures
[50] **colmo**   height, finishing
[51] **puente**   bridge

[52] **taconeo**   stamping made with heels
[53] **fingir**   to pretend
[54] **sorda**   silent

iglesia de Santa Felicitas, para comprobar si Cristina había acudido a la cita.[55] Cristina pareció no advertir mi inquietud. A veces llegué a creer que yo había soñado. Abrazando el perro, un día Cristina me preguntó:

—¿Te gustaría que me llamara Violeta?   150

—No me gusta el nombre de las flores.

—Pero Violeta es lindo. Es un color.

—Prefiero tu nombre.

Un sábado, al atardecer,[56] la encontré en el puente de Constitución, asomada[57] sobre el parapeto de fierro. Me acerqué y no se inmutó.[58]   155

—¿Qué haces aquí?

—Estoy curioseando. Me gusta ver las vías[59] desde arriba.

—Es un lugar muy lúgubre[60] y no me gusta que andes sola.

—No me parece tan lúgubre. ¿Y por qué no puedo andar sola?

—¿Te gusta el humo negro de las locomotoras?   160

—Me gustan los medios de transporte. Soñar con viajes. Irme sin irme. «Ir y quedar y con quedar partirse».

Volvimos a casa. Enloquecido de celos (¿celos de qué? De todo), durante el trayecto apenas le hablé.   165

—Podríamos tal vez comprar alguna casita en San Isidro o en Olivos, es tan desagradable este barrio —le dije, fingiendo que me era posible adquirir una casa en esos lugares.

—No creas. Tenemos muy cerca de aquí el parque Lezama.

—Es una desolación. Las estatuas están rotas, las fuentes sin agua, los 170 árboles apestados.[61] Mendigos,[62] viejos y lisiados[63] van con bolsas, para tirar o recoger basuras.

—No me fijo en[64] esas cosas.

—Antes no querías sentarte en un banco[65] donde alguien había comido mandarinas o pan.   175

—He cambiado mucho.

—Por mucho que hayas cambiado, no puede gustarte un parque como ése. Ya sé que tiene un museo con leones de mármol que cuidan la entrada y que jugabas allí en tu infancia, pero eso no quiere decir nada.

—No te comprendo —me respondió Cristina. Y sentí que me despre- 180 ciaba,[66] con un desprecio que podía conducirla al odio.

Durante días, que me parecieron años, la vigilé, tratando de disimular mi ansiedad. Todas las tardes pasaba por la plaza frente a la iglesia y los sábados por el horrible puente negro de Constitución. Un día me aventuré a decir a Cristina: 185

[55] **cita** appointment	[61] **apestados** infected
[56] **atardecer** dusk	[62] **mendigos** beggars
[57] **asomada** appearing	[63] **lisiados** lamed, injured
[58] **inmutó** did not start, change	[64] **no me fijo en** I do not notice
[59] **vías** tracks	[65] **banco** bench
[60] **lúgubre** mournful, lugubrious	[66] **despreciaba** scorned

—Si descubriéramos que esta casa fue habitada por otras personas ¿qué harías, Cristina? ¿Te irías de aquí?

—Si una persona hubiera vivido en esta casa, esa persona tendría que ser como esas figuritas de azúcar que hay en los postres o en las tortas
190 de cumpleaños: una persona dulce como el azúcar. Esta casa me inspira confianza, ¿será el jardincito de la entrada que me infunde tranquilidad? ¡No sé! No me iría de aquí por todo el oro del mundo. Además no tendríamos adónde ir. Tú mismo me lo dijiste hace un tiempo.

No insistí, porque iba a pura pérdida. Para conformarme pensé que
195 el tiempo compondría las cosas.

Una mañana sonó el timbre[67] de la puerta de calle. Yo estaba afeitándome y oí la voz de Cristina. Cuando concluí de afeitarme, mi mujer ya estaba hablando con la intrusa.[68] Por la abertura[69] de la puerta las espié. La intrusa tenía una voz tan grave y los pies tan grandes que
200 eché a reír.

—Si usted vuelve a ver a Daniel, lo pagará muy caro, Violeta.

—No sé quién es Daniel y no me llamo Violeta —respondió mi mujer.

—Usted está mintiendo.

—No miento. No tengo nada que ver[70] con Daniel.

205 —Yo quiero que usted sepa las cosas como son.

—No quiero escucharla.

Cristina se tapó[71] las orejas con las manos. Entré en el cuarto y dije a la intrusa que se fuera. De cerca le miré los pies, las manos y el cuello.[72] Entonces advertí que era un hombre disfrazado[73] de mujer. No me dio
210 tiempo de pensar en lo que debía hacer; como un relámpago desapareció dejando la puerta entreabierta tras de sí.

No comentamos el episodio con Cristina; jamás comprenderé por qué; era como si nuestros labios hubieran estado sellados para todo lo que no fuese besos nerviosos, insatisfechos o palabras inútiles.

215 En aquellos días, tan tristes para mí, a Cristina le dio por cantar. Su voz era agradable, pero me exasperaba, porque formaba parte de ese mundo secreto, que la alejaba de mí. ¡Por qué, si nunca había cantado, ahora cantaba noche y día mientras se vestía o se bañaba o cocinaba o cerraba las persianas![74]

220 Un día en que oí a Cristina exclamar con un aire enigmático:

—Sospecho[75] que estoy heredando la vida de alguien, las dichas[76] y las penas, las equivocaciones[77] y los aciertos.[78] Estoy embrujada[79] —fingí no

---

[67] **timbre** bell
[68] **intrusa** intruder
[69] **abertura** opening
[70] **no tengo nada que ver con** I have nothing to do with
[71] **se tapó** covered
[72] **cuello** neck

[73] **disfrazado** disguised as
[74] **persianas** venetian blinds
[75] **sospecho** I suspect
[76] **dichas** good fortune
[77] **equivocaciones** mistakes
[78] **aciertos** successes
[79] **embrujada** bewitched

oír esa frase atormentadora. Sin embargo, no sé por qué empecé a averiguar[80] en el barrio quién era Violeta, dónde estaba, todos los detalles de su vida. 225

A media cuadra[81] de nuestra casa había una tienda donde vendían tarjetas postales,[82] papel, cuadernos, lápices, gomas de borrar[83] y juguetes. Para mis averiguaciones, la vendedora de esa tienda me pareció la persona más indicada: era charlatana[84] y curiosa, sensible a las lisonjas.[85] Con el pretexto de comprar un cuaderno y lápices, fui una tarde 230 a conversar con ella. Le alabé[86] los ojos, las manos, el pelo. No me atreví a pronunciar la palabra Violeta. Le expliqué que éramos vecinos. Le pregunté finalmente quién había vivido en nuestra casa. Tímidamente le dije:

—¿No vivía una tal Violeta? 235

Me contestó cosas muy vagas, que me inquietaron más. Al día siguiente traté de averiguar en el almacén[87] algunos otros detalles. Me dijeron que Violeta estaba en un sanatorio frenopático[88] y me dieron la dirección.

—Canto con una voz que no es mía —me dijo Cristina, renovando su 240 aire misterioso—. Antes me hubiera afligido, pero ahora me deleita.[89] Soy otra persona, tal vez más feliz que yo.

Fingí de nuevo no haberla oído. Yo estaba leyendo el diario.

De tanto averiguar detalles de la vida de Violeta, confieso que desatendía a Cristina. 245

Fui al sanatorio frenopático, que quedaba en Flores. Ahí pregunté por Violeta y me dieron la dirección de Arsenia López, su profesora de canto.

Tuve que tomar el tren en Retiro, para que me llevara a Olivos. Durante el trayecto una tierrita me entró en un ojo, de modo que en el 250 momento de llegar a la casa de Arsenia López, se me caían las lágrimas como si estuviese llorando. Desde la puerta de calle oí voces de mujeres, que hacían gárgaras[90] con las escalas,[91] acompañadas de un piano, que parecía más bien un organillo.

Alta, delgada, aterradora[92] apareció en el fondo de un corredor Ar- 255 senia López, con un lápiz en la mano. Le dije tímidamente que venía a buscar noticias de Violeta.

—¿Usted es el marido?

—No, soy un pariente—le respondí secándome los ojos con un pañuelo.

---

[80] **averiguar** to ascertain, to find out
[81] **media cuadra** half a block
[82] **tarjetas postales** postcards
[83] **gomas de borrar** erasers
[84] **charlatana** loquacious
[85] **lisonjas** flattery
[86] **alabé** praised
[87] **almacén** store
[88] **frenopático** phrenopathic, insane
[89] **deleita** pleases
[90] **gárgaras** gargling
[91] **escalas** scales
[92] **aterradora** dreadful, horrible

260 —Usted será uno de sus innumerables admiradores—me dijo, entornando los ojos y tomándome la mano. Vendrá para saber lo que todos quieren saber, ¿cómo fueron los últimos días de Violeta? Siéntese. No hay que imaginar que una persona muerta, forzosamente haya sido pura, fiel, buena.

265 —Quiere consolarme —le dije.

Ella, oprimiendo mi mano con su mano húmeda, contestó:

—Sí. Quiero consolarlo. Violeta era no sólo mi discípula, sino mi íntima amiga. Si se disgustó conmigo, fue tal vez porque me hizo demasiadas confidencias y porque ya no podía engañarme. Los últimos días que la 270 vi, se lamentó amargamente de su suerte. Murió de envidia.[93] Repetía sin cesar: «Alguien me ha robado la vida, pero lo pagará muy caro. No tendré mi vestido de terciopelo, ella lo tendrá; Bruto será de ella; los hombres no se disfrazarán de mujer para entrar en mi casa sino en la de ella; perderé la voz, que transmitiré a esa garganta indigna; no nos 275 abrazaremos con Daniel en el puente de Constitución, ilusionados con un amor imposible, inclinados como antaño,[94] sobre la baranda de hierro, viendo los trenes alejarse».

Arsenia López me miró en los ojos y me dijo:

—No se aflija. Encontrará muchas mujeres más leales. Ya sabemos que 280 era hermosa, pero ¿acaso la hermosura es lo único bueno que hay en el mundo?

Mudo, horrorizado, me alejé de aquella casa, sin revelar mi nombre a Arsenia López que, al despedirse[95] de mí, intentó abrazarme, para demostrar su simpatía.

285 Desde ese día Cristina se transformó, para mí, al menos, en Violeta. Traté de seguirla a todas horas, para descubrirla en los brazos de sus amantes. Me alejé tanto de ella que la vi como a una extraña. Una noche de invierno huyó. La busqué hasta el alba.[96]

Ya no sé quién fue víctima de quién, en esa casa de azúcar, que ahora 290 está deshabitada.

PREGUNTAS

Comprensión

1. ¿Cuáles son las supersticiones de Cristina? ¿Qué efecto tienen sobre ella? ¿Cómo trató de combatir «esas manías absurdas» el narrador? ¿Cuáles son las supersticiones del narrador?
2. ¿Por qué quiere vivir Cristina en un departamento nuevo?
3. ¿Cómo es la casa que el narrador encontró? ¿La había ocupado alguien antes? ¿Lo sabe Cristina?
4. Dice el narrador: «Parecía que la tranquilidad nunca se rompería en aquella

---

[93] **envidia** envy
[94] **antaño** formerly

[95] **despedirse de** to say goodbye to
[96] **alba** dawn

casa de azúcar, hasta que un llamado telefónico destruyó mi ilusión». ¿Cómo destruyó la ilusión ese llamado?

5. ¿De qué tiene miedo el narrador? ¿Qué precauciones toma?
6. ¿Cómo explica Cristina el vestido? ¿Cómo reacciona el narrador?
7. ¿Cómo cambian los dos?
8. El llamado telefónico y la llegada del vestido interrumpen la tranquilidad. ¿Cuál es el tercer acontecimiento imprevisto? ¿Qué nombre le dan al perro? ¿Por qué?
9. ¿De qué acusa la muchacha a Cristina? ¿Por qué quiere ella que Cristina se quede con el perro? ¿Qué nombre le da la muchacha a Cristina?
10. Después de la visita de la muchacha, el narrador dice: «...no sé por qué, una sorda desconfianza comenzó a devorarme. Me pareció que había presenciado una representación de teatro y que la realidad era otra». ¿Por qué siente él esta desconfianza? ¿Qué podría ser la «otra realidad»?
11. ¿Por qué a Cristina le gusta el nombre Violeta? ¿Por qué al narrador no le gusta ese nombre?
12. ¿Por qué estaba Cristina un sábado en el puente de Constitución? ¿Por qué le gustan los medios de transporte?
13. ¿De qué tiene celos el narrador? ¿De qué trata de convencer a Cristina?
14. ¿Qué opina Cristina de la casa? Si una persona hubiera vivido en esa casa, ¿cómo tendría que haber sido según Cristina?
15. ¿Qué quiere la intrusa? ¿Quién será Daniel? ¿Cómo reaccionan Cristina y el marido a la visita?
16. ¿Qué evidencia hay que Cristina está heredando la vida de alguien?
17. ¿Por qué no atendía el narrador a Cristina?
18. ¿Quién es Arsenia López? ¿Cómo es ella?
19. ¿Qué quieren saber los admiradores de Violeta?
20. ¿Por qué se disgustó Violeta con Arsenia?
21. ¿De qué murió Violeta? ¿Qué repetía ella sin cesar?
22. ¿Cómo reaccionó el narrador a lo que le dijo Arsenia?
23. ¿Por qué se alejó el narrador de Cristina?
24. ¿Qué hizo Cristina al final?

Análisis

1. Explique la última frase del cuento. «Ya no sé quién fue víctima de quién, en esa casa de azúcar, que ahora está deshabitada».
2. ¿Con qué ambigüedades o dudas nos quedamos al final del cuento?
3. ¿Cree usted que Cristina se convirtió en Violeta? ¿Qué semejanzas hay entre ellas?
4. ¿Cómo reacciona Cristina frente a las sospechas de su marido? ¿Qué semejanzas hay entre el marido y Cristina? ¿Qué diferencias hay?
5. ¿Qué mentiras hay en el cuento? ¿Quiénes mienten o a quiénes engañan? ¿Qué verdades esconden estas mentiras?
6. ¿Qué papel tiene la imaginación en «La casa de azúcar»?
7. ¿Cómo se comunican los personajes en «La casa de azúcar»? ¿Cómo están aislados? ¿Es la soledad un tema del cuento? Explique usted.
8. Explique por qué son irónicas estas frases del cuento:
   a. Al ver la casa de azúcar por primera vez, Cristina exclama: «Aquí se

respira olor a limpio. Nadie podrá influir en nuestras vidas y ensuciarlas con pensamientos que envician el aire».

b. Al llegar el perro, «Cristina declaró que le daría hospitalidad y que lo bautizaría con el nombre de Amor porque llegaba a nuestra casa en un momento de verdadero amor».

c. Al contestar la pregunta si se iría de la casa, Cristina dice: «Esta casa me inspira confianza, ¿será el jardincito de la entrada que me infunde tranquilidad? ¡No sé! No me iría de aquí por todo el oro del mundo».

d. ¿Qué significa el título, «La casa de azúcar»? ¿De qué manera es un título irónico?

9. Relacione las palabras siguientes de Silvina Ocampo con «La casa de azúcar».

a. «Es cierto que la realidad cotidiana es más extraña que la ficción para mí y por eso parece nimia en mis relatos: yo la veo extraordinaria».

b. «La muerte ocupa en mis escritos lo que ocupa en la vida de los hombres, es inútil que trate de evitarla. Siempre espera en algún sitio de mis relatos».

c. «Lo imprevisto también existe siempre por estrictos que parezcan los planes que uno se ha propuesto».

VOCABULARIO

Verbos

advertir (ie)   to notice; to warn.

«*Advertí* que su carácter había cambiado…»

alejarse de   to move away from; to withdraw.

«Mudo, horrorizado, *me alejé* de aquella casa…»

alquilar   to rent.

«…después, para *alquilar*la, el propietario le había hecho algunos arreglos».

atender (ie)   to heed, to attend to; to be attentive.

«Felizmente Cristina no *atendió* aquella vez el teléfono, pero quizá lo *atendiera* en una oportunidad análoga».

disfrazarse de   to dress up as, to go in disguise.

«…los hombres no *se disfrazarán de* mujer para entrar en mi casa sino en la de ella;…»

enterarse de   to find out about.

«…; pero *me enteré de* que en 1930 la había ocupado una familia,…»

fijarse en   to pay attention to.

«Mendigos, viejos y lisiados van con bolsas para tirar o recoger basuras. —No *me fijo en* esas cosas.»

engañar   to deceive.

«Si Cristina se enterara de que yo la *había engañado*, nuestra felicidad concluiría….»

fingir   to pretend.

«Estoy embrujada—*fingí* no oír esa frase atormentadora.»

encariñarse con   to become fond of.

«Lléveselo, por favor, antes que *me encariñe con* él».

mentir (ie;i)   to lie.

«—Usted *está mintiendo*.—No *miento*. No tengo nada que ver con Daniel.»

Sustantivos
el azar chance.
«...las iniciales de su nombre grabadas por *azar* sobre el tronco de un cedro...»
el barrilete kite.
«Prometió que iba a regalarme un *barrilete*».
el buzón mail box.
«Coloqué un *buzón* en la puerta de calle;...»
el departamento apartment.
«...llegamos a los suburbios más alejados en busca de un *departamento* que nadie hubiera habitado....»
la inquilina resident.
«La persona que llamaba preguntó por la señora Violeta: indudablemente se trataba de la *inquilina* anterior».
la intrusa intruder.
«La *intrusa* tenía una voz tan grave y los pies tan grandes que eché a reír».
el puente bridge.
«Todas las tardes pasaba por la plaza frente a la iglesia y los sábados por el horrible *puente* de Constitución».
el terciopelo velvet.
«...encontré a Cristina con un vestido de *terciopelo*».

Adjetivos
cotidiano daily.
«Es cierto que la realidad *cotidiana* es más extraña que la ficción para mí».
imprevisto unforeseen, unexpected.
«Lo *imprevisto* también existe siempre, por estrictos que parezcan los planes que uno se ha propuesto».

EJERCICIOS DE VOCABULARIO

Indique la palabra que por su significado no se relaciona con las otras.

1. atender, fijarse en, advertir, averiguar, encariñarse con
2. fingir, disfrazarse de, alquilar, engañar, mentir

Traduzca al español y complete con sus propias palabras; no es necesario que use solamente las palabras de la lista.

1. The intruder was looking for _____ when suddenly _____.
2. When he was a child, he liked kites because they reminded him of _____.
3. When I found out that my girlfriend/boyfriend was lying to me and was going out with someone else, I dressed up as _____ and pretended _____.
4. I'm mad! I just found out that the owner rented the apartment to the former resident for _____; I pay _____.

Resuma el cuento desde el punto de vista de Cristina, usando las palabras siguientes.

  1. la superstición
  2. el azar
  3. el departamento
  4. la inquilina

5. mentir
6. el llamado telefónico
7. atender
8. el buzón
9. el terciopelo
10. el perro
11. encariñarse con
12. el barrilete

13. el puente
14. fijarse en
15. disfrazarse de
16. la intrusa
17. averiguar
18. el sanatorio
19. alejarse de
20. la víctima

TEMAS DE CONVERSACIÓN

Conteste las preguntas siguientes en preparación para una discusión en clase.

1. Describa un día reciente. ¿Cómo fue la «realidad cotidiana»? ¿Ordinaria? ¿Extraordinaria? ¿Con qué soñó usted? ¿Qué temía? ¿Qué fantasías tenía?
2. ¿Cómo ha entrado lo imprevisto en su propia vida hasta ahora? ¿Ha sido una fuerza importante en su vida?
3. ¿Qué actitud tiene usted hacia la muerte? ¿Cree usted en una vida después de la muerte? ¿Ha entrado la muerte alguna vez en su vida? ¿Qué clase de muerte preferiría usted?
4. ¿Cómo se parece «La casa de azúcar» a un cuento de detectives o de misterio? ¿Qué elementos tienen los cuentos de misterio? ¿Quién es el detective en «La casa de azúcar»? ¿Qué misterio quiere resolver el detective? ¿Qué evidencia encuentra el detective? ¿Qué misterio queremos resolver nosotros? ¿Qué evidencia encontramos nosotros?
5. ¿Cómo se parece «La casa de azúcar» a una película de suspenso? ¿Ha visto alguna película en que lo sobrenatural o lo extraordinario se apodere de los personajes y altere su realidad? Comente.

TEMAS DE COMPOSICIÓN

Basándose en sus respuestas y las de la clase a los temas de conversación, escriba sobre uno de los temas siguientes.

1. Una comparación entre «La casa de azúcar» y la película «_____».
2. El efecto de la imaginación en la realidad.
3. Un cuento: «El día más ordinario y extraordinario de mi vida».
4. Un cuento: «Mi muerte vista desde el más allá».
5. Un cuento de misterio:
   a. «El vestido de terciopelo»
   b. «La inquilina disfrazada»
   c. «El volante azul»
   d. «La casa de _____»

6 *Gabriel García Márquez*

(Courtesy A.P./Wide World Photos)

Gabriel García Márquez's writing has been deeply influenced by the setting of the Caribbean coastal village of Aracataca, Colombia, where he was born in 1928. One of sixteen children of a telegraph operator, he was left by his mother to be brought up by his maternal grandparents. Aracataca was a muddy village, surrounded by banana plantations owned by American companies. Because of its coastal location, many traveling shows stopped there, an occurrence retold in «*Un señor muy viejo con unas alas enormes.*» There, too, many old people spent hours recounting legends where fantasy, superstition, religion, and reality all merged. One such storyteller was his unpredictable grandmother, who spent hours telling him these magic tales. Until he was eight years old,

García Márquez lived in a big house with her and his grandfather, his best friend and companion, whose company he still misses.

At the age of twelve, he went to Bogotá to study, first with the Jesuits and later at the university. He was depressed by the rain and cold of Bogotá and considered his years of study there as a punishment whose only relief were his books.

Never finishing his law degree at the university, García Márquez worked in the 1950's as a foreign correspondent in Rome and Paris for the Colombian newspaper *El espectador.* In 1955 the Rojas Pinilla dictatorship closed the newspaper and he was left without a job or finances for about a year. *La hojarasca,* his first novel, was published that same year.

In 1961, with $100 in his pocket, García Márquez began his self-exile in Mexico, where he still lives part of the year. Because he opposed the rightist Colombian regime and defended leftist governments, García Márquez chose to leave his homeland. He published many books— among them, *El coronel no tiene quien le escriba* (1961) and *Los funerales de la Mamá Grande* (1962). *Cien años de soledad,* a chronicle of life in the imaginary Caribbean town of Macondo, was published in 1967. This masterpiece, which earned him the Nobel Prize in 1982, was cited by the Swedish Academy as being "one of the grandest novelistic riddles of our time." Translated into 30 languages, it has sold over ten million copies.

The selection which appears here, «Un señor muy viejo con unas alas enormes» is one of seven short stories which appear in *La increíble y triste historia de la cándida Eréndira y de su abuela desalmada,* published in 1972. This story illustrates the author's merging of fantasy and reality in his fiction.

SELECCIÓN AUTOBIOGRÁFICA ————————————————————

*Conversaciones con Gabriel García Márquez**

A.D.   Pero, ¿no crees que a pesar de esto el periodismo y el cine han dejado alguna influencia en tu obra?

G.G.M.   ...Del periodismo, por otra parte, no aprendí el lenguaje económico y directo, como han dicho algunos críticos, sino ciertos recursos legítimos para que los lectores crean la historia. A un escritor

5

*Esta conversación con Armando Durán tuvo lugar en Barcelona, España, en junio de 1968.

le está permitido todo, siempre que sea capaz de hacerlo creer. Eso, en general, se logra mejor con el auxilio[1] de ciertas técnicas periodísticas, mediante el apoyo[2] en elementos de la realidad inmediata…

A.D.   Esto nos lleva sin remedio a un aspecto de gran importancia dentro de la literatura de nuestro tiempo. ¿Tú no te consideras un escritor comprometido?

G.G.M.   …Esto me parece válido también para nosotros: los lectores latinoamericanos, creo yo, no necesitan que se les siga contando su propio drama de opresión e injusticia, porque ya lo conocen de sobra[3] en su vida cotidiana, lo sufren en carne propia, y lo que esperan de una novela es que les revele algo nuevo.

Yo pienso que nuestra contribución para que América Latina tenga una vida mejor no será más eficaz escribiendo novelas bien intencionadas que nadie lee, sino escribiendo buenas novelas. A los amigos que se sientan obligados de buena fe a señalarnos normas para escribir, quisiera hacerles ver que esas normas limitan la libertad de creación y que todo lo que limita la libertad de creación es reaccionario. Quisiera recordarles, en fin, que una hermosa novela de amor no traiciona a nadie ni retrasa[4] la marcha del mundo, porque toda obra de arte contribuye al progreso de la humanidad, y la humanidad actual no puede progresar sino en un solo sentido. En síntesis, creo que el deber revolucionario del escritor es escribir bien. Ése es mi compromiso.[5]

A.D.   De acuerdo con esto, ¿cuál sería, según tú, la novela ideal?

G.G.M.   Una novela absolutamente libre[6], que no sólo inquiete por su contenido político y social, sino por su poder de penetración en la realidad; y mejor aun si es capaz de voltear[7] la realidad al revés para mostrar cómo es del otro lado.

A.D.   …Sinceramente, creo que el tratamiento de la realidad es uno de los problemas fundamentales que debemos plantearnos al hablar de formas narrativas.

G.G.M.   Lo único que sé sin ninguna duda es que la realidad no termina en el precio de los tomates. La vida cotidiana, especialmente en América Latina, se encarga de demostrarlo. El norteamericano F.W. Up de Graff, que hizo un fabuloso viaje por el mundo amazónico en 1894, vio, entre muchas otras cosas, un arroyo[8] de agua hirviendo,[9] un lugar hasta donde la voz humana provocaba aguaceros[10] torrenciales, una anaconda de 20 metros completamente cubierta de mariposas.[11] Antonio Pigafetta, que acompañó a Magallanes en la primera

---

[1] **auxilio**   aid, help
[2] **apoyo**   support
[3] **de sobra**   extra, in surplus
[4] **retrasa**   delays
[5] **compromiso**   obligation, commitment

[6] **libre**   free
[7] **voltear**   turn upside down
[8] **arroyo**   stream
[9] **hirviendo**   boiling
[10] **aguaceros**   downpours
[11] **mariposas**   butterflies

45   vuelta al mundo, vio plantas y animales y huellas[12] de seres humanos
inconcebibles, de los cuales no se ha vuelto a tener noticia. En Co-
modoro Rivadavia, que es un lugar desolado al sur de la Argentina,
el viento polar se llevó un circo entero por los aires y al día siguiente
las redes[13] de los pescadores no sacaron peces del mar, sino cadáveres
50   de leones, jirafas y elefantes. Hace unos meses, un electricista llamó
a mi casa a las ocho de la mañana y tan pronto como le abrieron dijo:
«Hay que cambiar el cordón de la plancha.»[14] Inmediatamente com-
prendió que se había equivocado de puerta, pidió excusas y se fue.
Horas después, mi mujer conectó la plancha y el cordón se incendió.[15]
55   No hay para qué seguir. Basta con leer los periódicos, o abrir bien los
ojos, para sentirse dispuesto a gritar con universitarios franceses: «El
poder para la imaginación».

A.D.   ¿Tanto?

G.G.M.   Acuérdate que la gran mayoría de las cosas de este mundo,
60   desde las cucharas hasta los trasplantes de corazón, estuvieron en la
imaginación de los hombres antes de estar en la realidad. El socialismo
estuvo en la imaginación de Carlos Marx antes de estar en la Unión
Soviética. Estas verdades de Perogrullo conducen a la poesía, pues
nos autorizan para creer que tal vez la tierra no es redonda, sino que
65   empezó a serlo cuando muchos hombres, por comodidad de la época,
se imaginaron que lo era. Yo creo que este sistema de exploración de
la realidad, sin prejuicios racionalistas, le abre a nuestra novela una
perspectiva espléndida. Y no se crea que es un método escapista:
tarde o temprano, la realidad termina por darle la razón a la imagina-
70   ción...

PREGUNTAS

1. ¿Qué elementos del periodismo ha usado García Márquez en su literatura?
2. ¿Por qué cree García Márquez que los latinoamericanos no necesitan más
   literatura «política»?
3. ¿Qué debe hacer una novela ideal, según García Márquez?
4. ¿Qué ejemplos de la realidad increíble nos da García Márquez para ilustrar
   su perspectiva del realismo mágico en su literatura?
5. ¿Por qué dice García Márquez que «la realidad termina por darle la razón a
   la imaginación»?

[12] **huellas**   traces, footprints
[13] **redes**   nets
[14] **plancha**   steam iron
[15] **incendió**   caught fire

Un señor muy viejo con unas alas enormes

Al tercer día de lluvia habían matado tantos cangrejos[1] dentro de la casa, que Pelayo tuvo que atravesar su patio anegado[2] para tirarlos en el mar, pues el niño recién nacido había pasado la noche con calenturas[3] y se pensaba que era a causa de la pestilencia. El mundo estaba triste desde el martes. El cielo y el mar eran una misma cosa de ceniza,[4] y las arenas de la playa, que en marzo fulguraban[5] como polvo de lumbre,[6] se habían convertido en un caldo de lodo y mariscos podridos.[7] La luz era tan mansa al mediodía, que cuando Pelayo regresaba a la casa después de haber tirado los cangrejos, le costó trabajo ver qué era lo que se movía y se quejaba en el fondo del patio. Tuvo que acercarse mucho para descubrir que era un hombre viejo, que estaba tumbado boca abajo[8] en el lodazal,[9] y a pesar de sus grandes esfuerzos no podía levantarse, porque se lo impedían sus enormes alas.[10]

Asustado por aquella pesadilla,[11] Pelayo corrió en busca de Elisenda, su mujer, que estaba poniéndole compresas al niño enfermo, y la llevó hasta el fondo del patio. Ambos observaron el cuerpo caído con un callado[12] estupor. Estaba vestido como un trapero.[13] Le quedaban apenas unas hilachas[14] descoloridas en el cráneo[15] pelado[16] y muy pocos dientes en la boca, y su lastimosa condición de bisabuelo ensopado[17] lo había desprovisto de toda grandeza. Sus alas de gallinazo grande, sucias y medio desplumadas[18] estaban encalladas[19] para siempre en el lodazal. Tanto lo observaron, y con tanta atención, que Pelayo y Elisenda se sobrepusieron muy pronto del asombro y acabaron por encontrarlo familiar. Entonces se atrevieron a hablarle, y él les contestó en un dialecto incomprensible pero con una buena voz de navegante. Fue así como pasaron por alto[20] el inconveniente de las alas, y concluyeron con muy buen juicio que era un náufrago solitario de alguna nave extranjera abatida[21] por el temporal. Sin embargo, llamaron para que lo viera a

[1] **cangrejos** crabs
[2] **anegado** flooded
[3] **calenturas** fever
[4] **ceniza** ash
[5] **fulguraban** glowed
[6] **lumbre** fire
[7] **mariscos podridos** rotten shell-fish
[8] **boca abajo** face down
[9] **lodazal** mudhole
[10] **alas** wings

[11] **pesadilla** nightmare
[12] **callado** quiet
[13] **trapero** ragdealer
[14] **hilachas** ravelled threads
[15] **cráneo** skull
[16] **pelado** bare
[17] **ensopado** soaked
[18] **desplumadas** moulted
[19] **encalladas** stuck
[20] **pasaron por alto** overlooked
[21] **abatida** knocked down

30 una vecina que sabía todas las cosas de la vida y la muerte, y a ella le
bastó[22] con una mirada para sacarlos del error.

—Es un ángel —les dijo—. Seguro que venía por el niño, pero el
pobre está tan viejo que lo ha tumbado la lluvia.

Al día siguiente todo el mundo sabía que en casa de Pelayo tenían
cautivo un ángel de carne y hueso. Contra el criterio de la vecina sabia,
35 para quien los ángeles de estos tiempos eran sobrevivientes fugitivos
de una conspiración celestial, no habían tenido corazón para matarlo a
palos.[23] Pelayo estuvo vigilándolo toda la tarde desde la cocina, armado
con su garrote[24] de alguacil,[25] y antes de acostarse lo sacó a rastras[26] del
lodazal y lo encerró con las gallinas en el gallinero[27] alambrado.[28] A
40 media noche, cuando terminó la lluvia, Pelayo y Elisenda seguían ma-
tando cangrejos. Poco después el niño despertó sin fiebre y con deseos
de comer. Entonces se sintieron magnánimos y decidieron poner al ángel en una balsa[29] con agua dulce y provisiones para tres días, y aban-
donarlo a su suerte en altamar.[30] Pero cuando salieron al patio con las
45 primeras luces, encontraron a todo el vecindario frente al gallinero,
retozando[31] con el ángel sin la menor devoción y echándole cosas de
comer por los huecos[32] de las alambradas, como si no fuera una criatura
sobrenatural sino un animal de circo.

El padre Gonzaga llegó antes de las siete alarmado por la despropor-
50 ción de la noticia. A esa hora ya habían acudido curiosos menos frívolos
que los del amanecer, y habían hecho toda clase de conjeturas sobre el
porvenir[33] del cautivo. Los más simples pensaban que sería nombrado
alcalde del mundo. Otros, de espíritu más áspero,[34] suponían que sería
ascendido a general de cinco estrellas para que ganara todas las guerras.
55 Algunos visionarios esperaban que fuera conservado como semental[35]
para implantar en la tierra una estirpe[36] de hombres alados y sabios que
se hicieran cargo del Universo. Pero el padre Gonzaga, antes de ser
cura, había sido leñador[37] macizo.[38] Asomado[39] a las alambradas repasó
en un instante su catecismo, y todavía pidió que le abrieran la puerta
60 para examinar de cerca a aquel varón[40] de lástima que más bien parecía
una enorme gallina decrépita entre las gallinas absortas.[41] Estaba echado
en un rincón, secándose al sol las alas extendidas, entre las cáscaras de
frutas y las sobras[42] de desayunos que le habían tirado[43] los madruga-

[22] **le bastó** it was enough for her	[33] **porvenir** future
[23] **a palos** by beating	[34] **áspero** harsh
[24] **garrote** stick	[35] **semental** stud-horse
[25] **alguacil** constable	[36] **estirpe** race, stock
[26] **a rastras** by dragging	[37] **leñador** woodcutter
[27] **gallinero** coop	[38] **macizo** solid
[28] **alambrado** fenced with wire	[39] **Asomado** Leaning out
[29] **balsa** raft	[40] **varón** male
[30] **en altamar** on the high seas	[41] **absortas** amazed
[31] **retozando** frolicking	[42] **sobras** leftovers
[32] **huecos** holes, spaces	[43] **tirado** thrown

dores.[44] Ajeno a las impertinencias del mundo, apenas si levantó sus ojos de anticuario y murmuró algo en su dialecto cuando el padre Gonzaga entró en el gallinero y le dio los buenos días en latín. El párroco[45] tuvo la primera sospecha de su impostura al comprobar que no entendía la lengua de Dios ni sabía saludar a sus ministros. Luego observó que visto de cerca resultaba demasiado humano: tenía un insoportable olor de intemperie,[46] el revés de las alas sembrado[47] de algas parasitarias y las plumas[48] mayores maltratadas por vientos terrestres, y nada de su naturaleza miserable estaba de acuerdo con la egregia[49] dignidad de los ángeles. Entonces abandonó el gallinero, y con un breve sermón previno a los curiosos contra los riesgos[50] de la ingenuidad.[51] Les recordó que el demonio tenía la mala costumbre de recurrir a artificios de carnaval para confundir a los incautos. Argumentó que si las alas no eran el elemento esencial para determinar las diferencias entre un gavilán[52] y un aeroplano, mucho menos podían serlo para reconocer a los ángeles. Sin embargo, prometió escribir una carta a su obispo,[53] para que éste escribiera otra a su primado y para que éste escribiera otra al Sumo Pontífice,[54] de modo que el veredicto final viniera de los tribunales más altos.

Su prudencia cayó en corazones estériles.[55] La noticia del ángel cautivo se divulgó con tanta rapidez, que al cabo de pocas horas había en el patio un alboroto[56] de mercado, y tuvieron que llevar la tropa con bayonetas para espantar[57] el tumulto que ya estaba a punto de tumbar la casa. Elisenda, con el espinazo torcido[58] de tanto barrer basura de feria, tuvo entonces la buena idea de tapiar[59] el patio y cobrar cinco centavos por la entrada para ver al ángel.

Vinieron curiosos hasta de la Martinica. Vino una feria ambulante[60] con un acróbata volador,[61] que pasó zumbando[62] varias veces por encima de la muchedumbre,[63] pero nadie le hizo caso porque sus alas no eran de ángel sino de murciélago sideral.[64] Vinieron en busca de salud los enfermos más desdichados del Caribe: una pobre mujer que desde niña estaba contando los latidos de su corazón y ya no le alcanzaban los números, un jamaiquino que no podía dormir porque lo atormentaba el ruido de las estrellas, un sonámbulo[65] que se levantaba de noche a

65

[44] **madrugadores** early-risers	[55] **estériles** futile
[45] **párroco** parish priest	[56] **alboroto** uproar
[46] **intemperie** outdoors	[57] **espantar** frighten
[47] **sembrado** sowed with	[58] **espinazo torcido** twisted spine
[48] **plumas** feathers	[59] **tapiar** wall in
[49] **egregia** eminent	[60] **ambulante** travelling
[50] **riesgos** risks	[61] **volador** flying
[51] **ingenuidad** naiveté	[62] **zumbando** buzzing
[52] **gavilán** sparrow-hawk	[63] **muchedumbre** crowd
[53] **obispo** bishop	[64] **murciélago sideral** space bat
[54] **Sumo Pontífice** His Holiness the Pope	[65] **sonámbulo** sleepwalker

deshacer dormido las cosas que había hecho despierto, y muchos otros
de menor gravedad. En medio de aquel desorden de naufragio que hacía
100 temblar[66] la tierra, Pelayo y Elisenda estaban felices de cansancio, porque en menos de una semana atiborraron[67] de plata los dormitorios, y
todavía la fila[68] de peregrinos[69] que esperaban turno para entrar llegaba
hasta el otro lado del horizonte.

El ángel era el único que no participaba de su propio acontecimiento.[70]
105 El tiempo se le iba en buscar acomodo en su nido[71] prestado, aturdido[72]
por el calor de infierno de las lámparas de aceite y las velas[73] de sacrificio
que le arrimaban[74] a las alambradas. Al principio trataron de que co-
miera cristales de alcanfor,[75] que de acuerdo con la sabiduría de la vecina
sabia, era el alimento específico de los ángeles. Pero él los despreciaba,
110 como despreció sin probarlos los almuerzos papales que le llevaban los
penitentes, y nunca se supo si fue por ángel o por viejo que terminó
comiendo nada más que papillas de berenjena.[76] Su única virtud sobrenatural parecía ser la paciencia. Sobre todo en los primeros tiempos,
cuando lo picoteaban[77] las gallinas en busca de los parásitos estelares
115 que proliferaban en sus alas, y los baldados[78] le arrancaban[79] plumas
para tocarse con ellas sus defectos, y hasta los más piadosos[80] le tiraban
piedras tratando de que se levantara para verlo de cuerpo entero. La
única vez que consiguieron alterarlo[81] fue cuando le abrasaron[82] el
costado[83] con un hierro de marcar novillos,[84] porque llevaba tantas horas
120 de estar inmóvil que lo creyeron muerto. Despertó sobresaltado,[85]
despotricando[86] en lengua hermética[87] y con los ojos en lágrimas, y dio
un par de aletazos que provocaron un remolino[88] de estiércol[89] de gallinero y polvo lunar, y un ventarrón de pánico que no parecía de este
mundo. Aunque muchos creyeron que su reacción no había sido de
125 rabia sino de dolor, desde entonces se cuidaron de no molestarlo,[90]
porque la mayoría entendió que su pasividad no era la de un héroe en
uso de buen retiro sino la de un cataclismo en reposo.

El padre Gonzaga se enfrentó a la frivolidad de la muchedumbre con
fórmulas de inspiración doméstica, mientras le llegaba un juicio termi-
130 nante sobre la naturaleza del cautivo. Pero el correo de Roma había

[66]	**temblar** tremble		[79]	**arrancaban** plucked
[67]	**atiborraron** filled		[80]	**piadosos** pious
[68]	**fila** line		[81]	**alterarlo** upset him
[69]	**peregrinos** pilgrims		[82]	**abrasaron** seared
[70]	**acontecimiento** event		[83]	**costado** side
[71]	**nido** nest		[84]	**novillos** steer
[72]	**aturdido** dazed		[85]	**sobresaltado** startled
[73]	**velas** candles		[86]	**despotricando** raving
[74]	**arrimaban** brought close		[87]	**hermética** mysterious
[75]	**alcanfor** camphor		[88]	**remolino** whirlwind
[76]	**berenjena** eggplant		[89]	**estiércol** manure
[77]	**picoteaban** pecked		[90]	**molestarlo** bother him
[78]	**baldados** crippled			

perdido la noción de la urgencia. El tiempo se le iba en averiguar[91] si el convicto tenía ombligo,[92] si su dialecto tenía algo que ver con el arameo,[93] si podía caber[94] muchas veces en la punta de un alfiler,[95] o si no sería simplemente un noruego con alas. Aquellas cartas de parsimonia habrían ido y venido hasta el fin de los siglos, si un acontecimiento providencial no hubiera puesto término a las tribulaciones del párroco.

Sucedió[96] que por esos días, entre muchas otras atracciones de las ferias errantes del Caribe, llevaron al pueblo el espectáculo triste de la mujer que se había convertido en araña[97] por desobedecer a sus padres. La entrada para verla no sólo costaba menos que la entrada para ver al ángel, sino que permitían hacerle toda clase de preguntas sobre su absurda condición, y examinarla al derecho y al revés, de modo que nadie pusiera en duda la verdad del horror. Era una tarántula espantosa[98] del tamaño[99] de un carnero[100] y con la cabeza de una doncella[101] triste. Pero lo más desgarrador[102] no era su figura de disparate,[103] sino la sincera aflicción con que contaba los pormenores[104] de su desgracia:[105] siendo casi una niña se había escapado de la casa de sus padres para ir a un baile, y cuando regresaba por el bosque después de haber bailado toda la noche sin permiso, un trueno[106] pavoroso[107] abrió el cielo en dos mitades, y por aquella grieta[108] salió el relámpago[109] de azufre[110] que la convirtió en araña. Su único alimento eran las bolitas de carne molida que las almas caritativas quisieran echarle en la boca. Semejante espectáculo, cargado de tanta verdad humana y de tan temible escarmiento,[111] tenía que derrotar sin proponérselo al de un ángel despectivo[112] que apenas se dignaba mirar a los mortales. Además los escasos milagros que se le atribuían al ángel revelaban un cierto desorden mental, como el del ciego que no recobró la visión pero le salieron tres dientes nuevos, y el del paralítico que no pudo andar pero estuvo a punto de ganarse la lotería, y el del leproso a quien le nacieron girasoles[113] en las heridas.[114] Aquellos milagros de consolación que más bien parecían entretenimientos de burla,[115] habían quebrantado[116] ya la reputación del ángel cuando la mujer convertida en araña terminó de aniquilarla. Fue así cómo el padre Gonzaga se curó para siempre del insomnio, y el patio

[91] **averiguar** find out		[104] **pormenores** particulars	
[92] **ombligo** navel		[105] **desgracia** misfortune	
[93] **arameo** Aramaic		[106] **trueno** clap of thunder	
[94] **caber** fit		[107] **pavoroso** terrifying	
[95] **alfiler** pin		[108] **grieta** crack	
[96] **Sucedió** It happened		[109] **relámpago** flash of lightning	
[97] **araña** spider		[110] **azufre** brimstone	
[98] **espantosa** dreadful, frightful		[111] **escarmiento** punishment	
[99] **tamaño** size		[112] **despectivo** contemptuous	
[100] **carnero** lamb		[113] **girasoles** sunflowers	
[101] **doncella** maiden		[114] **heridas** wounds	
[102] **desgarrador** heartbreaking		[115] **burla** ridicule	
[103] **disparate** absurd thing		[116] **quebrantado** shattered	

de Pelayo volvió a quedar tan solitario como en los tiempos en que
165 llovió tres días y los cangrejos caminaban por los dormitorios.

   Los dueños de la casa no tuvieron nada que lamentar. Con el dinero
recaudado[117] construyeron una mansión de dos plantas,[118] con balcones
y jardines, y con sardineles[119] muy altos para que no se metieran los
cangrejos del invierno, y con barras de hierro en las ventanas para que
170 no se metieran los ángeles. Pelayo estableció además un criadero de
conejos muy cerca del pueblo y renunció para siempre a su mal empleo
de alguacil, y Elisenda se compró unas zapatillas satinadas de tacones[120]
altos y muchos vestidos de seda tornasol[121] de los que usaban las señoras más codiciadas en los domingos de aquellos tiempos. El gallinero
175 fue lo único que no mereció atención. Si alguna vez lo lavaron con
creolina y quemaron las lágrimas de mirra[122] en su interior, no fue por
hacerle honor al ángel, sino por conjurar la pestilencia de muladar[123]
que ya andaba como un fantasma[124] por todas partes y estaba volviendo
vieja la casa nueva. Al principio, cuando el niño aprendió a caminar,
180 se cuidaron de que no estuviera muy cerca del gallinero. Pero luego se
fueron olvidando del temor y acostumbrándose a la peste, y antes de
que el niño mudara los dientes se había metido a jugar dentro del gallinero, cuyas alambradas podridas se caían a pedazos. El ángel no fue
menos displicente[125] con él que con el resto de los mortales, pero so-
185 portaba las infamias más ingeniosas con una mansedumbre[126] de perro
sin ilusiones. Ambos contrajeron la varicela[127] al mismo tiempo. El médico que atendió al niño no resistió a la tentación de auscultar[128] al ángel,
y le encontró tantos soplos[129] en el corazón y tantos ruidos en los riñones,[130] que no le pareció posible que estuviera vivo. Lo que más le
190 asombró, sin embargo, fue la lógica de sus alas. Resultaban tan naturales
en aquel organismo completamente humano, que no podía entenderse
por qué no las tenían también los otros hombres.

   Cuando el niño fue a la escuela, hacía mucho tiempo que el sol y la
lluvia habían desbaratado[131] el gallinero. El ángel andaba arrastrándose
195 por acá y por allá como un moribundo sin dueño. Lo sacaban a
escobazos[132] de un dormitorio y un momento después lo encontraban
en la cocina. Parecía estar en tantos lugares al mismo tiempo, que llegaron a pensar que se desdoblaba, que se repetía a sí mismo por toda
la casa, y la exasperada Elisenda gritaba fuera de quicio[133] que era una

---

[117] **recaudado** collected
[118] **plantas** floors
[119] **sardineles** brick walls
[120] **tacones** heels
[121] **tornasol** iridescent
[122] **lágrimas de mirra** drops of myrrh
[123] **muladar** dungheap
[124] **fantasma** ghost
[125] **displicente** disagreeable, fretful

[126] **mansedumbre** meekness
[127] **varicela** chickenpox
[128] **auscultar** listen with a stethoscope
[129] **soplos** puffs
[130] **riñones** kidneys
[131] **desbaratado** destroyed
[132] **a escobazos** kicked with a broom
[133] **fuera de quicio** out of joint

desgracia vivir en aquel infierno lleno de ángeles. Apenas si podía comer, 200
sus ojos de anticuario se le habían vuelto tan turbios que andaba tro-
pezando con los horcones,[134] y ya no le quedaban sino las cánulas[135]
peladas de las últimas plumas. Pelayo le echó encima una manta y le
hizo la caridad de dejarlo dormir en el cobertizo,[136] y sólo entonces
advirtieron que pasaba la noche con calenturas delirando en trabalen- 205
guas[137] de noruego viejo. Fue ésa una de las pocas veces en que se
alarmaron, porque pensaban que se iba a morir, y ni siquiera la vecina
sabia había podido decirles qué se hacía con los ángeles muertos.

Sin embargo, no sólo sobrevivió a su peor invierno, sino que pareció
mejor con los primeros soles. Se quedó inmóvil muchos días en el rincón 210
más apartado del patio, donde nadie lo viera, y a principios de diciembre
empezaron a nacerle en las alas unas plumas grandes y duras, plumas
de pajarraco[138] viejo, que más bien parecían un nuevo percance[139] de la
decrepitud. Pero él debía conocer la razón de esos cambios, porque se
cuidaba muy bien de que nadie los notara, y de que nadie oyera las 215
canciones de navegantes que a veces cantaba bajo las estrellas. Una
mañana, Elisenda estaba cortando rebanadas[140] de cebolla para el almuerzo, cuando un viento que parecía de alta mar se metió en la cocina.
Entonces se asomó por la ventana, y sorprendió al ángel en las primeras
tentativas del vuelo. Eran tan torpes, que abrió con las uñas un surco 220
de arado[141] en las hortalizas[142] y estuvo a punto de desbaratar el cobertizo con aquellos aletazos indignos que resbalaban en la luz y no
encontraban asidero[143] en el aire. Pero logró ganar altura. Elisenda ex-
haló un suspiro de descanso, por ella y por él, cuando lo vio pasar por
encima de las últimas casas, sustentándose de cualquier modo con un 225
azaroso[144] aleteo de buitre[145] senil. Siguió viéndolo hasta cuando acabó
de cortar la cebolla, y siguió viéndolo hasta cuando ya no era posible
que lo pudiera ver, porque entonces ya no era un estorbo[146] en su vida,
sino un punto imaginario en el horizonte del mar.

PREGUNTAS

Comprensión
  1. ¿Qué efecto había tenido la lluvia sobre el mundo?
  2. ¿Cómo estaba el niño recién nacido?
  3. ¿Qué descubrió Pelayo? ¿Cuál fue su reacción?
  4. ¿Cómo es la apariencia del viejo?

[134] **horcones** beams
[135] **cánulas** stems
[136] **cobertizo** outhouse
[137] **trabalenguas** tongue-twister
[138] **pajarraco** big bird
[139] **percance** mishap
[140] **rebanadas** slices
[141] **surco de arado** furrow of a plough
[142] **hortalizas** vegetable gardens
[143] **asidero** support
[144] **azaroso** risky
[145] **buitre** vulture
[146] **estorbo** hindrance

5. ¿Qué decidieron ellos sobre la identidad del viejo?
6. ¿Qué decidió la vecina? ¿Qué aconsejó ella que hicieran con él? ¿Siguieron ellos su consejo?
7. ¿Qué ocurrió con el niño cuando terminó de llover?
8. ¿Qué pensaron ellos hacer con el viejo? ¿Por qué no lo hicieron?
9. ¿Cómo reaccionó el vecindario al ver al viejo? ¿Qué pensaron ellos sobre el futuro del cautivo?
10. ¿Qué decidió el cura sobre la identidad del viejo? ¿Por qué?
11. ¿Qué idea tuvo Elisenda para ocuparse de tantos curiosos?
12. ¿Qué tipo de personas vinieron a ver al viejo? ¿Por qué? ¿Cómo reaccionaron Pelayo y Elisenda a tantas visitas?
13. ¿Cómo pasaba el tiempo el ángel? ¿Qué comía él?
14. ¿Cuál era la única virtud del ángel?
15. ¿Cuál fue la única vez que se alteró el ángel? ¿Por qué actuó de esta manera?
16. ¿Qué decidió hacer la Iglesia con el cautivo? ¿Por qué?
17. ¿Por qué iba más gente al espectáculo de la «mujer-araña»?
18. ¿Cómo era ahora la reputación del ángel?
19. Describa la nueva situación económica de Pelayo y Elisenda.
20. ¿Cómo trataba el ángel al niño en el gallinero?
21. ¿Qué descubrió el médico después de examinar al ángel?
22. ¿Cómo era entonces la condición física del ángel? ¿Qué efecto tenía ésta sobre Pelayo y Elisenda?
23. ¿Por qué empezó a esconderse el ángel después del invierno?
24. ¿Qué vio Elisenda una mañana? ¿Cómo se sintió ella?

Análisis
1. ¿Qué temas figuran en el cuento?
2. «A un escritor le está permitido todo, siempre que sea capaz de hacerlo creer. Eso en general, se logra mejor con el auxilio de ciertas técnicas periodísticas, mediante el apoyo en elementos de la realidad inmediata…», dice García Márquez en su entrevista. Analice usted la descripción del ángel y la mujer/araña. ¿Cuáles son los detalles que dan más realidad a estos personajes? Explique.
3. Al principio del cuento se dice que «el mundo estaba triste desde el martes» a causa de la lluvia. Busque y analice otros ejemplos del efecto del tiempo sobre la salud física y mental de los personajes en este cuento.
4. El pueblo acude a la vecina y al cura para poder entender la existencia del viejo. ¿Cómo es la reacción del pueblo ante la solución o interpretación de estas dos personas? ¿Qué quiere el pueblo del «ángel»?
5. Estudie las acciones del padre Gonzaga y la Iglesia en relación al viejo. ¿Qué sugiere el autor al describir la burocracia religiosa?
6. Pelayo y Elisenda demuestran diversas reacciones al ángel a través de la trama del cuento. ¿Cómo se aprovechan del ángel? ¿En qué tienen interés? Describa el carácter de estas personas. ¿Son presentadas conforme a la realidad?
7. Busque usted ejemplos donde el ángel demuestra tener cualidades humanas y donde parece ser un organismo grotesco. ¿Quiere el autor sólo pintar un cuadro curioso o es que tiene algún mensaje sobre la humanidad para el lector?

8. Pelayo y Elisenda se sienten aislados del resto del pueblo por tener al cautivo con ellos. El viejo, también, está aislado de todos. Examine el aislamiento y la soledad de los tres.

9. Analice la última frase del cuento: «Siguió viéndolo hasta cuando acabó de cortar la cebolla, y siguió viéndolo hasta cuando ya no era posible que lo pudiera ver, porque entonces ya no era un estorbo en su vida, sino un punto imaginario en el horizonte del mar». ¿Cómo percibe Elisenda al ángel cuando él está con ella? ¿Lo llega a comprender Elisenda alguna vez? ¿Muestra Elisenda imaginación en su reacción al viejo?

10. ¿Acepta el pueblo al viejo como algo completamente distinto de la realidad? ¿Qué tratan de hacer Pelayo y Elisenda para poder definirlo? ¿Cambian los personajes a causa de la visita del viejo? ¿Aprenden algo? ¿Es su intransigencia una cualidad universal?

11. ¿Qué significa el título? ¿Cómo ilustra la combinación de lo fantástico y lo cotidiano?

12. «Al tercer día de lluvia habían matado tantos cangrejos dentro de la casa, que Pelayo tuvo que atravesar su patio anegado para tirarlos en el mar...» es un ejemplo de la exageración que García Márquez utiliza mucho en este cuento. Busque otros ejemplos en el cuento. ¿Con qué propósito utiliza el autor esta exageración?

13. El sentido cómico es un elemento importante en «Un señor muy viejo con unas alas enormes». Ilustre usted con algunos ejemplos este sentido cómico. ¿De qué manera este sentido cómico revela la actitud del autor hacia el tema, hacia el pueblo y hacia los personajes? ¿Es al mismo tiempo triste y cómico este cuento? Explique.

14. En su entrevista, García Márquez menciona que nuestra realidad cotidiana contiene muchos elementos y acontecimientos que son fantásticos e inexplicables. Al leer estas palabras del autor y los ejemplos que él nos proporciona, ¿es más fácil aceptar el acontecimiento del ángel? Después de leer este cuento, ¿se puede entender mejor la realidad latinoamericana? Comente.

VOCABULARIO

Verbos
asombrar   to amaze, astonish.
   «Lo que más le *asombró*, sin embargo, fue la lógica de sus alas».
despreciar   to scorn, despise, reject.
   «Pero él los *despreciaba*, como *despreció* sin probarlos los almuerzos papales que le llevaban los penitentes...»
mantener   to maintain, sustain, keep.
   El alguacil tiene que trabajar para *mantener* a sus hijos.
soportar   to stand, endure, hold up.
   «El ángel no fue menos displicente con él...pero *soportaba* las infamias más ingeniosas con una mansedumbre de perro sin ilusiones».
suceder   to happen, occur.
   «*Sucedió* que por esos días, entre muchas otras atracciones de las ferias errantes del Caribe...»

tirar to throw, hurl, drop.
«Estaba echado en un rincón...entre las cáscaras de frutas y las sobras de desayunos que le habían *tirado* los madrugadores».
triunfar to succeed, triumph.
Por su talento artístico, este hombre va a *triunfar* en la vida.
tumbar to knock down, knock over.
«Seguro que venía por el niño, pero el pobre está tan viejo que lo ha *tumbado* la lluvia...»

Sustantivos
el ala (*f.*) wing.
«...y a pesar de sus grandes esfuerzos no podía levantarse, porque se los impedían sus enormes *alas*».
la alambrada wire netting, wire fence.
«...se había metido a jugar dentro del gallinero, cuyas *alambradas* podridas se caían a pedazos».
el alguacil constable, bailiff, governor.
«Pelayo estableció además un criadero de conejos...y renunció para siempre a su mal empleo de *alguacil*».
la araña spider.
«...llevaron al pueblo el espectáculo triste de la mujer que se había convertido en *araña* por desobedecer a sus padres».
el cangrejo crab, crayfish.
«Al tercer día habían matado tantos *cangrejos* dentro de la casa...»
el gallinero henhouse, coop.
«...y lo encerró con las gallinas en el *gallinero* alambrado».
el lodazal muddy place, mudhole.
«Tuvo que acercarse mucho para descubrir que era un hombre viejo, que estaba tumbado boca abajo en *el lodazal*...»
la muchedumbre crowd, multitude.
«El padre Gonzaga se enfrentó a la frivolidad de *la muchedumbre* con fórmulas de inspiración doméstica...»
la pesadilla nightmare.
«Asustado por aquella *pesadilla*, Pelayo corrió en busca de Elisenda...»
la pluma feather, (feather) pen.
«...el revés de las alas sembrado de algas parasitarias y *las plumas* mayores maltratadas por vientos terrestres...»
el ruido noise.
«El médico...le encontró tantos soplos en el corazón y tantos *ruidos* en los riñones, que no le pareció posible que estuviera vivo».

Adjetivos
alambrado fenced with wire.
«...y lo encerró con las gallinas en el gallinero *alambrado*».
callado quiet, silent, reticent.
«Ambos observaron el cuerpo caído con un *callado* estupor».
cautivo captive, prisoner.
«La noticia del ángel *cautivo* se divulgó con tanta rapidez...»
encallado stuck, stranded, bogged down.

«Sus alas de gallinazo grande, sucias y medio desplumadas, estaban *encalladas* para siempre en el lodazal».

podrido   rotten, bad, putrid.

«...y antes de que el niño mudara los dientes se había metido a jugar dentro del gallinero, cuyas alambradas *podridas* se caían a pedazos».

EJERCICIOS DE VOCABULARIO

Consulte la lista de vocabulario y complete las oraciones. Haga los cambios apropiados.

1. Hay un olor horrible en el refrigerador porque hay varias frutas _____.
2. Para reírse de él, la gente lo _____ cada vez que él trata de pararse.
3. Yo no quiero acostarme porque siempre tengo _____ en vez de sueños felices.
4. La vieja vive sola porque _____ a todos los que tratan de ser sus amigos.
5. El pajarito no puede volar porque tiene un _____ herida.

Indique la palabra que por su significado no se relaciona con las otras.

1. gallinero/ruido/lodazal
2. alambrada/pluma/ala
3. araña/cangrejo/alguacil

Escoja la palabra apropiada en las oraciones siguientes.

1. Para (suceder/triunfar) en esta compañía, hay que sacrificarse mucho.
2. El coche no puede moverse de la arena porque está (encallado/callado).
3. Los parientes de su esposa se van a morir de hambre si Felipe no los (mantiene/soporta).

Traduzca al español las oraciones siguientes.

1. The *crowd*'s noise *astonished* them.
2. After *throwing* the angel in the *coop,* they *kept* him *captive.*
3. He did not *succeed* because he was so *quiet.*

TEMAS DE CONVERSACIÓN

Conteste las preguntas siguientes en preparación para una discusión en clase.

1. Es obvio que el tiempo y las estaciones afectan directamente la salud física y mental de los personajes en este cuento. ¿Es este efecto posible? ¿Cómo se siente usted cuando cambian las estaciones? ¿Se siente usted igual cuando hay lluvia que cuando hay sol? Explique.
2. ¿Por qué vienen estas ferias errantes al pueblo? ¿Es por la misma razón que los circos y los espectáculos vienen a las ciudades hoy día? ¿Cómo reacciona usted a estos espectáculos? ¿Reaccionaría usted igual al ángel, a la mujer/araña, etc., como la gente del pueblo? ¿Cómo reacciona usted a lo nuevo, a lo sorprendente, o a lo extraordinario?
3. ¿Cree Ud. que el cautivo efectuará un cambio permanente sobre el pueblo?

¿Por qué? ¿Puede Ud. pensar en algún acontecimiento en un pueblo que haya cambiado a ese pueblo para siempre?

4. El libro de donde viene este cuento empezó como un proyecto para escribir un libro de cuentos para niños. ¿Disfrutaría más un niño que un adulto de este cuento? ¿Se parece este cuento a algún cuento infantil que Ud. conozca?

5. A través del cuento, García Márquez expone varios problemas del pueblo latinoamericano. Explique cómo expone el autor los aspectos siguientes:
   a. la superstición
   b. la pobreza
   c. la falta de comunicación
   d. los desastres naturales
   e. la cura de las enfermedades
   f. la función de la religión y la Iglesia
   ¿Puede pensar en otros aspectos? Compare estos problemas con los de nuestra cultura.

TEMAS DE COMPOSICIÓN

Basándose en sus respuestas y las de la clase a los temas de conversación, escriba sobre uno de los temas siguientes.

1. La generosidad y la crueldad de un pueblo.
2. La humanización y deshumanización del ángel.
3. La angustia y la soledad del ser humano.
4. La fantasía y la realidad; ¿es clara la división?
5. El tiempo: el reflejo del alma.
6. ¿Se necesita la fantasía en la vida?
7. Lo fantástico en nuestra vida cotidiana.
8. La reacción en «Un señor muy viejo con unas alas enormes» ante lo extraordinario—¿universal o latinoamericana?
9. Los problemas del pueblo latinoamericano.
10. Un cuento original: La visita de un personaje raro e imaginario a mi pueblo.
11. En sus cuentos «La casa de azúcar» y «Un señor muy viejo con unas alas enormes», Silvina Ocampo y García Márquez hacen la pregunta: ¿Qué es la realidad? ¿Cómo la contestan los personajes en los dos cuentos? ¿Qué respuesta puede dar usted?

IV El honor

¿Adulterio? *Ramón Llovet. (Courtesy, Sala Gaspar, Consejo de Ciento)*

7 Ana María Matute

(Courtesy Jerry Bauer)

Acclaimed by many critics as the best Spanish woman novelist of today, Ana María Matute was born in Barcelona, Spain, on July 26, 1926. The second of five children of well-to-do parents, she spent half of each year in Madrid and Barcelona because of her father's business; her summer months were always spent in the Castilian countryside. This constant moving about and her delicate health introduced her early to feelings of isolation, strangeness, and lack of belonging, themes which often appear in her works. At the age of eight, because of a prolonged illness, she was sent to live with her grandparents in rural Castile. The characters of *Historias de la Artámila* are based on the peasants, villagers, and children she met as a child.

Matute's early education took place in *colegios* run by French nuns in Madrid and Barcelona. After the outbreak of the Civil War, she had private tutors; one of these introduced her to García Lorca, an author she greatly enjoyed. The Civil War had a major impact on her life, for until then, she had led a sheltered life, free from the suffering and inhumanity of a war. Her protest against the war is a recurring theme in her writings. Because her family was confined to Barcelona during the war, Matute fought her boredom and isolation by organizing a marionette theater and founding the *Revista de Shybil* for her siblings and cousins. The illustrations accompanying the stories in this magazine emphasize the eyes of the characters as their prime feature, reminiscent of the role of the eyes in *"La conciencia."*

In 1943 she put aside her music and painting to devote herself to writing. *Los Abel,* her first novel, was written in 1945 and *Fiesta al noroeste* won the "Premio Café Gijón" in 1952. Her marriage to a young writer, Ramón Eugenio de Goicochea, in 1952, had problems from the start and ended in a legal separation in 1963. The birth of her son Pablo in 1954 sparked her interest in children's literature; as a result, she published many children's stories. *Los hijos muertos,* a novel of the Civil War published in 1958, won the National Literary Prize "Miguel de Cervantes." *Historias de la Artámila,* a collection of short stories that contains *"La conciencia,"* was published in 1961.

An honorary fellow of the American Association of Teachers of Spanish and Portuguese, Ana María Matute not only has published extensively, but has also served as lecturer and visiting professor in several Spanish and American universities. Continuing with her protest against injustice, she achieved notoriety in 1970 by joining with some Basque nationalists in their protest against the Franco regime.

"La conciencia" incorporates all of Matute's life experiences in her presentation of the human struggle against passions and feelings in a hostile countryside.

SELECCIÓN AUTOBIOGRÁFICA ─────────────────────

La razón de Historias de la Artámila

Cuando empecé a escribir este libro, no lo hice como los demás. Quiero decir: de una sola vez, del principio al fin. Lo fui escribiendo lentamente, a retazos,[1] a ráfagas.[2] Tal como nos llegan los recuerdos. Con un sonido,

---

[1] **a retazos**   in bits and pieces   [2] **a ráfagas**   in sudden bursts

un olor, o acaso[3] un viento especial, que no se parece a ningún otro. Todo, o casi todo lo que en este libro dije, me había sucedido, o les había sucedido a personas que conocí hace mucho tiempo.

La Artámila existe. No con este nombre, del mismo modo que otro nombre dí, también, a sus criaturas. Yo les conocí en las montañas, durante los cálidos[4] veranos de mi infancia. En Octubre, en invierno, durante algún tiempo en que estuve enferma y viví junto a ellos. Otras veces, sus historias llegaron a mí a través de comentarios de pastores,[5] de criados,[6] de campesinos. Y de labios de mi madre, o de mi abuela.

Podría decir que mi vocación de escritora nace del hecho[7]—auténtico—relatado en este libro bajo el título de «Los chicos».[8] Aquel sentimiento, mezcla de dolor, rebeldía y arrepentimiento,[9] que me brotara[10] por primera vez ante un hecho injusto y cruel, fue digo yo, la «levadura»,[11] la raíz más profunda de mi vocación de escritora. Y todo el libro es una continuación de aquello que fueron viviendo y observando mis diez años, ante un mundo desconocido y a menudo[12] incomprensible.

No, este libro no lo escribí como los otros. Lo empecé hace muchos años, dentro de mí, una mañana calurosa,[13] en el prado,[14] junto a un niño maltratado. Y no cesé[15] de crearlo, de sentirlo y vivirlo, junto al río, igual que amasaba[16] el barro[17] entre mis manos de niña, para dar forma a cacharritos[18] y ánforas,[19] que luego se secaban y partían[20] al sol. Y también cuando avanzaba entre los árboles del bosque, escuchando el crujido[21] de las hojas bajo mis pies, persiguiendo un trozo de sol, huidizo[22] como una estrella, que se llevaba entre las ramas el último resplandor[23] de la tarde. Lo fui escribiendo lentamente, gota[24] a gota, casi sin darme cuenta, ya muy lejos de allí. A lo largo de todos mis años, todos mis días y todas mis noches. Y, a menudo, pienso que no lo he terminado todavía.

---

[3] **acaso**   perhaps
[4] **cálidos**   hot
[5] **pastores**   shepherds
[6] **criados**   servants
[7] **hecho**   event, fact
[8] **«Los chicos»**   another short story in the collection (not included in this Anthology)
[9] **arrepentimiento**   repentance, regret
[10] **brotara**   sprang up
[11] **«levadura»**   yeast
[12] **a menudo**   often

[13] **calurosa**   warm, hot
[14] **prado**   meadow, field
[15] **cesé**   stopped
[16] **amasaba**   kneaded
[17] **barro**   mud, clay
[18] **cacharritos**   little pots
[19] **ánforas**   two-handled jars
[20] **partían**   cracked
[21] **crujido**   rustle
[22] **huidizo**   elusive
[23] **resplandor**   radiance, gleam
[24] **gota**   drop

PREGUNTAS

1. ¿Cuánto tiempo le llevó escribir este libro a Ana María Matute?
2. ¿Cómo y cuándo obtuvo la autora los datos para escribir estos cuentos?
3. ¿Qué ocurrió para que Ana María Matute decidiera ser escritora?
4. ¿Por qué compara ella la creación de este libro al barro que ella «amasaba entre sus manos de niña»? Explique.
5. ¿Por qué este libro es para Matute algo tan personal?

La conciencia

Ya no podía más. Estaba convencida de que no podría resistir más tiempo la presencia de aquel odioso[1] vagabundo. Estaba decidida a terminar. Acabar de una vez, por malo que fuera, antes que soportar[2] su tiranía.

Llevaba cerca de quince días en aquella lucha.[3] Lo que no comprendía era la tolerancia de Antonio para con[4] aquel hombre. No: verdaderamente, era extraño.[5]

El vagabundo pidió hospitalidad por una noche: la noche del Miércoles de ceniza,[6] exactamente, cuando se batía[7] el viento arrastrando[8] un polvo negruzco, arremolinado,[9] que azotaba[10] los vidrios de las ventanas con un crujido reseco. Luego, el viento cesó. Llegó una calma extraña a la tierra, y ella pensó, mientras cerraba y ajustaba los postigos:[11]

—No me gusta esta calma.

Efectivamente, no había echado aún el pasador[12] de la puerta cuando llegó aquel hombre. Oyó su llamada sonando atrás, en la puertecilla de la cocina:

—Posadera...[13]

Mariana tuvo un sobresalto.[14] El hombre, viejo y andrajoso,[15] estaba allí, con el sombrero en la mano, en actitud de mendigar.[16]

—Dios le ampare...[17]—empezó a decir. Pero los ojillos del vagabundo le miraban de un modo extraño. De un modo que le cortó las palabras.

Muchos hombres como él pedían la gracia[18] del techo,[19] en las noches de invierno. Pero algo había en aquel hombre que la atemorizó sin motivo.

El vagabundo empezó a recitar su cantinela:[20] «Por una noche, que le dejaran dormir en la cuadra;[21] un pedazo de pan y la cuadra: no pedía más. Se anunciaba la tormenta...»

En efecto, allá afuera, Mariana oyó el redoble[22] de la lluvia contra los

[1] **odioso** hateful
[2] **soportar** tolerate
[3] **lucha** battle
[4] **para con** towards
[5] **extraño** strange
[6] **Miércoles de ceniza** Ash Wednesday
[7] **se batía** beat, fought
[8] **arrastrando** dragging
[9] **arremolinado** swirling
[10] **azotaba** whipped
[11] **postigos** shutters
[12] **pasador** bolt
[13] **Posadera** innkeeper
[14] **sobresalto** sudden shock
[15] **andrajoso** in tatters
[16] **mendigar** beg
[17] **ampare** protect
[18] **gracia** kindness
[19] **techo** roof
[20] **cantinela** chant
[21] **cuadra** hut
[22] **redoble** rumble

maderos de la puerta. Una lluvia sorda, gruesa,[23] anuncio de la tormenta
próxima.

—Estoy sola—dijo Mariana secamente—. Quiero decir... cuando mi
marido está por los caminos no quiero gente desconocida en casa. Vete,
y que Dios te ampare.

Pero el vagabundo se estaba quieto, mirándola. Lentamente, se puso
su sombrero, y dijo:

—Soy un pobre viejo, posadera. Nunca hice mal a nadie. Pido bien
poco: un pedazo de pan...

En aquel momento las dos criadas, Marcelina y Salomé, entraron corriendo. Venían de la huerta,[24] con los delantales[25] sobre la cabeza,
gritando y riendo. Mariana sintió un raro alivio[26] al verlas.

—Bueno—dijo—. Está bien... Pero sólo por esta noche. Que mañana
cuando me levante no te encuentre aquí...

El viejo se inclinó, sonriendo, y dijo un extraño romance[27] de gracias.

Mariana subió la escalera y fue a acostarse. Durante la noche la tormenta azotó las ventanas de la alcoba[28] y tuvo un mal dormir.

A la mañana siguiente, al bajar a la cocina, daban las ocho en el reloj
de sobre la cómoda.[29] Al entrar se quedó sorprendida e irritada. Sentado
a la mesa, tranquilo y reposado, el vagabundo desayunaba opíparamente:[30] huevos fritos, un gran trozo[31] de pan tierno,[32] vino... Mariana
sintió un coletazo[33] de ira,[34] tal vez entremezclado de temor, y se encaró[35]
con Salomé, que tranquilamente se afanaba[36] en el hogar:

—¡Salomé! —dijo, y su voz le sonó áspera,[37] dura—. ¿Quién te ordenó
dar a este hombre... y cómo no se ha marchado al alba?[38]

Sus palabras se cortaban, se enredaban,[39] por la rabia[40] que la iba
dominando. Salomé se quedó boquiabierta, con la espumadera[41] en alto,
que goteaba contra el suelo.

—Pero yo... —dijo—. Él me dijo...

El vagabundo se había levantado y con lentitud se limpiaba los labios
contra la manga.

—Señora—dijo—, señora, usted no recuerda... usted dijo anoche: «Que
le den al pobre viejo una cama en el altillo,[42] y que le den de comer
cuanto pida». ¿No lo dijo anoche la señora posadera? Yo lo oía bien
claro... ¿O está arrepentida ahora?

---

[23] **gruesa** dense		[33] **coletazo** unexpected lashing	
[24] **huerta** vegetable garden		[34] **ira** rage	
[25] **delantales** aprons		[35] **se encaró** confronted	
[26] **alivio** relief		[36] **se afanaba** toiled	
[27] **romance** ballad		[37] **áspera** rough	
[28] **alcoba** bedroom		[38] **al alba** at dawn	
[29] **cómoda** dresser		[39] **se enredaban** became entangled	
[30] **opíparamente** sumptuously		[40] **rabia** anger	
[31] **trozo** piece		[41] **espumadera** ladle	
[32] **tierno** fresh		[42] **altillo** attic	

Mariana quiso decir algo, pero de pronto se le había helado[43] la voz. El viejo la miraba intensamente, con sus ojillos negros y penetrantes. 65 Dio media vuelta, y desasosegada[44] salió por la puerta de la cocina, hacia el huerto.[45]

El día amaneció gris, pero la lluvia había cesado. Mariana se estremeció[46] de frío. La hierba estaba empapada,[47] y allá lejos la carretera[48] se borraba[49] en una neblina[50] sutil. Oyó detrás de ella la voz del viejo, y sin querer, 70 apretó[51] las manos una contra otra.

—Quisiera hablarle algo, señora posadera... Algo sin importancia.

Mariana siguió inmóvil, mirando hacia la carretera.

—Yo soy un viejo vagabundo... pero a veces, los viejos vagabundos se enteran[52] de las cosas. Sí: yo estaba *allí. Yo lo vi,* señora posadera. *Lo* 75 *vi, con estos ojos...*

Mariana abrió la boca. Pero no pudo decir nada.

—¿Qué estás hablando ahí, perro? —dijo—. ¡Te advierto[53] que mi marido llegará con el carro a las diez, y no aguanta[54] bromas[55] de nadie!

—¡Ya lo sé, ya lo sé que no aguanta bromas de nadie! —dijo el va- 80 gabundo—. Por eso, no querrá que sepa nada... nada de lo que *yo vi* aquel día. ¿No es verdad?

Mariana se volvió rápidamente. La ira había desaparecido. Su corazón latía,[56] confuso. «¿Qué dice? ¿Qué es lo que sabe...? ¿Qué es lo que vio?» Pero ató su lengua.[57] Se limitó a mirarle, llena de odio y de miedo. 85 El viejo sonreía con sus encías[58] sucias y peladas.[59]

—Me quedaré aquí un tiempo, buena posadera: sí, un tiempo, para reponer fuerzas, hasta que vuelva el sol. Porque ya soy viejo y tengo las piernas muy cansadas. Muy cansadas...

Mariana echó a correr. El viento, fino, le daba en la cara. Cuando 90 llegó al borde del pozo[60] se paró. El corazón parecía salírsele del pecho.

Aquél fue el primer día. Luego, llegó Antonio con el carro. Antonio subía mercancías[61] de Palomar, cada semana. Además de posaderos, tenían el único comercio de la aldea.[62] Su casa, ancha y grande, rodeada por el huerto, estaba a la entrada del pueblo. Vivían con desahogo,[63] y 95 en el pueblo Antonio tenía fama de rico. «Fama de rico», pensaba Mariana, desazonada.[64] Desde la llegada del odioso vagabundo, estaba

[43] **helado** frozen
[44] **desasosegada** uneasy
[45] **huerto** vegetable garden
[46] **se estremeció** shuddered
[47] **empapada** soaked
[48] **carretera** road
[49] **se borraba** became blurred
[50] **neblina** mist, fog
[51] **apretó** clenched
[52] **se enteran** find out
[53] **Te advierto** I warn you

[54] **aguanta** tolerates
[55] **bromas** pranks
[56] **latía** was beating
[57] **ató su lengua** held her tongue
[58] **encías** gums
[59] **peladas** bare
[60] **pozo** well
[61] **mercancías** goods
[62] **aldea** village
[63] **con desahogo** comfortably
[64] **desazonada** annoyed

pálida, desganada.[65] «Y si no lo fuera, ¿me habría casado con él, acaso?»
No. No era difícil comprender por qué se había casado con aquel hombre
brutal, que tenía catorce años más que ella. Un hombre hosco[66] y te-
mido, solitario. Ella era guapa. Sí: todo el pueblo lo sabía y decía que
era guapa. También Constantino, que estaba enamorado de ella. Pero
Constantino era un simple aparcero,[67] como ella. Y ella estaba harta[68]
de pasar hambre, y trabajos, y tristezas. Sí; estaba harta. Por eso se casó
con Antonio.

Mariana sentía un temblor extraño. Hacía cerca de quince días que el
viejo entró en la posada. Dormía, comía y se despiojaba[69] descaradamente[70] al sol, en los ratos en que éste lucía, junto a la puerta del huerto.
El primer día Antonio preguntó:

—¿Y ése, qué pinta[71] ahí?

—Me dio lástima—dijo ella, apretando entre los dedos los flecos[72] de
su chal—.[73] Es tan viejo... y hace tan mal tiempo...

Antonio no dijo nada. Le pareció que se iba hacia el viejo como para
echarle de allí. Y ella corrió escaleras arriba. Tenía miedo. Sí. Tenía
mucho miedo... «Si el viejo vio a Constantino subir al castaño,[74] bajo la
ventana. Si le vio saltar a la habitación, las noches que iba Antonio con
el carro, de camino...» ¿Qué podía querer decir, si no, con aquello de
lo vi todo, sí, lo vi con estos ojos?

Ya no podía más. No: ya no podía más. El viejo no se limitaba a vivir
en la casa. Pedía dinero, también. Y lo extraño es que Antonio no volvió
a hablar de él. Se limitaba a ignorarle. Sólo que, de cuando en cuando,
la miraba a ella. Mariana sentía la fijeza de sus ojos grandes, negros y
lucientes,[75] y temblaba.

Aquella tarde Antonio se marchaba a Palomar. Estaba terminando de
uncir[76] los mulos a carro, y oía las voces del mozo mezcladas a las de
Salomé, que le ayudaba. Mariana sentía frío. «No puedo más. Ya no
puedo más. Vivir así es imposible. Le diré que se marche, que se vaya.
La vida no es vida con esta amenaza».[77] Se sentía enferma. Enferma de
miedo. Lo de Constantino, por su miedo, había cesado. Ya no podía
verlo. La sola idea le hacía castañetear[78] los dientes. Sabía que Antonio
la mataría. Estaba segura de que la mataría. Le conocía bien.

Cuando vio el carro perdiéndose por la carretera bajó a la cocina. El
viejo dormitaba junto al fuego. Le contempló, y se dijo: «Si tuviera valor
le mataría». Allí estaban las tenazas[79] de hierro, a su alcance. Pero no

---

[65] **desganada** with no appetite
[66] **hosco** sullen
[67] **aparcero** sharecropper
[68] **harta** fed up
[69] **se despiojaba** deloused himself
[70] **descaradamente** shamelessly
[71] **qué pinta** what is he doing
[72] **flecos** fringe

[73] **chal** shawl
[74] **castaño** chestnut tree
[75] **lucientes** shining
[76] **uncir** yoke
[77] **amenaza** threat
[78] **castañetear** chatter
[79] **tenazas** tongs

lo haría. Sabía que no podía hacerlo. «Soy cobarde.[80] Soy una gran   135
cobarde y tengo amor a la vida». Esto la perdía. «Este amor a la vida...»

—Viejo—exclamó. Aunque habló en voz queda,[81] el vagabundo abrió
uno de sus ojillos maliciosos. «No dormía», se dijo Mariana. «No dormía. Es un viejo zorro».[82]

—Ven conmigo—le dijo—. Te he de hablar. El viejo la siguió hasta el   140
pozo. Allí Mariana se volvió a mirarle.

—Puedes hacer lo que quieras, perro. Puedes decirlo todo a mi marido, si quieres. Pero tú te marchas. Te vas de esta casa, en seguida...

El viejo calló unos segundos. Luego sonrió.

—¿Cuándo vuelve el señor posadero?   145

Mariana estaba blanca. El viejo observó su rostro hermoso, sus ojeras.[83]
Había adelgazado.[84]

—Vete—dijo Mariana—. Vete en seguida.

Estaba decidida. Sí: en sus ojos lo leía el vagabundo. Estaba decidida
y desesperada. Él tenía experiencia y conocía esos ojos. «Ya no hay   150
nada que hacer», se dijo, con filosofía. «Ha terminado el buen tiempo.
Acabaron las comidas sustanciosas, el colchón,[85] el abrigo. Adelante,
viejo perro, adelante. Hay que seguir».

—Está bien—dijo—. Me iré. Pero él lo sabrá todo...

Mariana seguía en silencio. Quizás estaba aún más pálida. De pronto,   155
el viejo tuvo un ligero temor: «Ésta es capaz de hacer algo gordo.[86] Sí:
es de esa clase de gente que se cuelga[87] de un árbol o cosa así». Sintió
piedad. Era joven, aún, y hermosa.

—Bueno—dijo—. Ha ganado la señora posadera. Me voy... ¿qué le
vamos a hacer? La verdad, nunca me hice demasiadas ilusiones... Claro   160
que pasé muy buen tiempo aquí. No olvidaré los guisos[88] de Salomé ni
el vinito del señor posadero... No lo olvidaré. Me voy.

—Ahora mismo—dijo ella, de prisa—. Ahora mismo, vete... ¡Y ya
puedes correr, si quieres alcanzarle a él! Ya puedes correr, con tus cuentos sucios, viejo perro...   165

El vagabundo sonrió con dulzura. Recogió su cayado[89] y su zurrón.[90]
Iba a salir, pero, ya en la empalizada,[91] se volvió:

—Naturalmente, señora posadera, *yo no vi nada*. Vamos: ni siquiera
sé si había algo que ver. Pero llevo muchos años de camino, ¡tantos
años de camino! Nadie hay en el mundo con la conciencia pura, ni   170
siquiera los niños. No: ni los niños siquiera, hermosa posadera. Mira a

---

[80] **cobarde** cowardly
[81] **queda** soft
[82] **zorro** fox
[83] **ojeras** dark circles under her eyes
[84] **adelgazado** lost weight
[85] **colchón** mattress
[86] **gordo** big
[87] **se cuelga** hang themselves
[88] **guisos** stews
[89] **cayado** stick
[90] **zurrón** pouch
[91] **empalizada** fence

un niño a los ojos, y dile: «¡Lo sé todo! Anda con cuidado...» Y el niño temblará. Temblará como tú, hermosa posadera.

175 Mariana sintió algo extraño, como un crujido, en el corazón. No sabía si era amargo, o lleno de una violenta alegría. No lo sabía. Movió los labios y fue a decir algo. Pero el viejo vagabundo cerró la puerta de la empalizada tras él, y se volvió a mirarla. Su risa era maligna, al decir:

Un consejo,[92] posadera: vigila[93] a tu Antonio. Sí: el señor posadero también tiene motivos para permitir la holganza[94] en su casa a los viejos
180 pordioseros.[95] ¡Motivos muy buenos, juraría yo, por el modo como me miró!

La niebla, por el camino, se espesaba,[96] se hacía baja. Mariana le vio partir, hasta perderse en la lejanía.

PREGUNTAS

Comprensión

1. Según Mariana, «lo que no comprendía era la tolerancia de Antonio para con aquel hombre». ¿Toleraba Mariana de la misma manera que Antonio al viejo? Explique.
2. ¿Cuánto tiempo hacía que el vagabundo estaba en su casa?
3. ¿Cómo había estado el tiempo cuando el hombre llegó a su casa?
4. ¿Era éste un vagabundo típico? ¿Qué efecto tuvo él sobre Mariana?
5. ¿Por qué no quería Mariana que el vagabundo se quedara en su casa? ¿Por qué cambió ella de idea?
6. ¿Cómo reaccionó Mariana cuando vio al hombre desayunando? ¿Qué explicación dio la criada? ¿Qué explicación dio el viejo? ¿Cómo reaccionó Mariana?
7. ¿De qué quería hablarle el viejo a Mariana? ¿Qué efecto tuvieron en ella sus palabras?
8. ¿Cuál era el trabajo de Antonio? ¿Cómo era su situación económica?
9. ¿Por qué se había casado Mariana con Antonio? ¿Cómo era él?
10. ¿Quién era Constantino?
11. ¿Qué reacción tuvo Antonio al encontrar al viejo en su casa?
12. Además de vivir en su casa, ¿qué más esperaba el viejo de Antonio y Mariana?
13. ¿Por qué se sintió enferma Mariana cuando su esposo se preparaba a salir?
14. ¿Por qué estaba segura Mariana que su esposo la mataría?
15. ¿Por qué quería Mariana matar al viejo? ¿Por qué no lo hizo Mariana?
16. ¿Cómo era ahora la relación entre Mariana y Constantino?
17. ¿Qué cambios observó el viejo sobre Mariana?
18. ¿Cómo reacciona el viejo cuando Mariana le informa que tiene que salir de su casa? ¿Por qué el viejo no insiste en quedarse?
19. ¿Sabía el viejo verdaderamente el secreto de Mariana?
20. ¿Qué consejo le da el viejo a Mariana antes de salir? ¿Por qué le aconseja el viejo esto a Mariana?

[92] **consejo**   a piece of advice
[93] **vigila**   keep an eye on
[94] **holganza**   idleness
[95] **pordioseros**   beggars
[96] **espesaba**   thickened

Análisis

1. ¿Qué temas aparecen en este cuento?
2. ¿Qué efecto tienen sobre el lector las primeras dos líneas?

   Ya no podía más. Estaba convencida de que no podría resistir más tiempo la presencia de aquel odioso vagabundo.

   ¿Qué se sabe inmediatamente sobre la actitud y los sentimientos de la narradora?
3. ¿Por qué es simbólico que el vagabundo entre en la vida de Mariana el Miércoles de ceniza? Explique la relación entre el significado de este día y el efecto de la entrada del viejo.
4. El viejo llega a la casa de Mariana cuando hay una «calma extraña» después de una gran tormenta y antes de que venga la próxima. «No me gusta esta calma» es la reacción de Mariana. Explique la relación entre su actitud hacia el tiempo y el viejo. ¿Cómo refleja el tiempo el alma de Mariana?
5. En la selección autobiográfica, Matute afirma que «todo el libro es una continuación de aquello que fueron viviendo y observando mis diez años, ante un mundo desconocido y a menudo incomprensible». En el cuento, la autora introduce la trama y repite el adjetivo *extraño* en sus descripciones. Por ejemplo:

   Era *extraño* que Antonio tolerara al viejo.
   Había llegado una calma *extraña* a la tierra.
   Los ojillos del vagabundo le miraban de un modo *extraño*.

   ¿Qué efecto tiene la repetición de esta palabra?
   ¿Qué relación hay entre este énfasis en «lo extraño» y las palabras de la autora en la selección autobiográfica?
6. Según Mariana, la narradora, ¿cómo son Antonio, Constantino, y ella misma? ¿Cambiaría esta descripción de alguna forma si el narrador fuera Antonio o Constantino? Explique.
7. Analice la estructura del cuento a través de la repetición de las frases «Ya no podía más» (página 111), «Ya no podía más. No: ya no podía más». (página 114), «No puedo más. Ya no puedo más». (página 114). ¿Qué función tienen estas frases en la acción temporal del cuento? ¿Cómo se desarrolla la tensión dramática con estas frases? ¿Cómo se resuelve esta tensión en el punto culminante? ¿Cómo nos sorprende el fin del cuento?
8. Los ojos del vagabundo tienen un gran efecto sobre Mariana durante la trama del cuento. ¿Cómo es este efecto? ¿Qué trata de indicar Matute al lector al acentuar el efecto de los ojos? ¿Qué puede simbolizar el vagabundo?
9. El cuento termina con el consejo del vagabundo. ¿Cómo reacciona el lector a este consejo? ¿Sería igual la reacción del lector a la de Mariana? ¿Qué mensaje transmite la autora al terminar con este consejo y la descripción de la niebla que encubre todo?
10. ¿Qué significa el título? ¿Por qué no menciona Matute esta palabra en su cuento? ¿Qué relación tiene con los temas?
11. ¿Qué papel tienen el miedo y la pasión en la vida de Mariana y la de Antonio?
12. Haga una comparación entre el principio y el fin del cuento. ¿Cómo se explica la tolerancia de los dos hacia el vagabundo?

VOCABULARIO

Verbos

aguantar   tolerate.

«¡Ya lo sé, ya lo sé que no *aguanta* bromas de nadie!»

amparar   protect, shelter.

«Dios le *ampare*...»

apretar (ie)   clench, tighten.

«Oyó detrás de ella la voz del viejo, y sin querer, *apretó* las manos una contra otra».

arrepentirse (de), (ie), (i)   to repent, regret.

No *me arrepiento de* lo que hice ayer.

azotar   whip, beat.

«Durante la noche la tormenta *azotó* las ventanas de la alcoba...»

cesar   stop, cease.

«Luego, el viento *cesó*. Llegó una calma extraña a la tierra...»

temblar (ie)   tremble, shake.

«Mariana sentía la fijeza de sus ojos grandes, negros y lucientes, y *temblaba*».

vigilar   watch over, keep an eye on.

«Un consejo, posadera: *vigila* a tu Antonio».

Sustantivos

la carretera   highway, road.

«Mariana siguió inmóvil, mirando hacia *la carretera*».

la criada   maid, servant.

«En aquel momento *las dos criadas*, Marcelina y Salomé, entraron corriendo».

el crujido   rustle, creak, gnashing.

«Y también cuando avanzaba entre los árboles del bosque, escuchando *el crujido* de las hojas bajo mis pies...»

la cuadra   hut; city block.

«Por una noche, que le dejaran dormir en *la cuadra*; un pedazo de pan y *la cuadra*: no pedía más».

la culpabilidad   guilt.

La culpabilidad de Mariana afecta todas sus acciones.

la huerta   vegetable garden (large), kitchen garden.

«Venían de *la huerta*, con los delantales sobre la cabeza...»

el huerto   vegetable garden (small), kitchen garden.

«Dio media vuelta y desasosegada salió por la puerta de la cocina, hacia *el huerto*».

la ira   rage.

«Mariana sintió un coletazo de *ira*, tal vez entremezclado de temor...»

el jardín   flower garden.

¡Las flores del *jardín* son preciosas!

la neblina   mist, fog.

«La hierba estaba empapada y allá lejos la carretera se borraba en una *neblina* sutil».

la niebla   mist, fog.

«*La niebla*, por el camino, se espesaba, se hacía baja».

la posadera   (female) innkeeper

«Soy un pobre viejo, *posadera*».

Adjetivos

arrepentida regretful, repentant.

«Yo lo oía bien claro... ¿O está *arrepentida* ahora?

extranjero foreign (from another country).

Hay muchas personas *extranjeras* en los Estados Unidos; por eso, se oyen muchas lenguas diferentes.

extraño strange, odd.

«No: verdaderamente, era *extraño*».

harto (be) fed up, get weary.

«Y ella estaba *harta* de pasar hambre, y trabajos, y tristezas».

EJERCICIOS DE VOCABULARIO

Complete el párrafo siguiente con las palabras de la lista de vocabulario. Haga los cambios necesarios.

Felipe siempre había tenido buenas relaciones con su hermano. Sin embargo, un día su hermano lo insultó mucho. Después de media hora, Felipe no pudo _____ más estas calumnias y lo insultó también. Ahora Felipe siente haberlo insultado y está muy _____. Por eso, ahora va camino de Madrid para hablar con su hermano. Hace tres horas que maneja el auto y en todo este tiempo no ha _____ de llover. Felipe está _____ de manejar en tanta lluvia y desea haber traído a su _____ José, su sirviente más leal, para tener con quien hablar. Ahora no sólo hay lluvia sino que también hay mucha _____ y no se puede ver el camino claramente. Él necesita encontrar _____ _____ número V que lo llevará a la parte central de la ciudad. Felipe no sólo tiene miedo del mal tiempo sino también de la gente que él ve por el camino; él siente la necesidad de _____ a todos en caso de que sean criminales. Al fin, en un momento de desesperación, él exclama: —¡Dios me _____!

De pronto sale el sol y a la distancia se ve un cartel que dice: «Bienvenidos a Madrid».

Escoja una de las palabras en paréntesis.

1. Esta persona no nació en este país; es (*extraña/extranjera*).

2. ¡Qué horrible! Cuando el prisionero no quiso hablar, el guardia lo (*azotó/ apretó*) muchas veces con un látigo.

3. «Niña, ¿no te das cuenta que las flores crecen en (*el jardín/el huerto*)»?

Traduzca al español.

1. The innkeeper was shaking from rage.

2. It was strange that her guilt affected all her actions.

3. She could no longer stand the creaking of the door.

TEMAS DE CONVERSACIÓN

Conteste las preguntas siguientes en preparación para una discusión en clase.

1. ¿Cómo se siente Ud. cuando hay una gran tormenta? ¿Se siente confiado Ud. cuando hay un momento de calma?

2. Si Ud. observa las tradiciones cristianas, ¿en qué piensa Ud. el Miércoles de ceniza? ¿Cree Ud. que Mariana pensaba lo mismo ese día?
3. ¿Acepta Ud. fácilmente la explicación de Mariana sobre su matrimonio con Antonio y su relación con Constantino? ¿Tiene ella razón en sus acciones? ¿Cambiaría Ud. su opinión si la situación de Mariana cambiara de alguna forma?
4. ¿Cómo reaccionaría Ud. si, estando solo en casa, un vagabundo tocara a su puerta una noche durante una tormenta? ¿Reaccionaría Ud. de manera diferente si estuviera con amigos o criados?
5. Al final, Mariana decide confrontar al viejo porque «Vivir así es imposible... La vida no es vida con esta amenaza». ¿Está Ud. de acuerdo con lo que dice y hace Mariana? ¿Actuaría ella igual si fuera una mujer rica de la ciudad? ¿Actuaría Ud. de la misma manera si Ud. fuera Mariana?
6. ¿Puede Ud. pensar en alguna película o en algún libro de misterio que trate de algún personaje cuyo crimen afecte todas sus acciones?
7. El sentido de culpabilidad afecta todas la acciones y los sentimientos de Mariana de manera que su conciencia nunca la deja tranquila. ¿Es ésta una idea realista? ¿Ha tenido Ud. alguna experiencia semejante? ¿Se puede aplicar este efecto de la conciencia a toda la raza humana?
8. En «La conciencia» se presenta un triángulo clásico de un hombre viejo casado con una mujer joven y hermosa quien comete adulterio con un joven amante. ¿Cómo analiza Matute los siguientes aspectos de esta situación?
   (a) el honor
   (b) la justicia (la reacción de la sociedad)
   (c) los pensamientos y sentimientos de cada personaje
   (d) la culpabilidad
   (e) la conciencia
   ¿A qué aspectos da Matute mayor importancia?
9. ¿Qué actitud presenta Matute hacia Mariana? ¿Cómo juzgamos a Mariana? ¿Cómo juzgamos a Antonio?

TEMAS DE COMPOSICIÓN

Basándose en sus respuestas y las de la clase a los temas de conversación, escriba sobre uno de los temas siguientes:

1. «La conciencia» está escrito desde el punto de vista de Mariana. Haga un resumen de la trama según la perspectiva de:
   (a) Antonio
   (b) Constantino
   (c) el vagabundo
2. La falta de comunicación en un matrimonio.
3. El triángulo de amor en «La conciencia».
4. La soledad y el aislamiento de Mariana.
5. El efecto de la culpabilidad sobre las acciones de Mariana.
6. El tiempo: el barómetro de los sentimientos.
7. El efecto de la conciencia sobre la realidad.
8. El papel de la culpabilidad.

8 Federico García Lorca

(Courtesy of Culver Pictures)

The famous Spanish dramatist and poet Federico García Lorca was born on June 5, 1898, in Fuentevaqueros, near Granada in Andalusia. As a child he became interested in drama, constructing his own set of marionettes and putting on performances for the neighborhood children.

In 1909 his father, Don Federico García Rodríguez, sent Federico to the College of the Sacred Heart to prepare him for the University and for a career in law, although Federico wanted to become a musician and composer.

While at the university (in Granada and later in Madrid) García Lorca studied law while pursuing his interests in music and poetry. He also spent a great deal of time conversing with groups of intellectuals at cafés. He met the composer Manuel de Falla, whose treatment of folk themes in music would parallel García Lorca's later use of these themes in poetry and drama. In 1918 he published his first work, *Impresiones y paisajes,* essays on his travels through Andalusia, Castile, and León. His first drama, *El maleficio de la mariposa,* appeared in 1920, followed in 1921 by his first book of poetry, *Libro de poemas.*

The young writer and artist became intimate friends with Salvador Dalí, who was to become the renowned surrealist painter. Although their relationship ended in 1928, García Lorca's early sketches show the influence of Dalí, who also inspired some of his poems.

In 1928 *Romancero gitano,* a collection of poems incorporating elements of gypsy folklore, was well received by critics and established his reputation as a poet. The poems in *Poeta en Nueva York* resulted from a year's stay in New York, writing, studying, and giving lectures.

Upon the poet's return to Spain from New York, he continued to work in the theater and to write poetry and drama, despite the political upheaval following the fall of the dictator, Primo de Rivera. García Lorca's farce *La zapatera prodigiosa* was successfully staged in 1930. During 1932 the author co-directed a touring university theater group sponsored by the new Republic. *Bodas de sangre,* one of his most popular plays, was presented in March of 1933, followed in April by *Amor de don Perlimplín.*

After a tour in Buenos Aires, Argentina, García Lorca returned to Madrid to stage *Yerma* in late 1933 and then *Doña Rosita la soltera* in 1935. He did not live to see his last play staged, *La casa de Bernarda Alba.*

On July 17, 1936, Francisco Franco led an Army revolt against the Republic. With the outbreak of the Civil War, García Lorca sought safety in Granada. However, during a purge by Army forces of liberal intellectuals, he was arrested. On the morning of August 19, 1936, García Lorca was shot by a firing squad.

In the scenes from his rural tragedy *Bodas de sangre,* we see how overwhelming passions lead inevitably to suffering and death.

SELECCIÓN AUTOBIOGRÁFICA

*Declaraciones de García Lorca sobre teatro**

El teatro fué siempre mi vocación. He dado al teatro muchas horas de mi vida. Tengo un concepto del teatro, en cierta forma personal y re-

*Felipe Morales ha interviuvado a García Lorca, y nuestro gran poeta dramático ha conversado así con el periodista a propósito de temas teatrales.

sistente. El teatro es la poesía que se levanta del libro y se hace humana. Y al hacerse habla y grita, llora y se desespera.[1] El teatro necesita que los personajes que aparezcan en la escena lleven un traje de poesía y al mismo tiempo que se les vea los huesos,[2] la sangre. Han de ser tan humanos, tan horrorosamente trágicos y liados a la vida y al día con una fuerza tal, que muestren sus traiciones, que se aprecien sus dolores, y que salga a los labios toda la valentía de sus palabras llenas de amor o de ascos.[3] Lo que no puede continuar es la supervivencia de los personajes dramáticos que hoy suben a los escenarios llevados de las manos de sus autores. Son personajes huecos,[4] vacíos, totalmente, a los que sólo es posible ver a través del chaleco[5] un reloj parado, un hueso falso o una caca[6] de gato de esas que hay en los desvanes.[7] Hoy en España la generalidad de los autores y de los actores ocupan una zona apenas intermedia. Se escribe en el teatro para el piso[8] principal y se quedan sin satisfacer la parte de butacas[9] y los pisos del paraíso. Escribir para el piso principal es lo más triste del mundo. El público que va a ver cosas queda defraudado y el público virgen, el público ingenuo, que es el del pueblo, no comprende cómo se le habla de problemas despreciados por él en los patios de vecindad…

… Crees tú, poeta, en el arte por el arte, o en caso contrario, ¿el arte debe ponerse al servicio de un pueblo para llorar con él cuando llora y reír cuando este pueblo ríe?

—A tu pregunta, grande y tierno Bagaría, tengo que decir que este concepto del arte por el arte es una cosa que sería cruel si no fuera afortunadamente cursi.[10] Ningún hombre verdadero cree ya en esta zarandaja[11] del arte puro, arte por el arte mismo.

En este momento dramático del mundo, el artista debe llorar y reír con su pueblo. Hay que dejar el ramo[12] de azucenas[13] y meterse en el fango[14] hasta la cintura[15] para ayudar a los que buscan las azucenas. Particularmente yo tengo un ansia verdadera por comunicarme con los demás. Por eso llamé a las puertas del teatro y al teatro consagro toda mi sensibilidad.

…La creación poética es un misterio indescifrable, como el misterio del nacimiento del hombre. Se oyen voces no se sabe de dónde, y es inútil preocuparse de dónde vienen. Como no me he preocupado de nacer, no me preocupo de morir. Escucho a la naturaleza y al hombre con asombro,[16] y copio lo que me enseñan sin pedantería y sin dar a

---

[1] **desespera** despair
[2] **huesos** bones
[3] **ascos** disgust, loathing
[4] **huecos** hollow
[5] **chaleco** waistcoat
[6] **caca** excrement
[7] **desvanes** garrets, lofts
[8] **piso** floor
[9] **butaca** orchestra seat
[10] **cursi** vulgar, in bad taste
[11] **zarandaja** worthless thing
[12] **ramo** bunch, bouquet
[13] **azucenas** white lilies
[14] **fango** mud
[15] **cintura** waist
[16] **asombro** astonishment

40 las cosas un sentido que no sé si lo tienen. Ni el poeta ni nadie tienen la clave del mundo. Quiero ser bueno. Sé que la poesía eleva y, siendo bueno, con el asno y con el filósofo creo firmemente que si hay un más allá tendré la agradable sorpresa de encontrarme en él. Pero el dolor del hombre y la injusticia constante que mana[17] del mundo, y mi propio 45 cuerpo y mi propio pensamiento, me evitan trasladar[18] mi casa a las estrellas…

PREGUNTAS

1. ¿Cómo define García Lorca el teatro?
2. ¿Cómo han de ser los personajes?
3. Según el autor, ¿cómo es el personaje dramático que se describe como «hueco» y «vacío»?
4. ¿Por qué es que «escribir para el piso principal» es «lo más triste del mundo»?
5. ¿Qué debe hacer el artista? ¿Por qué?
6. ¿Qué quiere decir: «Hay que dejar el ramo de azucenas y meterse en el fango hasta la cintura para ayudar a los que buscan las azucenas»?
7. Según García Lorca, ¿qué es la creación poética?

---

[17] **mana** flows, springs   [18] **trasladar** move

Bodas de sangre

Tragedia en tres actos y siete cuadros (1933)

PERSONAJES

LA MADRE	LA VECINA	LA LUNA
LA NOVIA	MUCHACHAS	LA MUERTE (como
LA SUEGRA	LEONARDO	mendiga)[1]
LA MUJER DE	EL NOVIO	LEÑADORES[2]
LEONARDO	EL PADRE DE LA	MOZOS[3]
LA CRIADA	NOVIA	

ACTO PRIMERO

CUADRO PRIMERO

Habitación pintada de amarillo

NOVIO (*entrando*).   Madre.

MADRE.   ¿Qué?

NOVIO.   Me voy.

MADRE.   ¿Adónde?

NOVIO.   A la viña. (*Va a salir.*)   5

MADRE.   Espera.

NOVIO.   ¿Quieres algo?

MADRE.   Hijo, el almuerzo.

NOVIO.   Déjalo. Comeré uvas.[4] Dame la navaja.[5]

MADRE.   ¿Para qué?   10

NOVIO (*riendo*).   Para cortarlas.

MADRE (*entre dientes y buscándola*).   La navaja, la navaja... Malditas sean
   todas y el bribón[6] que las inventó.

NOVIO.   Vamos a otro asunto.

MADRE.   Y las escopetas[7] y las pistolas, y el cuchillo más pequeño, y   15
   hasta las azadas[8] y los bieldos[9] de la era.[10]

NOVIO.   Bueno.

MADRE.   Todo lo que puede cortar el cuerpo de un hombre. Un hombre
   hermoso, con su flor en la boca, que sale a las viñas o va a sus olivos
   propios, porque son de él, heredados...   20

NOVIO (*bajando la cabeza*).   Calle usted.

[1] **mendiga** beggar
[2] **leñadores** woodcutters
[3] **mozos** youths
[4] **uvas** grapes
[5] **navaja** jack-knife, pocket-knife
[6] **bribón** scoundrel
[7] **escopetas** shotguns
[8] **azadas** spades, hoes
[9] **bieldos** winnowing forks, rakes
[10] **era** garden plot, threshing floor

MADRE. …y ese hombre no vuelve. O si vuelve es para ponerle una palma encima o un plato de sal gorda[11] para que no se hinche.[12] No sé cómo te atreves a llevar una navaja en tu cuerpo, ni cómo yo dejo
25 a la serpiente dentro del arcón.[13]

NOVIO. ¿Está bueno ya?

MADRE. Cien años que yo viviera no hablaría de otra cosa. Primero, tu padre, que me olía a clavel[14] y lo disfruté[15] tres años escasos. Luego, tu hermano. ¿Y es justo y puede ser que una cosa pequeña como una
30 pistola o una navaja pueda acabar con un hombre, que es un toro? No callaría nunca. Pasan los meses y la desesperación me pica[16] en los ojos y hasta en las puntas del pelo.

NOVIO (*fuerte*). ¿Vamos a acabar?

MADRE. No. No vamos a acabar. ¿Me puede alguien traer a tu padre?
35 ¿Y a tu hermano? Y luego, el presidio.[17] ¿Qué es el presidio? ¡Allí comen, allí fuman, allí tocan los instrumentos! Mis muertos llenos de hierba, sin hablar, hechos polvo: dos hombres que eran dos geranios… Los matadores, en presidio, frescos, viendo los montes…

NOVIO. ¿Es que quiere usted que los mate?
40 MADRE. No… Si hablo, es porque… ¿Cómo no voy a hablar viéndote salir por esa puerta? Es que no me gusta que lleves navaja. Es que…, que no quisiera que salieras al campo.

NOVIO (*riendo*). ¡Vamos!

MADRE. Que me gustaría que fueras una mujer. No te irías al arroyo[18]
45 ahora y bordaríamos[19] las dos cenefas[20] y perritos de lana.[21]

NOVIO (*coge de un brazo a la Madre y ríe*). Madre, ¿y si yo la llevara conmigo a las viñas?

MADRE. ¿Qué hace en las viñas una vieja? ¿Me ibas a meter debajo de los pámpanos?[22]
50 NOVIO (*levantándola en sus brazos*). Vieja, revieja, requetevieja.

MADRE. Tu padre sí que me llevaba. Eso es de buena casta. Sangre. Tu abuelo dejó a un hijo en cada esquina. Eso me gusta. Los hombres, hombres: el trigo, trigo.

NOVIO. ¿Y yo, madre?
55 MADRE. ¿Tú, qué?

NOVIO. ¿Necesito decírselo otra vez?

MADRE (*seria*). ¡Ah!

NOVIO. ¿Es que le parece mal?

MADRE. No.

---

[11] **sal gorda** kitchen salt
[12] **se hinche** swell up
[13] **arcón** large bin
[14] **clavel** carnation
[15] **disfruté** enjoyed, had the benefit of
[16] **pica** provokes, vexes; stings

[17] **presidio** garrison; prison
[18] **arroyo** stream
[19] **bordaríamos** embroider
[20] **cenefas** borders, flounces, valances
[21] **lana** wool
[22] **pámpanos** vine-branches

NOVIO.   ¿Entonces?... 60

MADRE.   No lo sé yo misma. Así, de pronto, siempre me sorprende. Yo sé que la muchacha es buena. ¿Verdad que sí? Modosa.[23] Trabajadora. Amasa[24] su pan y cose[25] sus faldas, y siento, sin embargo, cuando la nombro, como si me dieran una pedrada[26] en la frente.

NOVIO.   Tonterías. 65

MADRE.   Más que tonterías. Es que me quedo sola. Ya no me quedas más que tú, y siento que te vayas.

NOVIO.   Pero usted vendrá con nosotros.

MADRE.   No. Yo no puedo dejar aquí solos a tu padre y a tu hermano. Tengo que ir todas las mañanas, y si me voy es fácil que muera uno 70 de los Félix, uno de la familia de los matadores, y lo entierren al lado. ¡Y eso sí que no! ¡Eso sí que no! Porque con las uñas[27] los desentierro y yo sola los machaco[28] contra la tapia.[29]

NOVIO (*fuerte*).   Vuelta otra vez.

MADRE.   Perdóname. (*Pausa.*) ¿Cuánto tiempo llevas en relaciones? 75

NOVIO.   Tres años. Ya pude comprar la viña.

MADRE.   Tres años. Ella tuvo un novio, ¿no?

NOVIO.   No sé. Creo que no. Las muchachas tienen que mirar con quién se casan.

MADRE.   Sí. Yo no miré a nadie. Miré a tu padre, y cuando lo mataron 80 miré a la pared de enfrente. Una mujer con un hombre, y ya está.

NOVIO.   Usted sabe que mi novia es buena.

MADRE.   No lo dudo. De todos modos, siento no saber cómo fué su madre.

NOVIO.   ¿Qué más da? 85

MADRE (*mirándole*).   Hijo.

NOVIO.   ¿Qué quiere usted?

MADRE.   ¡Que es verdad! ¡Que tienes razón! ¿Cuándo quieres que la pida?

NOVIO (*alegre*).   ¿Le parece bien el domingo? 90

MADRE (*seria*).   Le llevaré los pendientes[30] de azófar,[31] que son antiguos, y tú le compras...

NOVIO.   Usted entiende más...

MADRE.   Le compras unas medias[32] caladas,[33] y para ti dos trajes. ¡Tres! ¡No te tengo más que a ti! 95

NOVIO.   Me voy. Mañana iré a verla.

---

[23] **modosa**   well-behaved
[24] **amasa**   kneads
[25] **cose**   sews
[26] **pedrada**   blow of a stone
[27] **uñas**   fingernails
[28] **machaco**   pound, crush
[29] **tapia**   adobe wall
[30] **pendientes**   earrings
[31] **azófar**   brass
[32] **medias**   stockings
[33] **caladas**   lace work

MADRE. Sí, sí; y a ver si me alegras con seis nietos,[34] o los que te dé
la gana, ya que tu padre no tuvo lugar de hacérmelos a mí.

NOVIO. El primero para usted.

100 MADRE. Sí, pero que haya niñas. Que yo quiero bordar y hacer encaje[35]
y estar tranquila.

NOVIO. Estoy seguro que usted querrá a mi novia.

MADRE. La querré. (*Se dirige a besarlo y reacciona.*) Anda, ya estás muy
grande para besos. Se los das a tu mujer. (*Pausa. Aparte.*) Cuando lo
105 sea.

NOVIO. Me voy.

MADRE. Que caves bien la parte del molinillo,[36] que la tienes descui-
dada.

NOVIO. ¡Lo dicho!

110 MADRE. Anda con Dios. (*Vase el* NOVIO. *La* MADRE *queda sentada de
espaldas a la puerta. Aparece en la puerta una* VECINA *vestida de color oscuro,
con pañuelo a la cabeza.*) Pasa.

ACTO PRIMERO—FIN DEL CUADRO PRIMERO   RESUMEN
La MADRE *le pregunta a la* VECINA *acerca de la* NOVIA, *de su madre, y
averigua que la joven había tenido novio anteriormente. Ese novio era de los*
115 *Félix, una familia cuyos miembros habían matado al hijo y al esposo de la*
MADRE.

ACTO PRIMERO
CUADRO SEGUNDO

*Habitación pintada de rosa con cobres[1] y ramos de flores populares. En el centro,
una mesa con mantel. Es la mañana.*
SUEGRA *de* LEONARDO *con un niño en brazos. La* MUJER, *en la otra esquina,*
120 *hace punto de media.[2]*

SUEGRA.
Nana,[3] niño, nana
del caballo grande
que no quiso el agua.
125 El agua era negra
dentro de las ramas.[4]
Cuando llega al puente
se detiene y canta.
¿Quién dirá, mi niño,
130 lo que tiene el agua

[34] **nietos** grandchildren
[35] **encaje** lace
[36] **molinillo** small mill or grinder
[1] **cobres** brass kitchen utensils

[2] **punto de media** plain knitting
[3] **nana** lullaby
[4] **ramas** branches

con su larga cola[5]
por su verde salsa?[6]
MUJER (*bajo*).
Duérmete, clavel,
que el caballo no quiere beber.   135
SUEGRA.
Duérmete, rosal,[7],
que el caballo se pone a llorar.
Las patas[8] heridas,
las crines[9] heladas,[10]   140
dentro de los ojos
un puñal[11] de plata.
Bajaban al río.
¡Ay, cómo bajaban!
La sangre corría   145
más fuerte que el agua.
MUJER.
Duérmete, clavel,
que el caballo no quiere beber.
SUEGRA.   150
Duérmete, rosal,
que el caballo se pone a llorar.
MUJER.
No quiso tocar
la orilla[12] mojada,[13]   155
su belfo[14] caliente
con moscas[15] de plata.
A los montes duros
sólo relinchaba[16]
con el río muerto   160
sobre la garganta.
¡Ay caballo grande
que no quiso el agua!
¡Ay dolor de nieve,
caballo del alba!   165
SUEGRA.
¡No vengas! Detente,
cierra la ventana

---

[5] **cola**   tail
[6] **salsa**   sauce
[7] **rosal**   rose; rose bush
[8] **patas**   feet; legs
[9] **crines**   manes
[10] **heladas**   frozen

[11] **puñal**   dagger
[12] **orilla**   shore
[13] **mojada**   soaked, wet
[14] **belfo**   lips
[15] **moscas**   flies
[16] **relinchaba**   neighed

con rama de sueños
170 y sueño de ramas.
MUJER.
Mi niño se duerme.
SUEGRA.
Mi niño se calla.
175 MUJER.
Caballo, mi niño
tiene una almohada.[17]
SUEGRA.
Su cuna[18] de acero.[19]
180 MUJER.
Su colcha[20] de holanda.[21]
SUEGRA.
Nana, niño, nana.
MUJER.
185 ¡Ay caballo grande
que no quiso el agua!
SUEGRA.
¡No vengas, no entres!
Vete a la montaña.
190 Por los valles grises
donde está la jaca.[22]
MUJER (*mirando*).
Mi niño se duerme.
SUEGRA.
195 Mi niño descansa.
MUJER (*bajito*).
Duérmete, clavel,
que el caballo no quiere beber.
SUEGRA (*levantándose, y muy bajito*).
200 Duérmete, rosal;
que el caballo se pone a llorar.
(*Entran al niño. Entra* LEONARDO.)
LEONARDO.   ¿Y el niño?
SUEGRA.   Se durmió.
205 LEONARDO.   Ayer no estuvo bien. Lloró por la noche.
MUJER (*alegre*).   Hoy está como una dalia. ¿Y tú? ¿Fuiste a casa del
herrador?[23]

---

[17] **almohada** pillow
[18] **cuna** cradle
[19] **acero** steel
[20] **colcha** quilt
[21] **holanda** fine Dutch linen
[22] **jaca** pony, small horse
[23] **herrador** farrier, horse-shoer

LEONARDO.   De allí vengo. ¿Querrás creer? Llevo más de dos meses poniendo herraduras[24] nuevas al caballo y siempre se le caen. Por lo visto se las arranca[25] con las piedras.   210

MUJER.   ¿Y no será que lo usas mucho?

LEONARDO.   No. Casi no lo utilizo.

MUJER.   Ayer me dijeron las vecinas que te habían visto al límite de los llanos.

LEONARDO.   ¿Quién lo dijo?   215

MUJER.   Las mujeres que cogen las alcaparras.[26] Por cierto que me sorprendió. ¿Eras tú?

LEONARDO.   No. ¿Qué iba a hacer yo allí, en aquel secano?[27]

MUJER.   Eso dije. Pero el caballo estaba reventando[28] de sudor.

LEONARDO.   ¿Lo viste tú?   220

MUJER.   No. Mi madre.

LEONARDO.   ¿Está con el niño?

MUJER.   Sí. ¿Quieres un refresco de limón?

LEONARDO.   Con el agua bien fría.

MUJER.   ¡Cómo no viniste a comer!...   225

LEONARDO.   Estuve con los medidores[29] del trigo. Siempre entretienen.

MUJER (*haciendo el refresco y muy tierna*).   ¿Y lo pagan a buen precio?

LEONARDO.   El justo.

MUJER.   Me hace falta un vestido y al niño una gorra[30] con lazos.[31]

LEONARDO (*levantándose*).   Voy a verlo.   230

MUJER.   Ten cuidado, que está dormido.

SUEGRA (*saliendo*).   Pero ¿quién da esas carreras[32] al caballo? Está abajo, tendido, con los ojos desorbitados, como si llegara del fin del mundo.

LEONARDO (*agrio*).[33]   Yo.

SUEGRA.   Perdona; tuyo es.   235

MUJER (*tímida*).   Estuvo con los medidores del trigo.

SUEGRA.   Por mí, que reviente. (*Se sienta.*)

MUJER.   El refresco. ¿Está frío?

LEONARDO.   Sí.

MUJER.   ¿Sabes que piden a mi prima?   240

LEONARDO.   ¿Cuándo?

MUJER.   Mañana. La boda será dentro de un mes. Espero que vendrán a invitarnos.

LEONARDO (*serio*).   No sé.

SUEGRA.   La madre de él creo que no estaba muy satisfecha con el casamiento.   245

---

[24] **herraduras** horseshoes
[25] **arranca** pulls out
[26] **alcaparras** capers
[27] **secano** unirrigated land
[28] **reventando** bursting

[29] **medidores** measurers
[30] **gorra** cap; bonnet
[31] **lazos** ties
[32] **carreras** races, runs
[33] **agrio** sour, disagreeable

LEONARDO. Y quizá tenga razón. Ella es de cuidado.

MUJER. No me gusta que penséis mal de una buena muchacha.

SUEGRA. Pero cuando dice eso es porque la conoce. ¿No ves que fué
250 tres años novia suya? (*con intención*).

LEONARDO. Pero la dejé. (*A su mujer.*) ¿Vas a llorar ahora? ¡Quita! (*La aparta bruscamente las manos de la cara.*) Vamos a ver al niño (*Entran abrazados.*)

(*Aparece la* MUCHACHA, *alegre. Entra corriendo.*)

255 MUCHACHA. Señora.

SUEGRA. ¿Qué pasa?

MUCHACHA. Llegó el novio a la tienda y ha comprado todo lo mejor que había.

SUEGRA. ¿Vino solo?

260 MUCHACHA. No, con su madre. Seria, alta. (*La imita.*) Pero ¡qué lujo!

SUEGRA. Ellos tienen dinero.

MUCHACHA. ¡Y compraron unas medias caladas!... ¡Ay, qué medias! ¡El sueño de las mujeres en medias! Mire usted: una golondrina[34] aquí (*Señala el tobillo.*),[35] un barco aquí (*Señala la pantorrilla.*)[36] y aquí una
265 rosa. (*Señala el muslo.*)[37]

SUEGRA. ¡Niña!

MUCHACHA. ¡Una rosa con las semillas[38] y el tallo![39] ¡Ay! ¡Todo en seda![40]

SUEGRA. Se van a juntar dos buenos capitales.

270 (*Aparecen* LEONARDO *y su* MUJER.)

MUCHACHA. Vengo a deciros lo que están comprando.

LEONARDO (*fuerte*). No nos importa.

MUJER. Déjala.

SUEGRA. Leonardo, no es para tanto.

275 MUCHACHA. Usted dispense. (*Se va llorando.*)

SUEGRA. ¿Qué necesidad tienes de ponerte a mal con las gentes?

LEONARDO. No le he preguntado su opinión. (*Se sienta.*)

SUEGRA. Está bien.

(*Pausa.*)

280 MUJER (*a* LEONARDO). ¿Qué te pasa? ¿Qué idea te bulle[41] por dentro de la cabeza? No me dejes así, sin saber nada...

LEONARDO. Quita.

MUJER. No. Quiero que me mires y me lo digas.

LEONARDO. Déjame. (*Se levanta.*)

285 MUJER. ¿Adónde vas, hijo?

LEONARDO (*agrio*). ¿Te puedes callar?

---

[34] **golondrina** swallow
[35] **tobillo** ankle
[36] **pantorrilla** calf
[37] **muslo** thigh

[38] **semillas** seeds
[39] **tallo** stem
[40] **seda** silk
[41] **bulle** buzzes about, boils

SUEGRA (*enérgica, a su hija*).   ¡Cállate! (*sale* LEONARDO.) ¡El niño! (*Entra
  y vuelve a salir con él en brazos.*)
(*La* MUJER *ha permanecido de pie, inmóvil.*)
Las patas heridas,   290
las crines heladas,
dentro de los ojos
un puñal de plata.
Bajaban al río.
La sangre corría   295
más fuerte que el agua.
MUJER (*volviéndose lentamente y como soñando*).
Duérmete, clavel,
que el caballo se pone a beber.
SUEGRA.   300
Duérmete, rosal,
que el caballo se pone a llorar.
MUJER.
Nana, niño, nana.
SUEGRA.   305
¡Ay, caballo grande,
que no quiso el agua!
MUJER (*dramática*).
¡No vengas, no entres!
¡Vete a la montaña!   310
¡Ay dolor de nieve,
caballo del alba!
SUEGRA (*llorando*).
Mi niño se duerme…
MUJER (*llorando y acercándose lentamente*).   315
Mi niño descansa…
SUEGRA.
Duérmete, clavel,
que el caballo no quiere beber.
MUJER (*llorando y apoyándose sobre la mesa*).   320
Duérmete, rosal,
que el caballo se pone a llorar.
Telón.

ACTO PRIMERO—CUADRO TERCERO   RESUMEN
La MADRE *y el* NOVIO *visitan la casa de la* NOVIA *para pedirle la mano a su
padre y decidir los detalles de la boda. Durante la visita, la* NOVIA *contesta* 325
seria y modestamente las preguntas de la MADRE. *Después que la* MADRE, *el*
PADRE *y el* NOVIO *salen, la* NOVIA *no tiene ganas de ver los regalos del* NOVIO.
Ésta habla con su criada y le admite que LEONARDO *era el que había estado
parado en su ventana la noche anterior.*

ACTO SEGUNDO
CUADRO PRIMERO

330 *Zaguán¹ de casa de la novia. Portón² al fondo. Es de noche. La* Novia *sale con enaguas³ blancas encañonadas⁴ llenas de encajes y puntas bordadas y un corpiño⁵ blanco, con los brazos al aire. La* Criada, *lo mismo.*

CRIADA.   Aquí te acabaré de peinar.

NOVIA.   No se puede estar ahí dentro, del calor.

335 CRIADA.   En estas tierras no refresca ni al amanecer. (*Se sienta la* NOVIA *en una silla baja y se mira en un espejito de mano. La* CRIADA *la peina.*)

NOVIA.   Mi madre era de un sitio donde había muchos árboles. De tierra rica.

CRIADA.   ¡Así era ella de alegre!

340 NOVIA.   Pero se consumió aquí.

CRIADA.   El sino.⁶

NOVIA.   Como nos consumimos todas. Echan fuego las paredes. ¡Ay!, no tires demasiado.

CRIADA.   Es para arreglarte mejor esta onda.⁷ Quiero que te caiga sobre

345 la frente. (*La* NOVIA *se mira en el espejo.*) ¡Qué hermosa estás! ¡Ay! (*La besa apasionadamente.*)

NOVIA (*seria*).   Sigue peinándome.

CRIADA (*peinándola*).   ¡Dichosa tú que vas a abrazar a un hombre, que lo vas a besar, que vas a sentir su peso!⁸

350 NOVIA.   Calla.

CRIADA.   Y lo mejor es cuando te despiertes y lo sientas al lado y que él te roza⁹ los hombros con su aliento,¹⁰ como con una plumilla de ruiseñor.¹¹

NOVIA (*fuerte*).   ¿Te quieres callar?

355 CRIADA.   ¡Pero, niña! Una boda, ¿qué es? Una boda es esto y nada más. ¿Son los dulces? ¿Son los ramos de flores? No. Es una cama relumbrante¹² y un hombre y una mujer.

NOVIA.   No se debe decir.

CRIADA.   Eso es otra cosa. ¡Pero es bien alegre!

360 NOVIA.   O bien amargo.¹³

CRIADA.   El azahar te lo voy a poner desde aquí hasta aquí, de modo que la corona¹⁴ luzca sobre el peinado. (*Le prueba un ramo de azahar.*)

---

¹ **zaguán** vestibule
² **portón** gate
³ **enaguas** petticoats
⁴ **encañonadas** plaited, folded
⁵ **corpiño** corset-cover
⁶ **sino** fate, destiny
⁷ **onda** wave

⁸ **peso** weight
⁹ **roza** grazes
¹⁰ **aliento** breath
¹¹ **ruiseñor** nightingale
¹² **relumbrante** resplendent
¹³ **amargo** bitter
¹⁴ **corona** crown

NOVIA (*Se mira en el espejo.*)   Trae. (*Coge el azahar y lo mira y deja caer la cabeza abatida.*)[15]

CRIADA.   ¿Qué es esto?   365

NOVIA.   Déjame.

CRIADA.   No son horas de ponerse triste. (*animosa.*) Trae el azahar. (*La* NOVIA *tira el azahar.*) ¡Niña! ¿Qué castigo pides tirando al suelo la corona? ¡Levanta esa frente! ¿Es que no te quieres casar? Dilo. Todavía te puedes arrepentir.[16] (*Se levanta.*)

NOVIA.   Son nublos.[17] Un mal aire en el centro, ¿quién no lo tiene?

CRIADA.   Tú quieres a tu novio.

NOVIA.   Lo quiero.

CRIADA.   Sí, sí, estoy segura.

NOVIA.   Pero éste es un paso muy grande.   375

CRIADA.   Hay que darlo.

NOVIA.   Ya me he comprometido.

CRIADA.   To voy a poner la corona.

NOVIA (*se sienta*).   Date prisa, que ya deben ir llegando.

CRIADA.   Ya llevarán lo menos dos horas de camino.   380

NOVIA.   ¿Cuánto hay de aquí a la iglesia?

CRIADA.   Cinco leguas por el arroyo, que por el camino hay el doble.

(*La* NOVIA *se levanta y la* CRIADA *se entusiasma al verla.*)

Despierte la novia
la mañana de la boda.   385
¡Que los ríos del mundo
lleven tu corona!

NOVIA (*sonriente*).   Vamos.

CRIADA (*la besa entusiasmada y baila alrededor*).

Que despierte   390
con el ramo verde
del laurel florido.
¡Que despierte
por el tronco y la rama
de los laureles!   395

(*Se oyen unos aldabonazos.*)[18]

NOVIA.   ¡Abre! Deben ser los primeros convidados. (*Entra.*) (*La* CRIADA *abre sorprendida.*)

CRIADA.   ¿Tú?

LEONARDO.   Yo. Buenos días.   400

CRIADA.   ¡El primero!

LEONARDO.   ¿No me han convidado?[19]

---

[15] **abatida** dejected; lowered
[16] **te... arrepentir** repent
[17] **nublos** clouds (cloudy; sad, unfortunate)

[18] **aldabonazos** knocks
[19] **convidado** invited

CRIADA.   Sí.

LEONARDO.   Por eso vengo.

405   CRIADA.   ¿Y tu mujer?

LEONARDO.   Yo vine a caballo. Ella se acerca por el camino.

CRIADA.   ¿No te has encontrado a nadie?

LEONARDO.   Los pasé con el caballo.

CRIADA.   Vas a matar al animal con tanta carrera.

410   LEONARDO.   ¡Cuando se muera, muerto está! (*Pausa*)

CRIADA.   Siéntate. Todavía no se ha levantado nadie.

LEONARDO.   ¿Y la novia?

CRIADA.   Ahora mismo la voy a vestir.

LEONARDO.   ¡La novia! ¡Estará contenta!

415   CRIADA (*variando de conversación*).   ¿Y el niño?

LEONARDO.   ¿Cuál?

CRIADA.   Tu hijo.

LEONARDO (*recordando como soñoliento*).[20]   ¡Ah!

CRIADA.   ¿Lo traen?

420   LEONARDO.   No.

   (*Pausa. Voces cantando muy lejos.*)

VOCES.

¡Despierte la novia

la mañana de la boda!

425   LEONARDO.

Despierte la novia

la mañana de la boda.

CRIADA.   Es la gente. Viene lejos todavía.

LEONARDO (*levantándose*).   La novia llevará una corona grande, ¿no? No

430   debía ser tan grande. Un poco más pequeña le sentaría mejor. ¿Y trajo
ya el novio el azahar que se tiene que poner en el pecho?

NOVIA (*apareciendo todavía en enaguas y con la corona de azahar puesta*).   Lo
trajo.

CRIADA (*fuerte*).   No salgas así.

435   NOVIA.   ¿Qué más da? (*Seria.*) ¿Por qué preguntas si trajeron el azahar?
¿Llevas intención?

LEONARDO.   Ninguna. ¿Qué intención iba a tener? (*Acercándose.*) Tú,
que me conoces, sabes que no la llevo. Dímelo. ¿Quién he sido yo
para ti? Abre y refresca tu recuerdo. Pero dos bueyes[21] y una mala

440   choza[22] son casi nada. Esa es la espina.[23]

NOVIA.   ¿A qué vienes?

LEONARDO.   A ver tu casamiento.

NOVIA.   ¡También yo vi el tuyo!

---

[20] **soñoliento** sleepy, drowsy   [22] **choza** hut

[21] **bueyes** oxen   [23] **espina** thorn

LEONARDO.   Amarrado[24] por ti, hecho con tus dos manos. A mí me pueden matar, pero no me pueden escupir.[25] Y la plata,[26] que brilla tanto, escupe algunas veces.

NOVIA.   ¡Mentira!

LEONARDO.   No quiero hablar, porque soy hombre de sangre, y no quiero que todos estos cerros oigan mis voces.

NOVIA.   Las mías serían más fuertes.

CRIADA.   Estas palabras no pueden seguir. Tú no tienes que hablar de lo pasado. (*La* CRIADA *mira a las puertas presa de inquietud.*)

NOVIA.   Tienes razón. Yo no debo hablarte siquiera. Pero se me calienta el alma de que vengas a verme y atisbar[27] mi boda y preguntes con intención por el azahar. Vete y espera a tu mujer en la puerta.

LEONARDO.   ¿Es que tú y yo no podemos hablar?

CRIADA (*con rabia*).   No; no podéis hablar.

LEONARDO.   Después de mi casamiento he pensado noche y día de quién era la culpa, y cada vez que pienso sale una culpa nueva que se come a la otra: pero ¡siempre hay culpa!

NOVIA.   Un hombre con su caballo sabe mucho y puede mucho para poder estrujar[28] a una muchacha metida en un desierto. Pero yo tengo orgullo.[29] Por eso me caso. Y me encerraré con mi marido, a quien tengo que querer por encima de todo.

LEONARDO.   El orgullo no te servirá de nada. (*Se acerca.*)

NOVIA.   ¡No te acerques!

LEONARDO.   Callar y quemarse es el castigo más grande que nos podemos echar encima. ¿De qué me sirvió a mí el orgullo y el no mirarte y el dejarte despierta noches y noches? ¡De nada! ¡Sirvió para echarme fuego encima! Porque tú crees que el tiempo cura y que las paredes tapan, y no es verdad, no es verdad. ¡Cuando las cosas llegan a los centros, no hay quien las arranque![30]

NOVIA (*temblando*).   No puedo oírte. No puedo oír tu voz. Es como si me bebiera una botella de anís y me durmiera en una colcha de rosas. Y me arrastra, y sé que me ahogo,[31] pero voy detrás.

CRIADA (*cogiendo a* LEONARDO *por las solapas*).[32]   ¡Debes irte ahora mismo!

LEONARDO.   Es la última vez que voy a hablar con ella. No temas nada.

NOVIA.   Y sé que estoy loca y sé que tengo el pecho podrido de aguantar, y aquí estoy quieta por oírlo, por verlo menear[33] los brazos.

LEONARDO.   No me quedo tranquilo si no te digo estas cosas. Yo me casé. Cásate tú ahora.

CRIADA (*a* LEONARDO).   ¡Y se casa!

[24] **amarrado** tied	[29] **orgullo** pride
[25] **escupir** spit	[30] **arranque** uproot
[26] **plata** silver, silver money	[31] **ahogo** drown; smother
[27] **atisbar** spy	[32] **solapas** lapels
[28] **estrujar** squeeze, crush	[33] **menear** move, shake

VOCES (*cantando más cerca*).
Despierte la novia
485 la mañana de la boda.
NOVIA.
¡Despierte la novia!
(*Sale corriendo a su cuarto.*)
CRIADA.   Ya está aquí la gente. (*A* LEONARDO) No te vuelvas a acercar
490   a ella.
LEONARDO.   Descuida. (*Sale por la izquierda.*)

ACTO SEGUNDO—FIN DEL CUADRO PRIMERO,

ACTO SEGUNDO
CUADRO SEGUNDO

PRINCIPIO DEL CUADRO SEGUNDO   RESUMEN

Los convidados anuncian y celebran la boda con canciones. Llegan las dos fa-
milias. La MADRE *se preocupa por la presencia de los Félix, la familia de* LEO-
NARDO. *La esposa de* LEONARDO, *quien va a tener otro hijo, quiere que* LEO-
495 NARDO *la acompañe a la iglesia. Ella sospecha que él todavía está interesado en*
la NOVIA.

(*Van entrando* INVITADOS *en alegres grupos. Entran los* NOVIOS *cogidos del*
brazo. Sale LEONARDO.)

NOVIO.   En ninguna boda se vió tanta gente.
500 NOVIA (*sombría*).[1] En ninguna.
PADRE.   Fue lucida.[2]
MADRE.   Ramas enteras de familias han venido.
NOVIO.   Gente que no salía de su casa.
MADRE.   Tu padre sembró mucho y ahora lo recoges tú.
505 NOVIO.   Hubo primos míos que yo ya no conocía.
MADRE.   Toda la gente de la costa.
NOVIO (*alegre*).   Se espantaban[3] de los caballos. (*Hablan.*)
MADRE (*a la* NOVIA).   ¿Qué piensas?
NOVIA.   No pienso en nada.
510 MADRE.   Las bendiciones pesan mucho. (*Se oyen guitarras.*)
NOVIA.   Como plomo.[4]
MADRE (*fuerte*).   Pero no han de pesar. Ligera como paloma debes ser.
NOVIA.   ¿Se queda usted aquí esta noche?
MADRE.   No. Mi casa está sola.
515 NOVIA.   ¡Debía usted quedarse!
PADRE (*a la* MADRE).   Mira el baile que tienen formado. Bailes de allá

---

[1] **sombría** taciturn, sullen
[2] **lucida** splendid

[3] **espantaban** became surprised
[4] **plomo** lead

del mar. (*Sale* LEONARDO *y se sienta. Su mujer detrás de él, en actitud rígida.*)

MADRE.   Son los primos de mi marido. Duros como piedras para la danza.   520

PADRE.   Me alegra el verlos. ¡Qué cambio para esta casa! (*Se va.*)

NOVIO (*a la* NOVIA).   ¿Te gustó el azahar?

NOVIA (*mirándole fija*).   Sí.

NOVIO.   Es todo de cera.[5] Dura siempre. Me hubiera gustado que llevaras en todo el vestido.   525

NOVIA.   No hace falta. (*mutis* LEONARDO *por la derecha.*)

MUCHACHA 1ª.   Vamos a quitarle los alfileres.[6]

NOVIA (*al* NOVIO).   Ahora vuelvo.

MUJER.   ¡Que seas feliz con mi prima!

NOVIO.   Tengo seguridad.   530

MUJER.   Aquí los dos; sin salir nunca y a levantar la casa. ¡Ojalá yo viviera también así de lejos!

NOVIO.   ¿Por qué no compráis tierras? El monte es barato y los hijos se crían mejor.

MUJER.   No tenemos el dinero. ¡Y con el camino que llevamos!   535

NOVIO.   Tu marido es un buen trabajador.

MUJER.   Sí, pero le gusta volar demasiado. Ir de una cosa a otra. No es hombre tranquilo.

CRIADA.   ¿No tomáis nada? Te voy a envolver unos roscos[7] de vino para tu madre, que a ella le gustan mucho.   540

NOVIO.   Ponle tres docenas.

MUJER.   No, no. Con media tiene bastante.

NOVIO.   Un día es un día.

MUJER (*a la* CRIADA).   ¿Y Leonardo?

CRIADA.   No lo vi.   545

NOVIO.   Debe estar con la gente.

MUJER.   ¡Voy a ver! (*Se va.*)

CRIADA.   Aquello está hermoso.

NOVIO.   ¿Y tú no bailas?

CRIADA.   No hay quien me saque.   550

(*Pasan al fondo dos* MUCHACHAS; *durante todo este acto el fondo será un animado cruce de figuras.*)

NOVIO (*alegre*).   Eso se llama no entender. Las viejas frescas como tú bailan mejor que las jóvenes.

CRIADA.   Pero ¿vas a echarme requiebros,[8] niño? ¡Qué familia la tuya!   555 ¡Machos entre los machos! Siendo niña vi la boda de tu abuelo. ¡Qué figura! Parecía como si se casara un monte.

[5] **cera** wax
[6] **alfileres** pins
[7] **roscos** ring shaped rolls (these are made with wine)
[8] **requiebros** compliments

NOVIO.   Yo tengo menos estatura.

CRIADA.   Pero el mismo brillo en los ojos. ¿Y la niña?

560 NOVIO.   Quitándose la toca.[9]

CRIADA.   ¡Ah! Mira. Para la medianoche, como no dormiréis, os he preparado jamón y unas copas grandes de vino antiguo. En la parte baja de la alacena.[10] Por si lo necesitáis.

NOVIO (*sonriente*).   No como a medianoche.

565 CRIADA (*con malicia*).   Si tú no, la novia. (*Se va.*)

MOZO 1°. (*entrando*).   ¡Tienes que beber con nosotros!

NOVIO.   Estoy esperando a la novia.

MOZO 2°.   ¡Ya la tendrás en la madrugada!

MOZO 1°.   ¡Que es cuando más gusta!

570 MOZO 2°.   Un momento.

NOVIO.   Vamos.

(*Salen. Se oye gran algazara.[11] Sale la* NOVIA. *Por el lado opuesto salen dos* MUCHACHAS *corriendo a encontrarla.*)

MUCHACHA 1ª.   ¿A quién diste el primer alfiler, a mí o a ésta?

575 NOVIA.   No me acuerdo.

MUCHACHA 1ª.   A mí me lo diste aquí.

MUCHACHA 2ª.   A mí delante del altar.

NOVIA (*inquieta y con una gran lucha interior*).   No sé nada.

MUCHACHA 1ª.   Es que yo quisiera que tú…

580 NOVIA (*interrumpiendo*).   Ni me importa. Tengo mucho que pensar.

MUCHACHA 2ª.   Perdona.

(LEONARDO *cruza el fondo.*)

NOVIA (*ve a* LEONARDO).   Y estos momentos son agitados.

MUCHACHA 1ª.   ¡Nosotras no sabemos nada!

585 NOVIA.   Ya lo sabréis cuando os llegue la hora. Estos pasos son pasos que cuestan mucho.

MUCHACHA 1ª.   ¿Te ha disgustado?

NOVIA.   No. Perdonad vosotras.

MUCHACHA 2ª.   ¿De qué? Pero los dos alfileres sirven para casarse,
590   ¿verdad?

NOVIA.   Los dos.

MUCHACHA 1ª.   Ahora, que una se casa antes que otra.

NOVIA.   ¿Tantas ganas tenéis?

MUCHACHA 2ª (*vergonzosa*).[12]   Sí.

595 NOVIA.   ¿Para qué?

MUCHACHA 1ª.   Pues… (*abrazando a la segunda*).

  (*Echan a correr las dos. Llega el* NOVIO *y, muy despacio abraza a la* NOVIA *por detrás.*)

NOVIA (*con gran sobresalto*).   ¡Quita!

---

[9] **toca** head-dress
[10] **alacena** cupboard

[11] **algazara** clamor
[12] **vergonzosa** shy, bashful

NOVIO.   ¿Te asustas de mí?   600
NOVIA.   ¡Ay! ¿Eras tú?
NOVIO.   ¿Quién iba a ser? (*Pausa.*) Tu padre o yo.
NOVIA.   ¡Es verdad!
NOVIO.   Ahora que tu padre te hubiera abrazado más blando.
NOVIA (*sombría*).   ¡Claro!   605
NOVIO.   Porque es viejo. (*La abraza fuertemente de un modo un poco brusco.*)
NOVIA (*seca*).   ¡Déjame!
NOVIA.   Pues... la gente. Pueden vernos.
   (*Vuelve a cruzar el fondo la* CRIADA, *que no mira a los novios.*)
NOVIO.   ¿Y qué? Ya es sagrado.   610
NOVIA.   Sí, pero déjame... Luego.
NOVIO.   ¿Qué tienes? ¡Estás como asustada!¹³
NOVIA.   No tengo nada. No te vayas. (*Sale la mujer de* LEONARDO.)
MUJER.   No quiero interrumpir.
NOVIO.   Dime.   615
MUJER.   ¿Pasó por aquí mi marido?
NOVIO.   No.
MUJER.   Es que no le encuentro y el caballo no está tampoco en el
   establo.
NOVIO (*alegre*).   Debe estar dándole una carrera.   620
(*Se va la* MUJER, *inquieta. Sale la* CRIADA.)
CRIADA.   ¿No andáis satisfechos de tanto saludo?
NOVIO.   Ya estoy deseando que esto acabe. La novia está un poco
   cansada.
CRIADA.   ¿Qué es eso, niña?   625
NOVIA.   ¡Tengo como un golpe en las sienes!
CRIADA.   Una novia de estos montes debe ser fuerte. (*al* NOVIO) Tú
   eres el único que la puede curar, porque tuya es. (*Sale corriendo.*)
NOVIO (*abrazándola*).   Vamos un rato al baile. (*La besa.*)
NOVIA (*angustiada*).   No. Quisiera echarme en la cama un poco.   630
NOVIO.   Yo te haré compañía.
NOVIA.   ¡Nunca! ¿Con toda la gente aquí? ¿Qué dirán? Déjame sosegar¹⁴
   un momento.
NOVIO.   ¡Lo que quieras! ¡Pero no estés así por la noche!
NOVIA (*en la puerta*).   A la noche estaré mejor.   635
NOVIO.   ¡Que es lo que yo quiero!
   (*Aparece la* MADRE.)
MADRE.   Hijo.
NOVIO.   ¿Dónde anda usted?
MADRE.   En todo ese ruido. ¿Estás contento?   640
NOVIO.   Sí.
MADRE.   ¿Y tu mujer?

---

¹³ **asustada**   frightened   ¹⁴ **sosegar**   to be quiet

Novio. Descansa un poco. ¡Mal día para las novias!

Madre. ¿Mal día? El único bueno. Para mí fué como una herencia.

645 (*Entra la* Criada *y se dirige al cuarto de la* Novia.) Es la roturación[15] de las tierras, la plantación de árboles nuevos.

Novio. ¿Usted se va a ir?

Madre. Sí. Yo tengo que estar en mi casa.

Novio. Sola.

650 Madre. Sola, no. Que tengo la cabeza llena de cosas y de hombres y de luchas.

Novio. Pero luchas que ya no son luchas.

(*Sale la* Criada *rápidamente; desaparece corriendo por el fondo.*)

Madre. Mientras una vive, lucha.

655 Novio. ¡Siempre la obedezco!

Madre. Con tu mujer procura estar cariñoso, y si la notas infatuada[16] o arisca,[17] hazle una caricia que le produzca un poco de daño, un abrazo fuerte, un mordisco[18] y luego un beso suave. Que ella no pueda disgustarse, pero que sienta que tú eres el macho, el amo, el

660 que manda. Así aprendí de tu padre. Y como no lo tienes, tengo que ser yo la que te enseñe estas fortalezas.

Novio. Yo siempre haré lo que usted mande.

Padre (*entrando*). ¿Y mi hija?

Novio. Está dentro.

665 Muchacha 1ª. ¡Vengan los novios, que vamos a bailar la rueda!

Mozo 1° (*al* Novio). Tú la vas a dirigir.

Padre (*saliendo*). ¡Aquí no está!

Novio. ¿No?

Padre. Debe haber subido a la baranda.[19]

670 Novio. ¡Voy a ver! (*Entra.*)

(*Se oye algazara y guitarras.*)

Muchacha 1ª. ¡Ya ha empezado! (*Sale.*)

Novio (*saliendo*). No está.

Madre (*inquieta*). ¿No?

675 Padre. ¿Y adónde puede haber ido?

Criada (*entrando*). Y la niña, ¿dónde está?

Madre (*seria*). No lo sabemos.

(*Sale el* Novio. *Entran tres* Invitadas.)

Padre (*dramático*). Pero ¿no está en el baile?

680 Criada. En el baile no está.

Padre (*con arranque*).[20] Hay mucha gente. ¡Mirad!

Criada. ¡Ya he mirado!

---

[15] **roturación** breaking new ground
[16] **infatuada** infatuated, stupid
[17] **arisca** cross
[18] **mordisco** bite
[19] **baranda** railing
[20] **arranque** anger, ire

PADRE (*trágico*).   ¿Pues dónde está?

NOVIO (*entrando*).   Nada. En ningún sitio.

MADRE (*al* PADRE).   ¿Qué es esto? ¿Dónde está tu hija?   685

(*Entra la mujer de* LEONARDO)

MUJER.   ¡Han huído! ¡Han huído! Ella y LEONARDO. En el caballo. Van
abrazados, como una exhalación.

PADRE.   ¡No es verdad! ¡Mi hija, no!

MADRE.   ¡Tu hija, sí! Planta de mala madre, y él, él también, él. Pero   690
¡ya es la mujer de mi hijo!

NOVIO (*entrando*).   ¡Vamos detrás! ¿Quién tiene un caballo?

MADRE.   ¿Quién tiene un caballo ahora mismo, quién tiene un caballo?
Que le daré todo lo que tengo, mis ojos y hasta mi lengua…

VOZ.   Aquí hay uno.   695

MADRE (*al* HIJO).   ¡Anda! ¡Detrás! (*Salen con dos mozos.*) No. No vayas.
Esa gente mata pronto y bien…; pero ¡sí, corre, y yo detrás!

PADRE.   No será ella. Quizá se haya tirado al aljibe.[21]

MADRE.   Al agua se tiran las honradas, las limpias; ¡ésa, no! Pero ya es
mujer de mi hijo. Dos bandos. Aquí hay ya dos bandos. (*Entran todos.*)   700
Mi familia y la tuya. Salid todos de aquí. Limpiarse el polvo de los
zapatos. Vamos a ayudar a mi hijo. (*La gente se separa en dos grupos.*)
Porque tiene gente; que son sus primos del mar y todos los que llegan
de tierra adentro. ¡Fuera de aquí! Por todos los caminos. Ha llegado
otra vez la hora de la sangre. Dos bandos. Tú con el tuyo y yo con el   705
mío. ¡Atrás! ¡Atrás!

ACTO TERCERO
CUADRO PRIMERO

PRINCIPIO DEL CUADRO PRIMERO   RESUMEN

En el bosque los leñadores comentan que todos buscan a LEONARDO *y la* NOVIA.
Exclaman que su sino es «buscarse, perderse y ser castigados». Aparece la LUNA,
un leñador joven, símbolo de la pasión y del deseo de vivir. La MENDIGA,
símbolo de la muerte, enseña al NOVIO *el camino de* LEONARDO *y la* NOVIA.   710

LEONARDO.   ¡Calla!

NOVIA.   Desde aquí yo me iré sola.
        ¡Vete! ¡Quiero que te vuelvas!

LEONARDO.   ¡Calla, digo!

NOVIA.

Con los dientes, con las manos, como puedas,   715
quita de mi cuello honrado
el metal de esta cadena,
dejándome arrinconada[1]
allá en mi casa de tierra.

---

[21] **aljibe**   cistern, reservoir   [1] **arrinconada**   out of the way, for-
                                                   gotten

720 Y si no quieres matarme
como a víbora pequeña
pon en mis manos de novia
el cañón de la escopeta.[2]
¡Ay, qué lamento, qué fuego
725 me sube por la cabeza!
¡Qué vidrios[3] se me clavan[4] en la lengua.
LEONARDO.
Ya dimos el paso; ¡calla!
porque nos persiguen cerca
730 y te he de llevar conmigo.
NOVIA.
¡Pero ha de ser a la fuerza!
LEONARDO.
¿A la fuerza? ¿Quién bajó
735 primero las escaleras?
NOVIA.
Yo las bajé.
LEONARDO.
¿Quién le puso al caballo bridas[5] nuevas?
740 NOVIA.
Yo misma. Verdad.
LEONARDO.
¿Y qué manos me calzaron[6] las espuelas?[7]
NOVIA.
745 Estas manos que son tuyas,
pero al verte quisieran
quebrar las ramas azules
y el murmullo de tus venas.
¡Te quiero! ¡Te quiero! ¡Aparta!
750 Que si matarte pudiera,
te pondría una mortaja[8]
con los filos[9] de violetas.
¡Ay, qué lamento, qué fuego
me sube por la cabeza!
755 LEONARDO.
¡Qué vidrios se me clavan en la lengua!
Porque yo quise olvidar
y puse un muro de piedra
entre tu casa y la mía.

[2] **escopeta** gun
[3] **vidrios** glass
[4] **clavan** nail; stick
[5] **bridas** bridle-reins
[6] **calzaron** put on
[7] **espuelas** spurs
[8] **mortaja** shroud
[9] **filos** cutting edges

Es verdad. ¿No lo recuerdas? 760
Y cuando te vi de lejos
me eché en los ojos arena.
Pero montaba a caballo
y el caballo iba a tu puerta.
Con alfileres de plata 765
mi sangre se puso negra,
y el sueño me fué llenando
las carnes de mala hierba.
Que yo no tengo la culpa,
que la culpa es de la tierra 770
y de ese olor que te sale
de los pechos[10] y las trenzas.[11]
NOVIA.
¡Ay qué sinrazón! No quiero
contigo cama ni cena, 775
y no hay minuto del día
que estar contigo no quiera,
porque me arrastras y voy,
y me dices que me vuelva
y te sigo por el aire 780
como una brizna[12] de hierba.
He dejado a un hombre duro
y a toda su descendencia
en la mitad de la boda
y con la corona puesta. 785
Para ti será el castigo
y no quiero que lo sea.
¡Déjame sola! ¡Huye tú!
No hay nadie que te defienda.
LEONARDO. 790
Pájaros de la mañana
por los árboles se quiebran.[13]
La noche se está muriendo
en el filo de la piedra.
Vamos al rincón oscuro, 795
donde yo siempre te quiera,
que no me importa la gente,
ni el veneno que nos echa.
(*La abraza fuertemente.*)
NOVIA. 800
Y yo dormiré a tus pies

---

[10] **pechos**   breasts
[11] **trenzas**   plaits, braids
[12] **brizna**   string; fragment
[13] **se quiebran**   break

para guardar lo que sueñas.
Desnuda, mirando al campo.
(*Dramática.*)
805 como si fuera una perra,
¡porque eso soy! Que te miro
y tu hermosura me quema.
LEONARDO.
Se abrasa lumbre[14] con lumbre.
810 La misma llama pequeña
mata dos espigas juntas.
¡Vamos!
(*La arrastra.*)
NOVIA.
815 ¿Adónde me llevas?
LEONARDO.
A donde no puedan ir
estos hombres que nos cercan
¡Donde yo pueda mirarte!
820 NOVIA (*sarcástica*).
Llévame de feria en feria,
dolor de mujer honrada,
a que las gentes me vean
con las sábanas de boda
825 al aire como banderas.
LEONARDO.
También yo quiero dejarte
si pienso como se piensa.
Pero voy donde tú vas.
830 Tú también. Da un paso. Prueba.
Clavos de luna nos funden
mi cintura y tus caderas.[15]

(*Toda esta escena es violenta, llena de gran sensualidad.*)

NOVIA.
835 ¿Oyes?
LEONARDO.
Viene gente.
NOVIA.
¡Huye!
840 Es justo que yo aquí muera
con los pies dentro del agua
espinas en la cabeza.
Y que me lloren las hojas,

---

[14] **lumbre**   fire   [15] **caderas**   hips

SPANISH (1-1:50) TINGER G13

ENG. (2-3:15) STV. 301B

mujer perdida y doncella.

LEONARDO.   845
Cállate. Ya suben.

NOVIA.
¡Vete!

LEONARDO.
Silencio. Que no nos sientan.   850
Tú delante. ¡Vamos, digo!

(*Vacila la* NOVIA.)

NOVIA.
¡Los dos juntos!

LEONARDO (*abrazándola*).   855
¡Como quieras!
Si nos separan, será
porque esté muerto.

NOVIA.
Y yo muerta.   860

(*Salen abrazados. Aparece la* LUNA *muy despacio. La escena adquiere una fuerte luz azul. Se oyen dos violines. Bruscamente se oyen dos largos gritos desgarrados,*[16] *y se corta la música de los violines. Al segundo grito aparece la* MENDIGA *y queda de espaldas. Abre el manto y queda en el centro, como un gran pájaro de alas inmensas. La* LUNA *se detiene. El telón baja en medio de* 865 *un silencio absoluto.*)

ACTO TERCERO
CUADRO ÚLTIMO

PRINCIPIO DEL CUADRO ÚLTIMO   RESUMEN

Dos muchachas tratan de averiguar sobre la boda. Aparecen la MUJER *y la* SUEGRA *y ésta le manda a la* MUJER *que «vuelva a casa valiente y sola a envejecer y a llorar». La* MENDIGA *les describe a las muchachas la muerte de* LEONARDO *y del* NOVIO.   870

(*...Aparece la* MADRE *con una* VECINA. *La* VECINA *viene llorando.*)

MADRE.   Calla.

VECINA.   No puedo.

MADRE.   Calla, he dicho. (*En la puerta.*) ¿No hay nadie aquí? (*Se lleva las manos a la frente.*) Debía contestarme mi hijo. Pero mi hijo es ya un   875
brazado[1] de flores secas. Mi hijo es ya una voz oscura detrás de los montes. (*Con rabia, a la* VECINA.) ¿Te quieres callar? No quiero llantos en esta casa. Vuestras lágrimas son lágrimas de los ojos nada más, y

---

[16] **desgarrados** torn   [1] **brazado** armful

880 las mías vendrán cuando yo esté sola, de las plantas de los pies, de mis raíces, y serán más ardientes que la sangre.

VECINA.   Vente a mi casa; no te quedes aquí.

MADRE.   Aquí. Aquí quiero estar. Y tranquila. Ya todos están muertos. A medianoche dormiré, dormiré sin que ya me aterren[2] la escopeta o el cuchillo. Otras madres se asomarán[3] a las ventanas, azotadas por
885 la lluvia, para ver el rostro de sus hijos. Yo, no. Yo haré con mi sueño una fría paloma de marfil que lleve camelias de escarcha[4] sobre el camposanto.[5] Pero no: camposanto no, camposanto no; lecho de tierra, cama que los cobija[6] y que los mece por el cielo. (*Entra una* MUJER *de negro que se dirige a la derecha y allí se arrodilla. A la* VECINA.) Quítate
890 las manos de la cara. Hemos de pasar días terribles. No quiero ver a nadie. La tierra y yo. Mi llanto y yo. Y estas cuatro paredes. ¡Ay! ¡Ay! (*Se sienta transida.*)

VECINA.   Ten caridad de ti misma.

MADRE (*echándose el pelo hacia atrás*).   He de estar serena. (*Se sienta.*)
895 Porque vendrán las vecinas y no quiero que me vean tan pobre. ¡Tan pobre! Una mujer que no tiene un hijo siquiera que poderse llevar a los labios.

VECINA (*viendo a la* NOVIA, *con rabia*).   ¿Dónde vas?

NOVIA.   Aquí vengo.

900 MADRE (*a la* VECINA).   ¿Quién es?

VECINA.   ¿No la reconoces?

MADRE.   Por eso pregunto quién es. Porque tengo que reconocerla, para no clavarla mis dientes en el cuello. ¡Víbora! (*Se dirige hacia la* NOVIA *con ademán[7] fulminante; se detiene. A la* VECINA.) ¿La ves? Está
905 ahí, y está llorando, y yo quieta, sin arrancarle los ojos. No me entiendo. ¿Será que yo no quería a mi hijo? Pero ¿y su honra? ¿Dónde está su honra? (*Golpea a la* NOVIA. *Ésta cae al suelo.*)

VECINA.   ¡Por Dios! (*Trata de separarlas.*)

NOVIA (*a la* VECINA).   Déjala; he venido para que me mate y que me
910 lleven con ellos. (*A la* MADRE.) Pero no con las manos; con garfios de alambre,[8] con una hoz,[9] y con fuerza, hasta que se rompa en mis huesos. ¡Déjala! Que quiero que sepa que yo soy limpia, que estaré loca, pero que me pueden enterrar sin que ningún hombre se haya mirado en la blancura de mis pechos.

915 MADRE.   Calla, calla; ¿qué me importa eso a mí?

NOVIA.   ¡Porque yo me fuí con el otro, me fuí! (*con angustia*) Tú también te hubieras ido. Yo era una mujer quemada, llena de llagas por dentro

[2] **aterren** terrify
[3] **se asomarán** will appear
[4] **escarcha** frost
[5] **camposanto** cemetery
[6] **cobija** covers, shelters
[7] **ademán** gesture
[8] **garfios de alambre** wire hooks
[9] **hoz** sickle

y por fuera, y tu hijo era un poquito de agua de la que yo esperaba
hijos, tierra, salud; pero el otro era un río oscuro, lleno de ramas, que
acercaba a mí el rumor de sus juncos y su cantar entre dientes. Y yo 920
corría con tu hijo que era como un niñito de agua, frío, y el otro me
mandaba cientos de pájaros que me impedían el andar y que dejaban
escarcha sobre mis heridas de pobre mujer marchita, de muchacha
acariciada por el fuego. Yo no quería, ¡óyelo bien!; yo no quería, ¡óyelo
bien!, yo no quería. ¡Tu hijo era mi fin y yo no lo he engañado, pero 925
el brazo del otro me arrastró como un golpe de mar, como la cabezada
de un mulo, y me hubiera arrastrado siempre, siempre, siempre, aunque
hubiera sido vieja y todos los hijos de tu hijo me hubiesen agarrado[10]
de los cabellos!

(*Entra una* VECINA.) 930

MADRE.   Ella no tiene la culpa, ¡ni yo! (*sarcástica*) ¿Quién la tiene, pues?
¡Floja, delicada, mujer de mal dormir es quien tira una corona de
azahar para buscar un pedazo de cama calentado por otra mujer!

NOVIA.   ¡Calla, calla! Véngate de mí; aquí estoy! Mira que mi cuello es
blando; te costará menos trabajo que segar[11] una dalia de tu huerto. 935
Pero ¡eso no! Honrada, honrada como una niña recién nacida. Y fuerte
para demostrártelo. Enciendo la lumbre. Vamos a meter las manos;
tú, por tu hijo; yo, por mi cuerpo. Las retirarás antes tú.

(*Entra otra* VECINA.)

MADRE.   Pero, ¿qué me importa a mí tu honradez? ¿Qué me importa 940
tu muerte? ¿Qué me importa a mí nada de nada? Benditos sean los
trigos, porque mis hijos están debajo de ellos; bendita sea la lluvia,
porque moja la cara de los muertos. Bendito sea Dios, que nos tiende
juntos para descansar.

(*Entra otra* VECINA.) 945

NOVIA.   Déjame llorar contigo.

MADRE.   Llora. Pero en la puerta.

(*Entra la* NIÑA. *La* NOVIA *queda en la puerta. La* MADRE, *en el centro de la
escena.*)

MUJER (*entrando y dirigiéndose a la izquierda*). 950
Era hermoso jinete,
y ahora montón de nieve.
Corría ferias y montes
y brazos de mujeres.
Ahora, musgo[12] de noche 955
le corona la frente.

MADRE.
Girasol[13] de tu madre,
espejo de la tierra.

[10] **agarrado** seized
[11] **segar** cut off
[12] **musgo** moss
[13] **girasol** sunflower

960 Que te pongan al pecho
cruz de amargas adelfas:[14]
sábana que te cubra
de reluciente seda;
y el agua forme un llanto
965 entre tus manos quietas.
MUJER.
¡Ay, qué cuatro muchachos
llegan con hombros cansados!
NOVIA.
970 ¡Ay, qué cuatro galanes
traen a la muerte por el aire!
MADRE.
Vecinas.
NIÑA (*en la puerta*).
975 Ya los traen.
MADRE.
Es lo mismo.
La cruz, la cruz.
MUJERES.
980 Dulces clavos.
dulce cruz,
dulce nombre
de Jesús.
NOVIA.
985 Que la cruz ampare[15] a muertos y vivos.
MADRE.
Vecinas: con un cuchillo,
con un cuchillito,
en un día señalado, entre las dos y las tres,
990 se mataron los dos hombres del amor.
Con un cuchillo,
con un cuchillito
que apenas cabe en la mano,
pero que penetra fino
995 por las carnes asombradas
y que se para en el sitio
donde tiembla enmarañada[16]
la oscura raíz del grito.
NOVIA.
1000 Y esto es un cuchillo,
un cuchillito
que apenas cabe en la mano;

---

[14] **adelfas** rosebay, oleander

[15] **ampare** help

[16] **enmarañada** entangled

pez sin escamas[17] ni río,
para que un día señalado, entre las dos y las tres,
con este cuchillo 1005
se queden dos hombres duros
con los labios amarillos.
MADRE.
Y apenas cabe en la mano,
pero que penetra frío 1010
por las carnes asombradas
y allí se para, en el sitio
donde tiembla enmarañada
la oscura raíz del grito.

(*Las* VECINAS, *arrodilladas en el suelo, lloran.*) 1015

TELÓN.[18]

Fin de *Bodas de sangre*

PREGUNTAS

Comprensión

Acto primero—Cuadro primero

1. ¿Qué le pide el Novio a la Madre? ¿Por qué ella no quiere dársela?
2. ¿Quiénes han muerto? ¿Por qué siente desesperación la Madre?
3. ¿Por qué le gustaría a la Madre que su hijo fuera una mujer?
4. ¿Por qué siente la Madre como si «le dieran una pedrada en la frente» cuando nombra el Novio a la Novia?
5. ¿Qué quiere la Madre cuando su hijo se case?

Acto primero—Cuadro segundo

1. ¿Qué canción le cantan la Mujer y la Suegra al niño? ¿Qué ocurrió con el caballo grande? ¿Cómo tenía las patas y las crines?
2. ¿A dónde había ido Leonardo? ¿Qué le dijeron las vecinas a la Mujer?
3. ¿Cómo nota la Suegra que está el caballo de Leonardo?
4. ¿Cuándo será la boda de la prima de la Mujer? ¿Cómo reacciona Leonardo con esta noticia?
5. ¿Por qué llora la Mujer?
6. ¿Qué noticias trae la Muchacha?
7. ¿Cómo reacciona Leonardo cuando la Mujer le dice: «¿Qué idea te bulle por dentro de la cabeza? No me dejes así, sin saber nada…»?
8. ¿Cómo le cantan la Mujer y la Suegra al niño después de que Leonardo sale?

Acto segundo—Cuadro primero

1. ¿Cuándo y dónde ocurre este cuadro? ¿Cómo está vestida la Novia?
2. ¿Qué es una boda según la Criada? ¿Cómo reacciona la Novia a esto?

---

[17] **escamas**   scales   [18] **telón**   curtain

3. ¿Qué convidado llega muy temprano? ¿Con quién habla primero?
4. ¿Cómo está vestida la Novia cuando aparece? ¿Cómo reacciona la Criada y por qué?
5. ¿Por qué habla Leonardo del azahar? ¿Quién debe dárselo a la Novia?
6. ¿Qué es la «espina» para Leonardo?
7. ¿En qué ha pensado Leonardo después de su casamiento?
8. Según la Novia, ¿por qué se casa?
9. Según Leonardo, ¿cuál es «el castigo más grande que se pueden echar encima»?
10. ¿Cómo reacciona la Criada durante la conversación entre Leonardo y la Novia?

Acto segundo—Cuadro segundo

1. ¿Cómo está el Novio después de la boda? ¿Y cómo está la Novia?
2. Según la Novia, ¿cómo «pesan las bendiciones»? Explique.
3. ¿Cómo describe la Mujer a su marido?
4. ¿Qué les ha preparado la Criada a los novios? ¿Por qué?
5. ¿Por qué quieren los alfileres las Muchachas? ¿Cómo reacciona la Novia?
6. ¿Cómo reacciona la Novia a las caricias del Novio?
7. ¿Por qué los interrumpe la Mujer?
8. ¿Cómo se siente la Novia? ¿Qué quiere hacer?
9. La Madre dice que el día de la boda «es la roturación de las tierras, la plantación de árboles nuevos». ¿Qué significa esto?
10. ¿Qué consejo le da la Madre al Novio?
11. ¿Quiénes han huido? ¿Cómo reaccionan los demás?
12. Según la Madre, ¿qué hora ha llegado?

Acto tercero—Cuadro primero

1. ¿Por qué le dice la Novia a Leonardo: «pon en mis manos de novia/el cañón de la escopeta»?
2. ¿Quién le puso al caballo bridas nuevas? ¿Quién bajó primero las escaleras? ¿Por qué?
3. Según Leonardo, ¿quién tiene la culpa?
4. ¿Qué quiere decir la Novia al expresar: «No quiero/contigo cama ni cena,/y no hay minuto del día/que estar contigo no quiera»?
5. ¿Cuáles son las últimas palabras que se dicen Leonardo y la Novia? ¿Qué se oye después?

Acto tercero—Cuadro último

1. ¿Por qué quiere estar sola la Madre?
2. ¿Por qué dice la Novia que viene honrada? ¿Cómo reacciona la Madre?
3. ¿Cómo describe la Novia al Novio y a Leonardo? ¿Qué reacción tiene la Madre?
4. ¿Qué le pide la Novia a la Madre?
5. ¿Cómo se sienten la Mujer, la Madre, la Novia y las Vecinas al final?
6. ¿Qué palabras repiten la Madre y la Novia? ¿Por qué?
7. ¿Cómo nos recuerdan estas palabras el principio de *Bodas de sangre*?

Análisis

1. ¿Qué temas aparecen en *Bodas de sangre*?
2. ¿Por qué huyen juntos Leonardo y la Novia? Basándose en lo que ellos se dicen en su última escena, explique la pasión y tensión de ambos.
3. ¿Qué papel desempeña la Madre en *Bodas de sangre*? ¿Cómo reacciona frente a la boda de su hijo? ¿A la muerte de su esposo y su hijo? ¿A la huida de la Novia y Leonardo? ¿A la muerte del Novio? ¿Qué conflictos tiene la Madre? ¿Cómo los resuelve ella?
4. ¿Cómo es el Novio? ¿Qué función tiene él? ¿Es víctima? ¿Es responsable de su propia muerte y de la de Leonardo?
5. ¿De qué tratan las canciones? ¿Qué función tienen éstas?
6. ¿Qué significa el título, *Bodas de sangre*? ¿Cómo se relaciona con los temas centrales?
7. ¿Por qué insiste la Novia en su honradez al final de la obra? ¿Qué concepto de la honra tiene ella? ¿Qué diferencia hay entre este concepto suyo y el de la Madre?
8. ¿Cómo es la Mujer? ¿Qué función tiene ella en la obra? ¿Cómo se parece su destino al de la Madre?
9. Hay varios símbolos que se relacionan con los temas principales. Busque ejemplos de estos símbolos y explique su significado:
   a. la navaja
   b. el caballo
   c. la sangre
   d. el azahar
10. Una tragedia es un drama en que hay un conflicto entre los protagonistas y una fuerza superior, y en que hay una conclusión desastrosa. ¿Por qué es *Bodas de sangre* una tragedia? ¿Qué momentos de conflicto se presentan para los personajes? ¿Qué deciden hacer en cada situación? ¿Se podría haber evitado el sufrimiento y la muerte al final?

VOCABULARIO

Sustantivos

el arroyo   small river, stream.
   «¿Cuánto hay de aquí a la iglesia? Cinco leguas por el *arroyo*, que por el camino hay el doble».
el azahar   lemon or orange flower.
   La Novia tira el *azahar*.
el caballo   horse.
   «Duérmete, clavel, que el *caballo* no quiere beber».
el castigo   punishment.
   «Callar y quemarse es el *castigo* más grande que nos podemos echar encima».
el clavel   carnation.
   «Primero, tu padre, que me olía a *clavel* y lo disfruté tres años escasos».
el convidado   guest.
   «¡Abre! Deben ser los primeros *convidados*».
la corona   crown.
   «La Novia llevará una *corona* grande, ¿no?»

la culpa blame, guilt.

«Después de mi casamiento he pensado noche y día de quién era la *culpa*...»

el leñador woodsman.

La luna aparece en forma de un *leñador* joven.

las medias stockings.

«Le compras unas *medias* caladas, y para ti dos trajes».

la mendiga beggar woman.

La *Mendiga* enseña al Novio el camino de Leonardo y la Novia.

el monte the mountain.

«El *monte* es barato y los hijos se crían mejor».

la navaja knife.

«La *navaja*, la *navaja*... Malditas sean todas y el bribón que las inventó».

el nieto grandson; (*plural*) grandchildren.

«Sí, sí; y a ver si me alegras con seis *nietos*,...»

el orgullo pride.

«Pero yo tengo *orgullo*. Por eso me caso».

el pendiente earring.

«Le llevaré los *pendientes* de azófar...»

la rama branch, sprig, twig.

¡Que despierte por el tronco y la *rama* de los laureles!

el rosal rose; rose bush.

«Duérmete, *rosal*, que el caballo se pone a llorar».

la venganza vengeance.

La Madre buscaba *venganza*.

la viña vineyard.

«¿Si yo la llevara conmigo a las *viñas*?»

Verbos

abrazar to embrace.

«¡Dichosa tú que vas a *abrazar* a un hombre, que lo vas a besar, que vas a sentir su peso!»

besar to kiss.

«Se dirige a *besar*lo y reacciona».

bordar to embroider.

«Que yo quiero *bordar* y hacer encaje y estar tranquila».

huir to flee.

«¡Han *huído*! ¡Han *huído*! Ella y Leonardo».

matar to kill.

«Miré a tu padre, y cuando lo *mataron* miré a la pared de enfrente».

Adjetivos

agrio sour, irritated.

Leonardo responde de una manera *agria* a las preguntas de la Suegra.

angustiado miserable, grieved.

La Novia está *angustiada* durante la fiesta después de la boda.

asustado frightened.

«¿Qué tienes? ¡Estás como *asustada*!»

sombrío somber.

La Madre está *sombría* cuando buscan a la Novia.

EJERCICIOS DE VOCABULARIO

Busque en la lista de vocabulario un sinónimo para cada una de las palabras siguientes:

1. escapar de
2. miedoso
3. áspero
4. miserable
5. melancólico
6. el cuchillo

Indique la palabra que por su significado no se relaciona con las otras.

1. el rosal, el clavel, la venganza, el azahar
2. besar, amar, matar, abrazar
3. la viña, el convidado, el leñador, la mendiga
4. el orgullo, los pendientes, la corona

Defina en español:

1. el arroyo
2. bordar
3. la rama

Haga un resumen de lo que ocurre en la escena indicada usando las palabras siguientes:

1. La primera escena entre la Madre y el Novio.
   la viña
   la navaja
   el nieto
   bordar
   los pendientes
   las medias
2. La escena con Leonardo, la Mujer, y la Suegra.
   el clavel
   el rosal
   el arroyo
   el caballo
   agrio
3. La escena con la Novia, Leonardo, y la Criada.
   el azahar
   la corona
   el castigo
   el orgullo
   la culpa
   el convidado
4. La escena de la boda.
   abrazar
   besar
   angustiado
   sombrío
   huir
   la venganza

TEMAS DE CONVERSACIÓN

Conteste las preguntas siguientes en preparación para una discusión en la clase.

1. ¿Qué o quién tiene la culpa por la tragedia en *Bodas de sangre*? ¿Son responsables los personajes de sus acciones? ¿Qué fuerzas controlan a cada uno de los personajes principales? ¿Qué papel tiene el libre albedrío (*free will*) en sus acciones? ¿Está usted de acuerdo con el concepto del ser humano presentado en *Bodas de sangre*? ¿Qué emociones, lógica, y sistema de valores determinan sus acciones?

2. *Bodas de sangre* termina trágicamente. Si usted fuera autor, ¿cómo escribiría la escena de la boda y las escenas que siguen? ¿La Novia decidiría huir con Leonardo? ¿Escaparían o morirían los dos? ¿Cómo sería la última escena? ¿Cómo cambiaría usted los temas del drama? ¿Qué tipo de actor o actriz escogería para cada uno de los personajes? ¿Qué título tendría el drama?

3. García Lorca dice: «El teatro es la poesía que se levanta del libro y se hace humana. Y al hacerse habla y grita, llora y se desespera. El teatro necesita que los personajes que aparezcan en la escena lleven un traje de poesía y al mismo tiempo que se les vea los huesos, la sangre».
   (a) ¿Qué «traje de poesía» llevan Leonardo, la Madre, la Novia, y la Mujer?
   (b) ¿Cómo vemos «los huesos, la sangre» de los personajes?
   (c) ¿Qué relación tienen los personajes con los símbolos siguientes: la navaja, la sangre, el caballo, el azahar?

4. ¿Podría ocurrir esta tragedia en nuestra sociedad? ¿Habría algo diferente? Se parece *Bodas de sangre* a otra tragedia que usted haya visto en el teatro? Por ejemplo, ¿a la historia de Romeo y Julieta?

5. Tanto Matute como García Lorca examinan triángulos de amor. ¿Qué semejanzas y diferencias hay entre la presentación de los triángulos? ¿Son tragedias las dos obras? ¿Qué relación hay entre los temas y la resolución del conflicto en cada obra? ¿Cómo reaccionaría la sociedad norteamericana hacia un triángulo de amor? ¿Cómo reaccionarían un marido, una esposa, y un amante norteamericanos en una situación parecida?

6. Matute y García Lorca presentan conflictos y pasiones del pueblo español. ¿Qué aprendemos de cada pueblo específico? ¿De sus tradiciones y costumbres? ¿Cómo se relacionan con los temas? Por ejemplo, ¿la costumbre de que el novio le trae a la novia el azahar que se tiene que poner en el pelo? ¿O la costumbre de los posaderos de dejar dormir en la posada a los vagabundos?

7. Compare usted a la Novia y a Mariana. ¿Con qué conflictos se enfrentan? ¿Cómo los resuelven? ¿Qué fuerzas las motivan? ¿Qué relación hay entre ellas y los temas de cada obra?

TEMAS DE COMPOSICIÓN

Basándose en sus respuestas y las de la clase a los temas de conversación, escriba sobre uno de los temas siguientes:

1. La presentación del ser humano en *Bodas de sangre*.
2. Un final diferente para *Bodas de sangre* (en forma de diálogo).

3. El personaje que más me impresiona en *Bodas de sangre.*
4. Los personajes en *Bodas de sangre:* humanos y poéticos.
5. El triángulo de amor en *Bodas de sangre* y «La conciencia».
6. El pueblo español en *Bodas de sangre* y «La conciencia».
7. El concepto de la honra según tres personajes: la Novia, la Madre, y Mariana.

V La experiencia inmigrante

Anglo-America, *Orozco. (Courtesy of The Trustees of Dartmouth College, Hanover, New Hampshire).*

9 Rosaura Sánchez

Rosaura Sánchez was born of a humble and poor Mexican family, in San Angelo, Texas, in 1941. While in high school, she enjoyed writing literary essays and thought of becoming a journalist. She began writing short stories, however, while at the University of Texas at Austin. There she received her Ph.D. in Romance Linguistics in 1974.

Sánchez has published numerous articles on Chicano bilingualism in *New Scholar*, *El Grito*, and *Journal of the National Association of Bilingual Educators*. One of these, "Spanish Codes in the Southwest," in *Modern Chicano Writers*, points out that "often a desire for social mobility will lead to language change and language shifts, for survival may call for appropriating the language of the majority in the area." This behavior change can help explain the professor's Americanization in «*Entró y se sentó*».

Many of her short stories have appeared in the *Bilingual Review, Maize, Caracol,* and the *Revista Chicano-Riqueña*. Sánchez has also collaborated with other Chicano women on an anthology of articles dealing with the Chicano woman.

At the present time, Sánchez is an Associate Professor in the Department of Literature and Third World Studies at the University of California, San Diego.

«*Entró y se sentó*» explores the dilemma of the Mexican-American caught between his Chicano and North American selves.

SELECCIÓN AUTOBIOGRÁFICA —————————————————

*Respuestas de Rosaura Sánchez**

C.M. Montross/E.L. Levine.   ¿Cuándo empezó Ud. a escribir?

R. Sánchez.   Realmente siempre me gustó escribir. En la secundaria me gustaba escribir los trabajos de la clase de literatura, ensayos breves. En ese tiempo por influencia de mi hermano quien trabajaba para el
5   periodiquito estudiantil en la secundaria, pensaba que quería ser periodista. Pero no fue sino hasta que estaba en la universidad que por mi propia cuenta comencé a escribir cuadros de la gente de mi barrio.

C.M.M./E.L.L.   ¿Por qué escribe Ud.? ¿Prefiere un género u otro?

R.S.   Escribo porque me gusta escribir pero también porque creo que
10   es mi obligación decir lo que hay que decir. Si nosotros no decimos las cosas en cuanto a nuestra comunidad y a nuestro tiempo histórico, ¿quién lo va a decir? Prefiero escribir prosa. Me gustaría algún día escribir algo más extenso pero por ahora sólo escribo cuentos.

C.M.M./E.L.L.   ¿Hay temas recurrentes en sus cuentos?

15   R.S.   Sí. La mayoría de mis cuentos tienen que ver con la opresión económica y política de la comunidad mexicana/chicana.[1]

C.M.M./E.L.L.   ¿Puede decirnos algo sobre el cuento «Entró y se sentó»? ¿Está basado en una experiencia personal? ¿Cuándo lo escribió y por qué?

20   R.S.   El cuento «Entró y se sentó» está basado en varias experiencias, algunas personales y otras experiencias de amistades o conocidos. El personaje, aunque en ese momento era una parodia de alguien de quien yo sabía, es realmente síntesis de muchas personas, porque casi todos los chicanos que somos académicos o profesionales hoy día
25   venimos de familias humildes y pobres. Y a veces la persona que

———————————
[1] **chicana**   Mexican-American

*Rosaura Sánchez contestó estas preguntas especialmente para esta antología.

alcanza cierto puesto[2] o rango[3] asume una postura individualista y se adapta a la ideología dominante, olvidando lo que dejó atrás y olvidando los problemas de la clase obrera.[4]

C.M.M./E.L.L.   ¿Utiliza Ud. sus cuentos en sus clases?

R.S.   Yo no utilizo mis propios cuentos. Prefiero que otros lo hagan.   30

C.M.M./E.L.L.   ¿Tiene Ud. algún consejo para los escritores jóvenes? ¿Para los escritores chicanos?

R.S.   Para los escritores jóvenes. Hay que leer mucho. Hay que leer no sólo mucha literatura de escritores latinoamericanos, europeos y norteamericanos, sino mucha historia y sociología. Hay que leer los pe-   35 riódicos. Y luego hay que escribir mucho y constantemente.

C.M.M./E.L.L.   ¿Qué papel cree Ud. que tiene el escritor/la escritora en nuestra sociedad? ¿Es diferente este papel para una escritora chicana?

R.S.   El papel del escritor o la escritora es siempre ideológico. El escritor analiza y refleja no sólo su propia perspectiva sino también la de su   40 época. A veces los escritores sencillamente apoyan y refuerzan la ideología dominante pero es posible asumir una actitud crítica y analítica en la literatura para señalar las contradicciones de la sociedad y las fallas[5] del sistema económico y político. La tarea del escritor es por lo tanto la de concientizar[6] al lector, pero sólo podrá hacerlo si el texto   45 está bien escrito y bien logrado, lingüística y estructuralmente.

El papel de una escritora chicana es también ideológico. El escritor, sea hombre o mujer, debe ser un escritor comprometido[7] a la lucha de clases, aquí en Estados Unidos, como en América Latina o en el resto del mundo.   50

PREGUNTAS

Comprensión

1. ¿Sobre qué temas escribía la autora cuando estaba en la universidad?
2. ¿Cuál es la obligación del escritor, según Sánchez?
3. ¿Qué motivo aparece a menudo en sus cuentos?
4. ¿Qué tienen en común muchos académicos chicanos?
5. ¿Qué le ocurre a veces a la persona que ha llegado a cierto puesto en la nueva cultura?
6. ¿Qué consejos da Sánchez a los escritores jóvenes?
7. ¿Cuál es el papel del escritor? ¿Qué tarea tiene el escritor?

---

[2] **puesto** job, position
[3] **rango** rank, status
[4] **clase obrera** working class
[5] **fallas** faults, defects
[6] **concientizar** arouse reader's conscience
[7] **comprometido** involved, dedicated

Entró y se sentó

Entró y se sentó frente al enorme escritorio que le esperaba lleno de papeles y cartas. Estaba furioso. Los estudiantes se habían portado[1] como unos ingratos.

—Bola[2] de infelices, venir a gritarme a mí en mis narices que soy un «Poverty Pimp». Bola de desgraciados. Como si no lo hiciera uno todo por ellos, por la raza, pues.

Llamó a Mary Lou, la secretaria, y le pidió que le trajera café y un pan dulce de canela.

—Y luego tienen el descaro[3] de insultarme porque no me casé con una mejicana. Son bien cerrados,[4] unos racistas de primera. Lo que pasa es que no se dan cuenta que yo acepté este puesto para ayudarlos, para animarlos a que continuaran su educación.

En ese momento sonó el teléfono. Era el Sr. White, el director universitario del departamento de educación. No, no habría más problemas. Él mismo hablaría con el principal Jones para resolver el problema. Era cosa de un mal entendido[5] que pronto se resolvería.

Mary Lou llegó con el café cuando terminó de hablar. Después de un sorbo[6] de café, se puso a hacer el informe de gastos[7] para el mes. Gasolina. Gastos de comida con visitantes importantes. Vuelo[8] a Los Ángeles para la reunión de educadores en pro de la educación bilingüe. Motel.

—Para ellos yo sólo estoy aquí porque el sueldo[9] es bueno. Si bien es verdad que pagan bien ya que las oportunidades son muchas, también es verdad que los dolores de cabeza son diarios. Yo podría haberme dedicado a mi trabajo universitario y no haberme acordado de mi gente.

Se le permitían 22 dólares de gastos diarios y como había estado cinco días podía pedir $110. A eso se agregaban los gastos de taxi. Ahora querían que los apoyara en su huelga[10] estudiantil. Pero eso ya era demasiado. Lo estaban comprometiendo.[11]

—Si supieran esos muchachos lo que he tenido que sudar[12] yo para llegar aquí. Con esa gritería[13] de que hay que cambiar el sistema no llegamos a ninguna parte. No se dan cuenta que lo que hay que hacer es estudiar para que el día de mañana puedan ser útiles a la sociedad.

---

[1] **portado** behaved
[2] **Bola** bunch, noisy group
[3] **descaro** nerve
[4] **cerrados** narrow-minded
[5] **mal entendido** misunderstanding
[6] **sorbo** sip
[7] **gastos** expenses
[8] **Vuelo** a flight
[9] **sueldo** salary
[10] **huelga** strike
[11] **comprometiendo** putting (him) in an awkward position
[12] **sudar** sweat
[13] **gritería** shouting

De repente se apagaron[14] las luces. Afuera comenzaba a tronar[15] y la lluvia caía en torrentes. Volteó en su silla rodante y se acercó a la ventana. Primero vio los edificios grises universitarios que se asemejaban[16] a los recintos[17] de una prisión. Se oscureció más hasta que vio la troca[18] perdida en la lluvia.

—Con este aguacero[19] tendremos que parar un rato, hijo. Llegando a la orilla del surco[20] nos metemos debajo de la troca hasta que escampe[21] un poco.

Pesó[22] el algodón[23] pero no vació el costal[24] arriba porque con la lluvia le estaba dando frío.

—Mira hijo, si te vas a la escuela no sé cómo le vamos a hacer. Con lo que ganas de «busboy» y lo que hacemos los sábados pizcando,[25] nos ayudamos bastante. Ya sabes que en mi trabajo no me pagan gran cosa.

Sabía lo que era trabajar duro, de sol a sol, sudando la gorda.[26] Entonces que no me vengan a mí con cuentos, señores. ¿Qué se han creído esos babosos?[27] Después de tanto trabajo, tener que lidiar[28] con estos huevones.[29] Porque lo que pasa es que no quieren ponerse a trabajar, a estudiar como los meros hombres.

—Mire, apá,[30] le mandaré parte de mi préstamo[31] federal cada mes. Verá que no me he de desobligar[32] y ya estando en Austin, buscaré allá otro trabajito para poder ayudarles.

Éramos pocos los que estudiábamos entonces. Éstos que tienen la chiche[33] del gobierno no saben lo que es canela.[34] Sólo sirven para quejarse de que no les den más.

—Yo ya estoy muy viejo, hijo. Cuida a tu mami y a tus hermanos.

Seguía lloviendo y la electricidad no volvía. Afuera relampagueó.[35]

El carro se les había parado en la esquina. El semáforo[36] ya se había puesto verde pero el carro no arrancaba.[37] Su papá salió, levantó el capacete[38] y quitó el filtro. Mientras su papá ponía y quitaba la mano del carburador, él pisaba el acelerador. Atrás los autos pitaban[39] y pitaban. Por la izquierda y la derecha se deslizaban[40] los Cadillacs y los

---

[14] **se apagaron** went out
[15] **tronar** thunder
[16] **se asemejaban** resembled
[17] **recintos** walled enclosures
[18] **troca** truck
[19] **aguacero** downpour
[20] **surco** furrow
[21] **escampe** it stops raining
[22] **Pesó** he weighed
[23] **algodón** cotton
[24] **costal** sack
[25] **pizcando** picking
[26] **la gorda** tremendously
[27] **babosos** slobs

[28] **lidiar** fight
[29] **huevones** lazy bums
[30] **apá** papá
[31] **préstamo** loan
[32] **desobligar** forget my obligation
[33] **la chiche** sponge off
[34] **lo que es canela** what it's like to have it rough
[35] **relampagueó** lightning struck
[36] **semáforo** traffic light
[37] **arrancaba** started
[38] **capacete** hood
[39] **pitaban** honked
[40] **se deslizaban** slid by

65 Oldsmobiles de los rancheros airados[41] con el estorbo[42] en plena calle Chadbourne. Su papá estaba empapado[43] por la lluvia cuando por fin arrancó el carro. Ese día los había maldecido[44] a todos, a todos los gringos[45] de la tierra que los hacían arrastrar[46] los costales de algodón por los surcos mientras los zapatos se les hundían[47] en la tierra arada,[48]
70 a los gringos que les pagaban tan poco que sólo podían comprar aquellas garraletas[49] que nunca arrancaban. Años después se había casado con una gringa. Y ahora, después de tanto afán,[50] querían que se rifara el pellejo.[51] Qu'esque[52] por la causa. Como si fuera tan fácil cambiar el sistema. No señores, que no contaran con él. Volvió la electricidad y se
75 puso a ver la correspondencia.

—Gracias a Dios que tengo mi oficina aquí en la Universidad, en el sexto piso de esta monstruosidad donde no tengo que ver a nadie. No más le digo a la secretaria que diga que no estoy y así puedo dedicarme al papeleo[53] que siempre hay que atender. Estos estudiantes del Cuerpo
80 de Maestros[54] van a tener que sujetarse a las reglas o si no, pa fuera. Tiene uno que ponerse duro, porque si no, se lo lleva la chingada.[55] Alguna vez les contaré mi vida a esta gente… A ver… Bueno mañana no será. Tengo que ir a Washington a la reunión nacional de programas federales de educación para las minorías y luego… a ver… tengo que ir
85 a San Antonio como consultante del programa bilingüe. Vale más llamar a Mary Lou para ver si me consiguió ya el pasaje[56] de avión para ma-ñana. Mary Lou… ah, si mmmhhhmmm, en el Hilton, del 8 al 10 de noviembre. Muy bien. Y ¿qué sabes del vuelo?… ¿Por «Continental» o «American»?…
90 Miró por la ventana y vio a su papá empapado de agua y lleno de grasa.

PREGUNTAS

Comprensión

1. ¿Por qué estaba furioso el profesor con los estudiantes?
2. ¿Por qué habían insultado los estudiantes al profesor? ¿Cómo explica el profesor sus acciones?
3. ¿Por qué había llamado el señor White al profesor?

[41] **airados** angry
[42] **estorbo** nuisance
[43] **empapado** soaked
[44] **maldecido** bad-mouthed
[45] **gringos** derogatory term for a North American
[46] **arrastrar** drag
[47] **hundían** sank
[48] **arada** plowed
[49] **garraletas** jalopies
[50] **afán** hard work
[51] **se rifara el pellejo** gamble his hide
[52] **Qu'esque (es que)** supposedly
[53] **papeleo** paperwork
[54] **Cuerpo de Maestros** Teacher Corps
[55] **se lo lleva la chingada** one can lose, fail
[56] **pasaje** ticket

4. ¿Qué se puso a hacer el profesor? ¿Por qué?
5. Según los estudiantes, ¿por qué estaba el profesor allí? ¿Está de acuerdo el profesor con ellos? ¿Qué querían los estudiantes del profesor?
6. ¿Qué cosa desconocían los estudiantes sobre el profesor? Según el profesor, ¿cuál es la solución al problema de los estudiantes?
7. ¿Cómo describe el profesor los edificios de la universidad?
8. ¿En qué pensó el profesor cuando se apagaron las luces? ¿Cuándo tuvo él esta conversación?
9. ¿Qué trabajos tenía el profesor cuando era joven? ¿Por qué no quería su padre que él fuera a la escuela? ¿Cómo resolvió el profesor este problema?
10. ¿Cómo describe el profesor a los estudiantes? ¿Cómo explica él las acciones de ellos?
11. ¿Cómo había sido el carro de su padre? ¿Qué les había ocurrido un día con el carro? ¿Cómo había reaccionado su padre? ¿Por qué?
12. ¿Qué empezó a hacer el profesor cuando volvió la electricidad? ¿Por qué agradece a Dios el profesor?
13. Según el profesor, ¿qué tendrán que hacer los estudiantes del Cuerpo de Maestros? ¿Qué les contará a ellos un día? ¿Cuándo hará esto?
14. ¿Por qué tiene que ir el profesor a Washington y a San Antonio?

Análisis
1. ¿Qué temas aparecen en este cuento? ¿Cómo presenta la escritora estos temas?
2. ¿Qué importancia tiene el título? ¿Dónde se encuentra el profesor durante todo el cuento? ¿Qué connotaciones sugiere la primera línea del cuento, (la cual es la misma que el título)?
3. ¿Por qué está escrito el cuento en forma de diálogo? ¿Quién participa en este diálogo? ¿Qué punto de vista se presenta aquí?
4. ¿Qué papel tiene la secretaria en el cuento? ¿Cómo la percibe el profesor?
5. ¿Qué importancia tienen los nombres de los directores de la universidad que se mencionan en el cuento? ¿Qué contraste hacen con el profesor, a quien no se le da nombre? ¿Por qué no se menciona el nombre del profesor?
6. ¿Por qué prefiere ocuparse el profesor con su papeleo?
7. ¿Qué connotación sugiere la descripción de los edificios de la universidad según la perspectiva del profesor?
8. ¿Qué elementos técnicos usa la escritora para presentar la escena retrospectiva (*flashback*)? ¿Qué función tiene esta escena? ¿Por qué la incluye Sánchez?
9. El padre del profesor había maldecido «a todos los gringos de la tierra». Más tarde el profesor se había casado con una gringa. ¿Por qué menciona la escritora estos datos en el mismo párrafo?
10. «Como si fuera tan fácil cambiar el sistema», exclama el profesor. ¿De qué sistema habla él? ¿Es verdad lo que dice el profesor?
11. ¿Por qué cree Ud. que la escritora menciona los viajes del profesor inmediatamente después que él piensa que «un día les contará su vida»?
12. ¿Por qué al final del cuento ve el profesor a su papá «empapado de agua y lleno de grasa»?
13. Relacione el cuento con las palabras de Sánchez en la *selección autobiográfica*: «y a veces la persona que alcanza cierto puesto o rango asume una postura

individualista y se adapta a la ideología dominante olvidando lo que dejó atrás y olvidando los problemas de la clase obrera».

14. En la *selección autobiográfica,* Sánchez nos dice: «...es posible asumir una actitud crítica y analítica en la literatura para señalar las contradicciones de la sociedad y las fallas del sistema económico y político». ¿Qué «contradicciones» y «fallas» sugiere ella en su cuento *Entró y se sentó?*

VOCABULARIO

Verbos

comprometer   involve, embarrass, put in an awkward position.
   «Pero eso ya era demasiado. Lo estaban *comprometiendo*».
maldecir   swear, bad-mouth.
   «Ese día los había *maldecido* a todos...»
pesar   to weigh.
   «*Pesó* el algodón pero no vació el costal...»
pizcar   pick (harvest).
   «Con lo que ganas de ‹busboy› y lo que hacemos los sábados *pizcando*, nos ayudamos bastante».
portarse   behave.
   «Los estudiantes se habían *portado* como unos ingratos».
sudar   sweat, perspire.
   «Si supieran esos muchachos lo que he tenido que *sudar* yo para llegar aquí».

Sustantivos

el algodón   cotton.
   «Pesó *el algodón* pero no vació el costal arriba...»
el chicano   Mexican-American, born in U.S. of Mexican parents.
   «...porque casi todos *los chicanos* que somos académicos o profesionales hoy día venimos de familias muy humildes y pobres».
el estorbo   hindrance, nuisance.
   «...se deslizaban los Cadillacs y los Oldsmobiles de los rancheros airados con *el estorbo* en plena calle...»
el gringo   derogatory term for a North American (especially of the U.S.).
   «Ese día los había maldecido a todos, a todos *los gringos* de la tierra...»
la huelga   strike.
   «Ahora querían que los apoyara en su *huelga* estudiantil».
la posición   physical or social position.
   El viejo está sentado en una *posición* confortable.
el puesto   position (job).
   «...no se dan cuenta que yo acepté este *puesto* para ayudarlos...»
el salario   salary.
   Me gustaría trabajar en esa compañía, pero *el salario* que pagan es muy bajo.
el sueldo   salary.
   «Para ellos yo sólo estoy aquí porque *el sueldo* es bueno».

Adjetivos

airado   angry.

«...se deslizaban los Cadillacs... de los rancheros *airados* con el estorbo en plena calle...»

cerrado   closed; narrow-minded.

«Son bien *cerrados*, unos racistas de primera».

empapado   soaked, saturated.

«Su papá estaba *empapado* por la lluvia cuando por fin arrancó el carro».

EJERCICIOS DE VOCABULARIO

Complete cada frase con el sustantivo, el verbo o el adjetivo que corresponda a la palabra en cursiva.

1. No me gusta *estorbar* cuando Uds. hablan de negocios. No quiero ser _____.

2. Es una *maldición* ser extranjero en este país. Todos siempre quieren _____ al que sea diferente.

3. ¡Ay, en qué *compromiso* me ha metido ahora mi jefe! Siempre trata de _____ a todos los que él odia.

4. Si sales en esta lluvia te vas a *empapar*. Y acuérdate que no puedes llegar _____ a la oficina.

5. El *peso* de este mueble es monstruoso. María no va a creer que pueda _____ tanto.

Indique si las palabras siguientes tienen sentido semejante u opuesto. Si son diferentes, explique el significado de cada palabra.

1. el gringo/el norteamericano
2. airado/contento
3. pizcar/recoger
4. el chicano/el mexicano
5. el sueldo/el salario

Traduzca al español las palabras en paréntesis. Use una palabra del vocabulario.

Pepe y Pancho son dos (Mexican-Americans) _____ *que trabajan en los campos de California. Ellos hablan después de* (weigh) _____ *la cosecha.*

PEPE.   ¡Espero que mi vida cambie pronto! ¡Ahora, todo es trabajar! Todos los días empiezo (*picking cotton*) _____ y termino (*sweating*) _____ mucho de tanto calor y esfuerzo. Estoy cansado de este (*job*) _____ tan aburrido y este (*salary*) _____ de diez dólares al día. ¡No sé qué puedo hacer!

PANCHO.   [*Contesta muy* (*angry*) _____] ¡Yo sí sé lo que voy a hacer! (*I swear*) _____ a estos (*narrow-minded North Americans*) _____ todos los días porque nos mantienen en (*a position*) _____ muy baja. Nos necesitan en los campos; sin embargo, nos tratan como (*a hindrance*) _____ cuando nos encuentran en la calle y nosotros (*behave*) _____ muy pasivamente. ¡Sí, señor, yo sí sé lo que voy a hacer! ¡Ahora mismo entro en (*the strike*) _____ !

TEMAS DE CONVERSACIÓN

Conteste las preguntas siguientes en preparación para una discusión en la clase.

1. Los estudiantes acusan al profesor de ser un «Poverty Pimp». ¿Está Ud. de acuerdo con ellos?
2. ¿Qué piensa Ud. de las siguientes declaraciones del profesor? ¿Hasta qué punto son verdaderas? ¿Se trata de racionalizaciones?
   a. «Bola de desgraciados. Como si no lo hiciera uno todo por ellos, por la raza, pues».
   b. «Lo que pasa es que no se dan cuenta que yo acepté este puesto para ayudarlos, para animarlos a que continuaran su educación».
   c. «Yo podría haberme dedicado a mi trabajo universitario y no haberme acordado de mi gente».
   d. «...lo que hay que hacer es estudiar para que el día de mañana puedan ser útiles a la sociedad».
3. ¿Cree Ud. que los estudiantes son «racistas» al acusar al profesor de no haberse casado con una mexicana? ¿Debe casarse una persona solamente con otra de su misma cultura?
4. ¿Qué razones podrían tener los estudiantes para estar en huelga? ¿Cree Ud. que todas las razones son legítimas? Si hubiera una huelga en su universidad, ¿la apoyaría Ud.?; ¿esperaría Ud. que la apoyaran sus profesores?
5. ¿Conoce Ud. a alguien que haya participado en las huelgas estudiantiles durante la Guerra de Vietnam? ¿Cree Ud. que todos los estudiantes eran idealistas o «babosos» como llama el profesor a los estudiantes en el cuento?
6. ¿Cree Ud. que el profesor habría actuado de la misma manera si sus padres hubieran sido ricos?
7. ¿Cómo reaccionó Ud. al enterarse de los viajes del profesor? ¿Cree Ud. que el profesor tiene buenas razones para hacer esos viajes?
8. ¿Cree Ud. que es necesario actuar como el profesor para triunfar en la vida norteamericana?
9. Describa Ud. el dilema en que se encuentra el profesor. ¿Cómo lo resuelve? ¿Por qué está él tan furioso? Según el profesor, ¿cuáles son sus motivos? ¿Piensa Ud. que las acciones del profesor tienen otros motivos? ¿Qué habría hecho Ud. si hubiera sido el profesor del cuento? ¿Habría Ud. participado en la huelga? ¿Habría hecho algo diferente? ¿Qué opinión tiene Ud. del profesor?
10. ¿Cree Ud. que el profesor llegará a «contar su vida» a los estudiantes? ¿Cree Ud. que debe hacerlo?

TEMAS DE COMPOSICIÓN

Basándose en sus respuestas y las de la clase a los temas de conversación, escriba sobre uno de los temas siguientes:

1. El simbolismo del título.
2. La técnica narrativa de la escena retrospectiva: su efecto.
3. Una carta del profesor a sus estudiantes donde al fin les cuenta su vida.

4. En la selección autobiográfica, Sánchez nos dice: «Y a veces la persona que alcanza cierto puesto o rango asume una postura individualista y se adapta a la ideología dominante, olvidando los problemas de la clase obrera». ¿Es necesario olvidar para triunfar? Explique este dilema.
5. Lo chicano y lo norteamericano del profesor: ¿a cuál de los dos grupos pertenece más?
6. La importancia de la enseñanza.
7. El deber del gobierno hacia los estudiantes de otra cultura.
8. Una entrevista con un inmigrante: sus experiencias en los Estados Unidos.

10 Francisco Jiménez

(Courtesy of Glenn Matsumura)

Francisco Jiménez was born in San Pedro Tlaquepaque, Mexico in 1943. Three years later his parents moved to California in search of jobs as migrant workers. The family followed the cycle of crops—picking strawberries in Santa María in the summer, grapes in Fresno until the middle of October, and cotton in Corcoran until February when they would return to Santa María for the lettuce and carrot crops.

Despite these constant moves and poor living conditions, Francisco succeeded academically. His high school counselor recognized his potential and encouraged him to go onto college. With the help of three scholarships, he graduated with honors from the University of Santa Clara. A Woodrow Wilson fellow, he went on to receive his masters and doctorate from Columbia University.

Dr. Jiménez is presently Professor of Spanish and Director of Arts and Humanities at the University of Santa Clara. Co-founder and editor of *Bilingual Review* and advisor to *Bilingual Press,* he has written extensively about Chicano literature and culture. He is also the senior member of the California Commission on Teacher Credentialing.

His many short stories portray the hardships and spirit of Mexican-American migrant workers. "Cajas de cartón," based on his personal experiences, presents the dreams and disappointments of a young child farm worker.

SELECCIÓN AUTOBIOGRÁFICA ───────────────

*La Génesis de «Cajas de cartón»**

«Cajas de cartón» es un cuento autobiográfico basado en mis experiencias de niño. La acción toma lugar durante la época cuando mi familia y yo éramos obreros migratorios. «Roberto» es el nombre verdadero de mi hermano mayor; «Panchito» es mi apodo.[1]

5   La idea para el cuento se originó hace muchos años cuando estudiaba inglés en la escuela secundaria en Santa María, California. La señorita Bell, la maestra de inglés, me animaba a escribir ensayos detallando experiencias personales. Aunque el inglés era difícil para mí, me gustaba escribir y me esforzaba a relatar lo que conocía más íntimamente —la

10   vida de los trabajadores migratorios.

La crítica positiva de la señorita Bell sobre mis humildes composiciones me animó a seguir escribiendo aún después de que terminé la escuela secundaria.

En 1972 mientras estudiaba para mi doctorado en Columbia Univer-

15   sity, le enseñé dos de mis cuentos —«Muerte fría» y «Un aguinaldo»[2]— al profesor y escritor mexicano Andrés Iduarte. Después de leerlos, me escribió una notita diciéndome que le habían impresionado mucho porque estaban «impregnados de una dulce rebeldía, sin rencor ni amargura, acrisolada[3] en un sereno y firme amor por la justicia social».

20   Sus comentarios me impulsaron a publicarlos, y a poner por escrito impresiones que habían ido germinando a través de los años. De una multitud de apuntes[4] salió «Cajas de cartón» donde describo felicidades familiares y decepciones escolares experimentadas por mí mientras crecía en un ambiente de obreros migratorios.

25   *Francisco Jiménez

───────────────

[1] **apodo**   nickname
[2] **aguinaldo**   Christmas present
[3] **acrisolada**   purified
[4] **apuntes**   notes

PREGUNTAS

1. ¿Cómo le llegó al autor la idea para el cuento, «Cajas de cartón»?
2. ¿Cómo fue la reacción del profesor Iduarte a los cuentos, «Muerte fría» y «Un aguinaldo»?
3. ¿Qué intentó describir Jiménez en «Cajas de cartón»?

Cajas de cartón

Era a fines de agosto. Ito, el contratista,[1] ya no sonreía. Era natural. La cosecha[2] de fresas[3] terminaba, y los trabajadores, casi todos braceros,[4] no recogían[5] tantas cajas de fresas como en los meses de junio y julio.

Cada día el número de braceros disminuía. El domingo sólo uno —
5   el mejor pizcador[6]— vino a trabajar. A mí me caía bien.[7] A veces hablábamos durante nuestra media hora de almuerzo. Así es como aprendí que era de Jalisco, de mi tierra natal. Ese domingo fue la última vez que lo vi.

Cuando el sol se escondía detrás de las montañas, Ito nos señaló que
10   era hora de ir a casa. «Ya hes horra»,[8] gritó en su español mocho.[9] Ésas eran las palabras que yo ansiosamente esperaba doce horas al día, todos los días, siete días a la semana, semana tras semana, y el pensar que no las volvería a oír me entristeció.[10]

Por el camino rumbo a casa,[11] Papá no dijo una palabra. Con las dos
15   manos en el volante[12] miraba fijamente hacia el camino. Roberto, mi hermano mayor, también estaba callado. Echó para atrás la cabeza y cerró los ojos. El polvo que entraba de fuera lo hacía toser[13] repetidamente.

Era a fines de agosto. Al abrir la puerta de nuestra chocita[14] me de-
20   tuve. Vi que todo lo que nos pertenecía estaba empacado[15] en cajas de cartón.[16] De repente sentí aún más el peso[17] de las horas, los días, las semanas, los meses de trabajo. Me senté sobre una caja, y se me llenaron los ojos de lágrimas al pensar que teníamos que mudarnos a Fresno.

Esa noche no pude dormir, y un poco antes de las cinco de la ma-
25   drugada Papá, que a la cuenta tampoco había pegado los ojos[18] en toda la noche, nos levantó. A pocos minutos los gritos alegres de mis hermanitos, para quienes la mudanza[19] era una gran aventura, rompieron el silencio del amanecer. Los ladridos[20] de los perros pronto los acompañaron.

---

[1] **contratista** contractor
[2] **cosecha** crop; harvesting
[3] **fresas** strawberries
[4] **braceros** laborers, farm workers
[5] **recogían** gathered, picked
[6] **pizcador** picker
[7] **me caía bien** I liked him (he suited me well)
[8] **hes horra** es hora
[9] **mocho** broken
[10] **entristeció** saddened

[11] **rumbo a casa** headed towards home
[12] **volante** steering wheel
[13] **toser** cough
[14] **chocita** little shack, cabin
[15] **empacado** packed
[16] **cartón** cardboard
[17] **peso** weight
[18] **había pegado los ojos** had closed his eyes
[19] **mudanza** move
[20] **ladridos** barks, barking

Mientras empacábamos[21] los trastes[22] del desayuno, Papá salió para encender[23] la «Carcanchita». Ése era el nombre que Papá le puso a su viejo Plymouth negro del año '38. Lo compró en una agencia de carros usados en Santa Rosa en el invierno de 1949. Papá estaba muy orgulloso[24] de su carro. «Mi Carcanchita» lo llamaba cariñosamente. Tenía derecho a sentirse así. Antes de comprarlo, pasó mucho tiempo mirando otros carros. Cuando al fin escogió la «Carcanchita», la examinó palmo a palmo.[25] Escuchó el motor, inclinando la cabeza de lado a lado como un perico,[26] tratando de detectar cualquier ruido que pudiera indicar problemas mecánicos. Después de satisfacerse con la apariencia y los sonidos del carro, Papá insistió en saber quién había sido el dueño. Nunca lo supo, pero compró el carro de todas maneras. Papá pensó que el dueño debió haber sido alguien importante porque en el asiento de atrás[27] encontró una corbata azul.

Papá estacionó el carro enfrente a la choza y dejó andando el motor.[28] «Listo», gritó. Sin decir palabra, Roberto y yo comenzamos a acarrear[29] las cajas de cartón al carro. Robertó cargó[30] las dos más grandes y yo las más chicas. Papá luego cargó el colchón[31] ancho sobre la capota[32] del carro y lo amarró[33] con lazos[34] para que no se volara con el viento en el camino.

Todo estaba empacado menos la olla[35] de Mamá. Era una olla vieja y galvanizada que había comprado en una tienda de segunda en Santa María el año en que yo nací. La olla estaba llena de abolladuras[36] y mellas,[37] y mientras más abollada estaba, más le gustaba a Mamá. «Mi olla» la llamaba orgullosamente.

Sujeté[38] abierta la puerta de la chocita mientras Mamá sacó cuidadosamente su olla, agarrándola por las dos asas[39] para no derramar[40] los frijoles[41] cocidos. Cuando llegó al carro, Papá tendió las manos para ayudarle con ella. Roberto abrió la puerta posterior del carro y Papá puso la olla con mucho cuidado en el piso[42] detrás del asiento. Todos subimos a la «Carcanchita». Papá suspiró, se limpió el sudor de la frente con las mangas[43] de la camisa, y dijo con cansancio: «Es todo».

---

[21] **empacábamos** were packing
[22] **trastes** utensils, dishes
[23] **encender** start
[24] **orgulloso** proud
[25] **palmo a palmo** foot by foot, slowly
[26] **perico** parakeet
[27] **asiento de atrás** back seat
[28] **dejó andando el motor** left the motor running
[29] **acarrear** carry
[30] **cargó** carried
[31] **colchón** mattress
[32] **capota** hood
[33] **amarró** tied
[34] **lazos** knots
[35] **olla** pot
[36] **abolladuras** dents
[37] **mellas** nicks, dents
[38] **sujeté** held
[39] **asas** handles
[40] **derramar** spill
[41] **frijoles** beans
[42] **piso** floor
[43] **mangas** sleeves

Mientras nos alejábamos, se me hizo un nudo[44] en la garganta. Me volví y miré nuestra chocita por última vez.

Al ponerse el sol llegamos a un campo de trabajo cerca de Fresno. Ya que Papá no hablaba inglés, Mamá le preguntó al capataz[45] si necesitaba más trabajadores. «No necesitamos a nadie», dijo él, rascándose[46] la cabeza, «pregúntele a Sullivan. Mire, siga este mismo camino hasta que llegue a una casa grande y blanca con una cerca[47] alrededor. Allí vive él».

Cuando llegamos allí, Mamá se dirigió a la casa. Pasó por la cerca, por entre filas[48] de rosales hasta llegar a la puerta. Tocó el timbre.[49] Las luces del portal se encendieron y un hombre alto y fornido[50] salió. Hablaron brevemente. Cuando el hombre entró en la casa, Mamá se apresuró hacia el carro. «¡Tenemos trabajo! El señor nos permitió quedarnos allí toda la temporada»,[51] dijo un poco sofocada de gusto y apuntando hacia un garaje viejo que estaba cerca de los establos.

El garaje estaba gastado[52] por los años. Roídas por comejenes,[53] las paredes apenas sostenían el techo agujereado.[54] No tenía ventanas y el piso de tierra suelta ensabanaba[55] todo de polvo.

Esa noche, a la luz de una lámpara de petróleo, desempacamos las cosas y empezamos a preparar la habitación para vivir. Roberto, enérgicamente se puso a barrer[56] el suelo;[57] Papá llenó los agujeros de las paredes con periódicos viejos y con hojas de lata.[58] Mamá les dio de comer a mis hermanitos. Papá y Roberto entonces trajeron el colchón y lo pusieron en una de las esquinas del garaje. «Viejita», dijo Papá, dirigiéndose a Mamá, «tú y los niños duerman en el colchón, Roberto, Panchito, y yo dormiremos bajo los árboles».

Muy tempranito por la mañana al día siguiente, el señor Sullivan nos enseñó donde estaba su cosecha y, después del desayuno, Papá, Roberto y yo nos fuimos a la viña a pizcar.[59]

A eso de las nueve, la temperatura había subido hasta cerca de cien grados. Yo estaba empapado[60] de sudor[61] y mi boca estaba tan seca que parecía como si hubiera estado masticando[62] un pañuelo. Fui al final del surco[63] cogí la jarra[64] de agua que habíamos llevado y comencé a beber. «No tomes mucho; te vas a enfermar», me gritó Roberto. No había

---

[44] **nudo** lump, knot
[45] **capataz** boss, foreman
[46] **rascándose** scratching
[47] **cerca** fence
[48] **filas** rows
[49] **timbre** doorbell
[50] **fornido** strong, stout
[51] **temporada** season
[52] **gastado** worn out
[53] **comejenes** termites
[54] **agujereado** leaky, with holes

[55] **ensabanaba** covered
[56] **barrer** sweep
[57] **suelo** floor
[58] **hojas de lata** tin can tops
[59] **pizcar** pick
[60] **empapado** soaked, saturated
[61] **sudor** sweat
[62] **masticando** chewing
[63] **surco** furrow
[64] **jarra** pitcher

acabado de advertirme cuando sentí un gran dolor de estómago. Me caí de rodillas y la jarra se me deslizó[65] de las manos.

Solamente podía oír el zumbido[66] de los insectos. Poco a poco me empecé a recuperar. Me eché agua en la cara y en el cuello y miré el lodo[67] negro correr por los brazos y caer a la tierra que parecía hervir. 100

Todavía me sentía mareado[68] a la hora del almuerzo. Eran las dos de la tarde y nos sentamos bajo un árbol grande de nueces que estaba al lado del camino. Papá apuntó[69] el número de cajas que habíamos pizcado. Roberto trazaba[70] diseños en la tierra con un palito. De pronto vi palidecer[71] a Papá que miraba hacia el camino. «Allá viene el camión[72] 105 de la escuela», susurró[73] alarmado. Instintivamente, Roberto y yo corrimos a escondernos entre las viñas. El camión amarillo se paró frente a la casa del señor Sullivan. Dos niños muy limpiecitos y bien vestidos se apearon.[74] Llevaban libros bajo sus brazos. Cruzaron la calle y el camión se alejó. Roberto y yo salimos de nuestro escondite[75] y regre- 110 samos a donde estaba Papá. «Tienen que tener cuidado», nos advirtió.

Después del almuerzo volvimos a trabajar. El calor oliente y pesado, el zumbido de los insectos, el sudor y el polvo[76] hicieron que la tarde pareciera una eternidad. Al fin las montañas que rodeaban el valle se tragaron[77] el sol. Una hora después estaba demasiado obscuro para se- 115 guir trabajando. Las parras[78] tapaban[79] las uvas y era muy difícil ver los racimos.[80] «Vámonos», dijo Papá señalándonos que era hora de irnos. Entonces tomó un lápiz y comenzó a figurar cuánto habíamos ganado ese primer día. Apuntó números, borró algunos, escribió más. Alzó la cabeza sin decir nada. Sus tristes ojos sumidos[81] estaban humedecidos.[82] 120

Cuando regresamos del trabajo, nos bañamos afuera con el agua fría bajo una manguera.[83] Luego nos sentamos a la mesa hecha de cajones de madera y comimos con hambre la sopa de fideos,[84] las papas y tortillas de harina blanca recién hechas. Después de cenar nos acostamos a dormir, listos para empezar a trabajar a la salida del sol. 125

Al día siguiente, cuando me desperté, me sentía magullado;[85] me dolía todo el cuerpo. Apenas podía mover los brazos y las piernas. Todas las mañanas cuando me levantaba me pasaba lo mismo hasta que mis músculos se acostumbraron a ese trabajo.

[65] **se me deslizó** slipped
[66] **zumbido** buzzing
[67] **lodo** mud
[68] **mareado** dizzy, seasick
[69] **apuntó** marked down, wrote down
[70] **trazaba** drew, traced
[71] **palidecer** turn pale
[72] **camión** bus
[73] **susurró** whispered
[74] **se apearon** got off

[75] **escondite** hiding place
[76] **polvo** dust
[77] **tragaron** swallowed
[78] **parras** grapevines
[79] **tapaban** covered
[80] **racimos** bunches
[81] **sumidos** sunken
[82] **humedecidos** wet, watery
[83] **manguera** hose
[84] **fideos** vermicelli, thin noodles
[85] **magullado** bruised, beat up

130   Era lunes, la primera semana de noviembre. La temporada de uvas se había terminado y yo podía ir a la escuela. Me desperté temprano esa mañana y me quedé acostado mirando las estrellas y saboreando el pensamiento de no ir a trabajar y de empezar el sexto grado por primera vez ese año. Como no podía dormir, decidí levantarme y desayunar con
135   Papá y Roberto. Me senté cabizbajo frente a mi hermano. No quería mirarlo porque sabía que él estaba triste. Él no asistiría a la escuela hoy, ni mañana, ni la próxima semana. No iría hasta que se acabara la temporada de algodón,[86] y eso sería en febrero. Me froté[87] las manos y miré la piel seca y manchada de ácido enrollarse y caer al suelo.

140   Cuando Papá y Roberto se fueron a trabajar, sentí un gran alivio. Fui a la cima de una pendiente[88] cerca de la choza y contemplé a la «Carcanchita» en su camino hasta que desapareció en una nube de polvo.

Dos horas más tarde, a eso de las ocho, esperaba el camión de la escuela. Por fin llegó. Subí y me senté en un asiento desocupado. Todos
145   los niños se entretenían hablando o gritando.

Estaba nerviosísimo cuando el camión se paró[89] delante de la escuela. Miré por la ventana y vi una muchedumbre[90] de niños. Algunos llevaban libros, otros juguetes. Me bajé del camión, metí las manos en los bolsillos, y fui a la oficina del director. Cuando entré oí la voz de una
150   mujer diciéndome: «*May I help you?*» Me sobresalté.[91] Nadie me había hablado inglés desde hacía meses. Por varios segundos me quedé sin poder contestar. Al fin, después de mucho esfuerzo, conseguí decirle en inglés que me quería matricular en el sexto grado. La señora entonces me hizo una serie de preguntas que me parecieron impertinentes. Luego
155   me llevó a la sala de clase.

El señor Lema, el maestro de sexto grado, me saludó cordialmente, me asignó un pupitre,[92] y me presentó a la clase. Estaba tan nervioso y tan asustado en ese momento cuando todos me miraban que deseé estar con Papá y Roberto pizcando algodón. Después de pasar la lista, el señor
160   Lema le dio a la clase la asignatura de la primera hora. «Lo primero que haremos esta mañana es terminar de leer el cuento que comenzamos ayer», dijo con entusiasmo. Se acercó a mí, me dio su libro y me pidió que leyera. «Estamos en la página 125», me dijo. Cuando lo oí, sentí que toda la sangre me subía a la cabeza, me sentí mareado «¿Quisieras
165   leer?», me preguntó en un tono indeciso. Abrí el libro a la página 125. Mi boca estaba seca. Mis ojos se me comenzaron a aguar.[93] El señor Lema entonces le pidió a otro niño que leyera.

Durante el resto de la hora me empecé a enojar más y más conmigo mismo. Debí haber leído, pensaba yo.

---

[86] **algodón** cotton
[87] **me froté** I rubbed
[88] **pendiente** slope
[89] **se paró** stopped

[90] **muchedumbre** crowd
[91] **me sobresalté** I was startled
[92] **pupitre** desk
[93] **aguar** water

Durante el recreo me llevé el libro al baño y lo abrí a la página 125. 170
Empecé a leer en voz baja, pretendiendo que estaba en clase. Había
muchas palabras que no sabía. Cerré el libro y volví a la sala de clase.
El señor Lema estaba sentado en su escritorio. Cuando entré me miró
sonriéndose. Me sentí mucho mejor. Me acerqué a él y le pregunté si
me podía ayudar con las palabras desconocidas. «Con mucho gusto»,
me contestó.

El resto del mes pasé mis horas de almuerzo estudiando ese inglés
con la ayuda del buen señor Lema.

Un viernes durante la hora del almuerzo, el señor Lema me invitó a
que lo acompañara a la sala de música. «¿Te gusta la música?», me 180
preguntó. «Sí, muchísimo», le contesté entusiasmado, «me gustan los
corridos[94] mexicanos». El sonido me hizo estremecer. Me encantaba ese
sonido. «¿Te gustaría aprender a tocar este instrumento?», me preguntó.
Debió haber comprendido la expresión en mi cara porque antes que yo
respondiera, añadió: «Te voy a enseñar a tocar esta trompeta durante 185
las horas del almuerzo».

Ese día casi no podía esperar el momento de llegar a casa y contarles
las nuevas[95] a mi familia. Al bajar del camión me encontré con mis
hermanitos que gritaban y brincaban[96] de alegría. Pensé que era porque
yo había llegado, pero al abrir la puerta de la chocita, vi que todo estaba 190
empacado en cajas de cartón...

PREGUNTAS

Comprensión

1. ¿Cuándo empieza el cuento? ¿Por qué no sonreía el contratista? ¿Qué palabras esperaba el narrador todos los días? ¿Por qué no volvería a oír-
las? ¿Cómo se sentía el niño?

2. Al llegar a su chocita, ¿qué descubrió el niño? ¿Cómo reaccionó? ¿Cómo
reaccionaron los hermanitos?

3. ¿Cómo era la «Carcanchita»? ¿Por qué estaba muy orgulloso el padre de su
carro?

4. ¿En qué pusieron todo lo que les pertenecía?

5. ¿Por qué estaba orgullosa la madre de su olla? ¿Cómo la pusieron en el
coche? ¿Por qué?

6. ¿Cómo se sentía el niño al ver la chocita por última vez?

7. ¿Dónde encontraron trabajo? ¿Quién habló con el capataz? ¿Por qué?

8. Describa usted el garaje donde se quedó la familia. ¿Cómo lo prepararon
para vivir?

9. ¿Cómo se enfermó el niño el primer día de pizcar las uvas?

10. ¿Qué hicieron los niños cuando vieron el camión de la escuela?

11. ¿Por qué se les hizo tan difícil después el trabajo de pizcar uvas?

---

[94] **corridos** ballads   [96] **brincaban** jumped
[95] **nuevas** news

12. ¿Qué hizo el padre cuando era hora de ir? ¿Por qué estaban «humedecidos» sus ojos?
13. ¿Cuándo pudo asistir el niño a la escuela? ¿Por qué? ¿Por qué no pudo ir su hermano con él?
14. ¿Cómo se sentía el niño el primer día de escuela?
15. ¿Por qué se sobresaltó el niño en la oficina del director?
16. ¿Cómo se sentía el niño en la sala de clase? ¿Por qué no pudo leer? ¿Cómo se sintió al no hacerlo?
17. ¿Qué hizo el niño durante el recreo? ¿Qué le pidió al profesor?
18. ¿Cómo reaccionó el niño cuando el señor Lema ofreció enseñarle a tocar la trompeta?
19. ¿Qué descubrió el niño al llegar a casa?

Análisis

1. ¿Qué mensaje tiene el escritor para el lector? ¿Qué temas se presentan en «Cajas de cartón»?
2. ¿Por qué se narra el cuento desde el punto de vista de un niño?
3. ¿Cuál es la importancia del título?
4. Haga una comparación entre la mudanza a Fresno al principio del cuento y la del final. ¿Qué efecto tienen sobre el niño estas mudanzas? ¿Y sobre el lector?
5. Una parte del cuento empieza: «Era a fines de agosto...»; la segunda parte empieza: «Era a fines de noviembre...». ¿Qué relatan las dos secciones? ¿Qué semejanzas y diferencias hay entre ellas? ¿Cómo es que las temporadas determinan la vida de la familia?
6. ¿Cómo es la casa de Sullivan? ¿Por qué la presenta así el escritor?
7. Lea de nuevo la descripción del trabajo del primer día de pizcar uvas. ¿Qué problemas hay? ¿Cómo puede resolverlos el niño?
8. Analice la descripción del primer día del niño en la escuela. ¿Con qué obstáculos se enfrenta él? ¿Cómo puede resolverlos? ¿Quién lo ayuda?
9. ¿Cómo reaccionó usted al leer que el señor Lema le enseñaría música al niño? ¿Tendría el niño esta oportunidad otra vez?
10. ¿Cómo le sorprendió a usted el fin del cuento? ¿Por qué el escritor nos lo presenta de este modo?
11. ¿Es el cuento optimista o pesimista? ¿Hay esperanzas para el niño y su familia?

VOCABULARIO

Verbos

apuntar to mark down; to point.
«*Apuntó* números, borró algunos...»

cargar to carry.
Roberto *cargó* las dos cajas más grandes.

empacar to pack.
«Mientras *empacábamos* los trastes del desayuno, Papá salió para encender la «Carcanchita».

mover to move (physically); to persuade.
Movemos el colchón del carro al garaje.

mudarse   to move, change one's abode.
«...se me llenaron los ojos de lágrimas al pensar que teníamos que *mudarnos* a Fresno».
recoger   to gather.
Los braceros no *recogían* tantas cajas de fresas.
sentarse   to sit down.
«...*nos sentamos* bajo un gran árbol de nueces...»
sentir   to feel; to regret, to feel sorry.
a. «De repente *sentí* aún más el peso de las horas».   *b. Siente* mucho no poder asistir a la escuela.
sentirse   to feel.
«Todavía *me sentía* mareado».

Sustantivos
el bracero   farm worker.
«...y los trabajadores, casi todos *braceros,* no recogían tantas cajas...»
la caja   box.
«...todo lo que nos pertenecía estaba empacado en *cajas* de cartón».
el camión   bus; truck.
«El *camión* amarillo se paró frente a la casa del señor Sullivan».
el cansancio   fatigue.
Papá dijo con *cansancio:* «Es todo».
el cartón   cardboard.
«...Roberto y yo comenzamos a acarrear las cajas de *cartón* al carro».
el colchón   mattress.
«Papá luego cargó el *colchón* ancho sobre la capota del carro...»
la cosecha   harvest; harvesting.
«...el señor Sullivan nos enseñó donde estaba su *cosecha*...»
la chocita   little shack.
«Al abrir la puerta de nuestra *chocita* me detuve».
la fresa   strawberry.
«La cosecha de *fresas* terminaba...»
el movimiento   movement (physical).
Se puede ver el *movimiento* rápido de los brazos cuando los braceros recogen las uvas.
la mudanza   move, change of one's abode.
«Para los hermanitos, la *mudanza* era una gran aventura».
la olla   pot.
«Era una *olla* vieja y galvanizada...»
el piso   floor.
Con mucho cuidado, Papá puso la olla en el *piso* detrás del asiento.
el polvo   dust.
«El *polvo* que entraba de afuera lo hacía toser repetidamente».
la temporada   season.
«...El señor nos permitió quedarnos allí toda la *temporada*».
la uva   grape.
«La temporada de *uvas* se había terminado».
el zumbido   buzzing.
«Solamente podía oír el *zumbido* de los insectos».

Adjetivos

empacado packed.

«Todo estaba *empacado* menos la olla de Mamá».

gastado worn out, spent.

«El garaje estaba *gastado* por los años».

humedecido watery.

«Sus tristes ojos sumidos estaban *humedecidos*».

magullado beat up.

«...me sentía *magullado*; me dolía todo el cuerpo».

mareado dizzy, faint.

«Todavía me sentía *mareado* a la hora del almuerzo».

orgulloso proud.

Mamá estaba *orgullosa* de su olla.

EJERCICIOS DE VOCABULARIO

Complete el párrafo siguiente usando palabras de la lista de vocabulario. Haga los cambios necesarios.

Después de pizcar _____ toda la mañana, sentí un gran _____. El _____ de los insectos, el _____, el calor—todo me molestaba. _____ bajo un árbol grande de nueces y comencé a beber agua de la jarra. Después de descansar y recuperarme un poco, comí unos frijoles de la _____. Luego _____ el número de _____ que había pizcado esa mañana. De repente vi pasar el _____ amarillo de la escuela. Me escondí detrás del árbol.

Defina en español las palabras siguientes.

1. la chocita
2. el colchón
3. la mudanza
4. recoger

Escoja una palabra de cada grupo. Haga los cambios necesarios.

1. (uva, fresa) La _____ es una fruta roja mientras que la _____ puede ser púrpura o verde.
2. (mover, mudarnos) Cuando teníamos que _____ a Fresno, _____ todas las cajas de cartón de la chocita al carro.
3. (sentir, sentirse, sentarse) El padre _____ _____ orgulloso de su coche nuevo cuando _____ _____ en éste por primera vez. Sin embargo, _____ que su esposa no pudiera estar con él en este momento tan importante de su vida.
4. (mareado, humedecido) A causa del polvo en la chocita, tenía los ojos _____. Cuando vio la sangre en el piso, se sintió _____.

Traduzca las frases siguientes y complételas en español usando sus propias palabras y las del vocabulario presentado anteriormente.

1. When the *harvesting* of *strawberries* ended, *the farm workers* _____.
2. His sad eyes were *watery* because _____.

3. *I feel faint* when _____.
4. After *packing* the *cardboard boxes* in the car, Robert put Mama's *pot* _____.
5. The dress was so *worn out* that _____.
6. What *did you feel* after *picking grapes* all day? Well, *I felt* _____.

TEMAS DE CONVERSACIÓN

Conteste las preguntas siguientes en preparación para una discusión en la clase.

1. ¿Qué tipo de personas son la madre, el padre, Roberto, y el niño? ¿Qué adjetivos se pueden usar para describirlos? Busque indicaciones sobre el carácter de ellos en sus acciones sus palabras.
2. «Cajas de cartón» revela los sentimientos de un niño (y, en parte, de su familia) cuando se enfrenta a cambios, obstáculos y desilusiones. ¿Cómo se sentía el niño frente a cada cambio y en cada situación? ¿Cómo se sentiría usted?
3. ¿Qué papel tiene el señor Lema en el cuento? ¿Qué hizo él? ¿Cómo habría sido la experiencia del niño si no hubiera tenido un maestro como el señor Lema? ¿Ha conocido usted un(a) maestro(a) que haya tenido mucha influencia en usted?
4. ¿Con qué dificultades se enfrenta la familia? ¿Por qué las describe en detalle Jiménez? ¿Cómo reaccionaría usted en tales situaciones?
5. ¿Se ha mudado usted alguna vez? Si se ha mudado, compare su mudanza a la del niño en «Cajas de cartón». ¿Cómo reaccionó usted a su nueva casa, a su nueva escuela? ¿Fue usted solo a matricularse en la escuela como el niño del cuento?
6. ¿Ha vivido usted en algún país extranjero? ¿Cómo ha reaccionado usted a una lengua extranjera? ¿Cómo reaccionaría usted si tuviera que asistir a una escuela donde no hablaran inglés?
7. ¿Qué problemas ha encontrado usted en su vida hasta ahora? ¿Ha podido superarlos?
8. ¿Cómo podría una familia de inmigrantes resolver los problemas de adaptación? ¿Sabe usted lo que han hecho los obreros migratorios para ayudarse? ¿Se puede comparar la experiencia de esta familia chicana con la de otros inmigrantes?
9. Después de leer sobre los obstáculos con que se enfrenta el niño en «Cajas de cartón», ¿puede usted entender mejor la reacción del profesor en «Entró y se sentó»? ¿Actuaría usted de la misma manera que el profesor si su infancia hubiera sido como la del niño? ¿Cree usted que el niño se convertirá como el profesor o como los estudiantes en la huelga?
10. ¿Cómo es la relación del protagonista con su familia en cada cuento? ¿Cómo sería la relación de usted y su familia si usted fuera uno de los protagonistas?
11. Analice la descripción del carro del padre del profesor y la «Carcanchita» del padre del niño en «Cajas de cartón». ¿Qué intención tiene el autor de cada cuento al incluir esta descripción?
12. Sánchez y Jiménez presentan el aislamiento de cada protagonista. ¿Qué forma de aislamiento es peor? Explique.
13. ¿Cuál de los dos cuentos presenta la visión más optimista de la experiencia del inmigrante? ¿Por qué?

14. Francisco Jiménez conocía bien a los trabajadores migratorios. ¿A qué tipo de gente conoce usted? Si usted fuera a escribir un cuento sobre esta gente, ¿qué experiencias personales incluiría para describirla?

TEMAS DE COMPOSICIÓN

Basándose en sus respuestas y las de la clase a los temas de conversación, escriba sobre uno de los temas siguientes.

1. Una conversación entre el padre y la madre sobre lo que les ha ocurrido a ellos y a sus hijos. ¿Qué esperanzas tienen para sus hijos? ¿Cómo se sienten? ¿Cómo ha sido su vida?
2. Haga un resumen de la trama del cuento «Cajas de cartón», según el punto de vista de Roberto o del señor Lema.
3. Usted es el niño de «Cajas de cartón». Escriba una carta al señor Lema quince años más tarde donde usted le cuenta lo que ha vivido durante esos años.
4. Los obreros migratorios en los Estados Unidos: la situación actual.
5. La enseñanza: instrumento para vencer la pobreza.
6. El simbolismo de los títulos, «Cajas de cartón» y «Entró y se sentó».
7. Los efectos de la experiencia inmigrante.
8. La americanización: ¿aspecto positivo o negativo en la experiencia inmigrante?
9. El sueño del inmigrante y su realización: una comparación entre el sueño del niño y el del profesor.
10. Las técnicas narrativas en «Entró y se sentó» y «Cajas de cartón» (la voz narrativa, el fondo, la presentación de los personajes, etc.).
11. La vida que conozco mejor: un ensayo personal o un cuento.

Vocabulario

This vocabulary includes contextual meanings of all words and idioms used in the text except cognates, diminutives and superlatives and individual verb forms. If a verb has a stem change, the change is indicated in parentheses following the infinitive. For example, *advertir (ie, i)*. Gender is indicated for all nouns by the use of *m* for masculine and *f* for feminine.

A

abatido   knocked down; humbled
abertura (*f.*)   opening, hole
abnegado   self-denying, unselfish
abolladura (*f.*)   dent, bump
abono (*m.*)   payment
abrasar   to burn; to parch
abrazo (*m.*)   hug, embrace
absorto   amazed
abyecto   degraded; wretched; servile
acabar con   to put an end to
acarrear   to cart; to transport
acaso   perhaps
acero (*m.*)   steel
acertar (ie)   to hit (the mark); to hit upon; to guess right
acontecimiento (*m*).   event, happening
acostado   reclining; in bed
acostumbrarse   to get accustomed
acrisolado   cleansed, purified
acudir a   to go or come (to aid); to turn to for help
achicharrarse   to make oneself smaller; to get burnt
adelfa (*f.*)   rosebay, oleander
adelgazar   to lose weight; to become thin
ademán (*m.*)   gesture
adquirir (ie)   to acquire
adular   to flatter
advertir (ie,i)   to notice; to warn
afán (*m.*)   effort, hard work

afanarse   to toil
aflojarse   to slacken; to loosen; to let go
agacharse   to stoop; to crouch; to cower
agarrar   to seize, to grasp
agazapado   crouching, squatting
agradar   to please; to be agreeable to
agregar   to add
agrio   sour; disagreeable
aguacero (*m.*)   shower; downpour
aguantar   to endure, to tolerate
aguarse   to get watery; to become diluted
águila (*f.*)   eagle
aguinaldo (*m.*)   Christmas or New Year's gift
agujereado   pierced, perforated
agujero (*m.*)   hole; gully
ahogar   to drown; to choke, to smother
airado   angry
aislamiento (*m.*)   isolation
ajeno   another's
ala (*f.*)   wing
al alba   at dawn
alabar   to praise
alacena (*f.*)   cupboard, closet; booth, stall
alambrada (*f.*)   wire netting, wire fence
alambrado   fenced with wire
alambrista (*m.*)   high wire artist

albedrío (*m.*)   free will
alboroto (*m.*)   uproar
albures (*m.*)   chances; risks; puns
alcanfor (*m.*)   camphor
alcaparra (*f.*)   caper
alcoba (*f.*)   bedroom
aldabonazo (*m.*)   knock, knocking
aldea (*f.*)   village
alejado   removed; moved away from
alejarse de   to move away; to withdraw
alfiler (*m.*)   pin, brooch
algazara (*f.*)   clamor; uproar
algodón (*m.*)   cotton
alguacil (*m.*)   constable
aliento (*m.*)   breath; encouragement
alivio (*m.*)   relief; aid
aljibe (*m.*)   cistern; reservoir
alma (*f.*)   soul, spirit
alquilar   to rent; to hire
altamar (*m.*)   high seas
alterar   to upset
alternativa (*f.*)   alternative, option; ceremony of becoming a full matador (bullfight)
altillo (*m.*)   attic
alza (*f.*)   rise
alzada (*f.*)   height; appeal
amapola (*f.*)   poppy
amargo   bitter; painful
amarrado   fastened; tied down
amarrar   to tie, to fasten
amasar   to knead, to mould; to arrange matters for some purpose
ambulante   travelling
amenaza (*f.*)   threat
amenazar   to threaten
amistad (*f.*)   friendship
amortiguar   to mortify, deaden; to temper, to calm
amparar   to protect; to shelter
anaconda (*f.*)   anaconda, a large boa
ancho   broad, wide
andrajoso   in tatters
anegado   flooded, inundated
ánfora (*f.*)   two-handled jar
animar   to animate; to encourage
anonadar   to annihilate; to depress; to humiliate
ansia (*f.*)   anxiety; anguish
antaño   last year; long ago
antifaz (*m.*)   veil covering the face; mask
añadir   to add; to increase

apagar   to put out, to quench
apagarse   to go out (lights)
aparato (*m.*)   apparatus; machine
aparcero (*m.*)   sharecropper
apariencia (*f.*)   appearance, aspect
aparte (*m.*)   aside (in theatre)
apearse   to alight; to get down
apestado   infected; stinking
apodo (*m.*)   nick-name
apostado   something which has been staked or betted
apoyar   to favour; to confirm; to support
apoyo (*m.*)   support
apretado   tight; difficult, arduous
apretar (ie)   to clench; to compress
aprovecharse de   to avail oneself, to take advantage of
apuntar   to aim; to point out; to note
apurar   to hurry; to clear up; to verify
arado   plowed
araña (*f.*)   spider
arcoíris (*m.*)   rainbow
arcón (*m.*)   large chest, bin
arder   to blaze, to burn
arena (*f.*)   sand
arisco   churlish, shy; harsh, rough
armario (*m.*)   cabinet, wardrobe, closet
arrancar   to pull out, to tear out; to start (motor); to pluck
arranque (*m.*)   extirpation, wrench
arrastrar   to drag along; to haul
arreglar   to guide; to arrange, to adjust
arremolinado   swirling
arrepentimiento (*m.*)   repentance, regret
arrepentirse de (ie)   to repent, to regret
arriesgado   risked; dangerous
arrimar   to bring close; to approach, to draw near
arrinconado   distant, out of the way; forgotten
arrodillarse   to kneel down
arrojar   to dart; to fling, to hurl
arroyo (*m.*)   rivulet, small river
asa (*f.*)   handle
a salvo   without injury
asco (*m.*)   nausea; loathsomeness
asemejarse a   resemble
asidero (*m.*)   support

asiento (*m.*) chair; seat
asignatura (*f.*) subject of study
asno (*m.*) ass, donkey
asomado visible; appearing; leaning out
asombrar to amaze, to astonish
aspereza (*f.*) roughness
áspero rough
atesorar to hoard, to store up
atiborrar to fill
atravesar (ie) to go through
atreverse to dare
atroz atrocious; awful
aturdido dazed
auscultar to listen with a stethoscope
auxilio (*m.*) aid, help
averiguar to find out
azaroso risky
azotar to whip
azufre (*m.*) brimstone

B

baboso (*m.*) slob
bajar to go down; to take or carry down
bala (*f.*) bullet
baldado paralyzed, crippled
balsa (*f.*) raft
banco (*m.*) bank; bench
bandeja (*f.*) tray
bandera (*f.*) flag, banner
bando (*m.*) decree, proclamation; party, faction
baranda (*f.*) railing
barato cheap
bardo (*m.*) bard
barranca (*f.*) ravine, gorge
barrenar to drill
barrer to sweep; to sweep away
barrilete (*m.*) kite
barrio (*m.*) city district, suburb
barro (*m.*) mud
bata (*f.*) dressing gown
batido beaten
batirse to beat; to fight
belfo (*m.*) lip (animals)
bendecir to bless
bendición (*f.*) benediction, blessing
berenjena (*f.*) eggplant
besar to kiss
bieldo (*m.*) winnowing fork; rake
bienestar (*m.*) well-being; happiness
blando soft; bland; mild, pleasing

blanquear to whiten
bobalicón (*m.*) nitwit
boca (*f.*) mouth
boca abajo face down
boda (*f.*) wedding, marriage
bola (*f.*) bunch, noisy group
bolero (*m.*) popular Spanish dance and song
bordar to embroider
borrar to erase; to cross out
borrarse to become blurred
bosque (*m.*) wood, forest
botón (*m.*) button
bracero (*m.*) day-laborer
brazado (*m.*) armful
brazo (*m.*) arm
brida (*f.*) bridle
brillar to shine
brillo (*m.*) luster, sparkle, shine
brincar to leap, to jump
brincotear to leap
brizna (*f.*) filament, string; fragment
broma (*f.*) prank, joke
brotar to spring up
buey (*m.*) ox, bullock
buitre (*m.*) vulture
bullir to boil, to bubble up; to move, to stir
burel (*m.*) bull
burla (*f.*) ridicule; trick, jest, practical joke
butaca (*f.*) armchair
buzón (*m.*) letter-box, mailbox

C

cabizbajo crestfallen, downcast
caca (*f.*) excrement
cacharrito (*m.*) little pot
cadena (*f.*) chain
caja (*f.*) box
cajón (*m.*) large box, chest
cal (*f.*) lime
calado soaked; perforated
calados lacework
calentura (*f.*) fever
caluroso warm, hot
calzar to put on gloves; to put on shoes
callado quiet, discreet
camión (*m.*) truck; school bus
campana (*f.*) bell
campesino (*m.*) countryman; peasant

camposanto (*m.*) burial ground, cemetery
canción de cuna (*f.*) lullaby
canela (*f.*) cinnamon
cangrejo (*m.*) crab
cansancio (*m.*) weariness, fatigue
cantina (*f.*) bar, saloon
cantinela (*f.*) chant
cánula (*f.*) stem
cañón (*m.*) cannon; gun; cylindrical tube of pipe; quill (feather stem and pen)
capacete (*m.*) hood
capataz (*m.*) overseer, foreman
capaz capable; capacious, ample
capota (*f.*) hood; car hood
capote (*m.*) collarless cape
caracolear to prance about
carcajada (*f.*) guffaw, roar of laughter
cardo (*m.*) thistle
carecer to lack
cargado loaded, full
cargar to burden, load; to carry
carne (*f.*) meat; flesh
carnero (*m.*) lamb
carretera (*f.*) road
cartón (*m.*) cardboard
casarse con to marry
cáscara (*f.*) shell, peel
casta (*f.*) race; class; quality, kind
castañetear to chatter
castaño (*m.*) chestnut tree
castigo (*m.*) punishment
cautivo (*m.*) captive, prisoner
cavar to dig
cayado (*m.*) stick
cebolla (*f.*) onion
cedro (*m.*) cedar
cegar (ie) to make or become blind
celo (*m.*) zeal; envy
celos (*m.*) jealousy, suspicion
cenefa (*f.*) border; band, hem on a piece of cloth
ceniza (*f.*) ash
ceñido contracted, reduced, confined
cera (*f.*) wax; wax candles
cerca (*f.*) enclosure; hedge; fence
cerrado narrow-minded; closed
cerradura (*f.*) closure; lock
cesar de to stop
cielo (*m.*) sky; heaven
cifra (*f.*) number
cima (*f.*) summit, top; height

cita (*f.*) appointment; citation, quotation
claro light in color
clavar to nail; to fasten in; to force in
clave (*f.*) key, code; keyboard
clavel (*m.*) carnation
cobarde (*m./f.*) coward
cobertizo (*m.*) outhouse
cobijar to cover; to protect; to shelter, to lodge
cobrar to recover; to collect
cobre (*m.*) copper; kitchen brass utensils
cocido boiled, baked, cooked; (*m.*) Spanish stew
código (*m.*) code of laws
cogido caught, held; gathered
cola (*f.*) tail; line (of people)
colcha (*f.*) coverlet, quilt
colchón (*m.*) mattress
cólera (*f.*) anger
coletazo (*m.*) unexpected lashing
colgarse (ue) to hang oneself
colmado abundant, filled, heaped
colmo (*m.*) finishing, summit; extreme
colonia (*f.*) city district; colony
cómoda (*f.*) dresser
compartir to share
comportamiento (*m.*) conduct, behavior
comprobar (ue) to verify; to check; to prove
comprometer to involve; to embarrass, to put in an awkward position
comprometerse to promise, to bind oneself; to become engaged
comprometido involved, dedicated; engaged
compromiso (*m.*) obligation, commitment; engagement
concordar (ue) to agree; to be in harmony
condenar to condemn
conejo (*m.*) rabbit; guinea pig
confiar a to trust
confundido confused
conmovedor touching, moving
conmover to move, to touch, to affect (with emotion)
con respecto a with respect to; with regard to
consejo (*m.*) advice, counsel

contratista (*m./f.*) contractor
convenir (ie,i) to agree to; to be good for
convidar to invite
convivir to live together with others
corbata (*f.*) neck-tie
cordón (*m.*) cord; rope
corneta (*f.*) bugle, cornet
corona (*f.*) crown
corpiño (*m.*) corset-cover; waistcoat
corrido (*m.*) popular ballad
cosecha (*f.*) harvest
coser ajeno to take in sewing
costado (*m.*) side
costal (*m.*) sack
costarle un ojo de la cara (ue) to cost one an arm and a leg
costumbre (*f.*) custom
cotidiano daily, every day
cráneo (*m.*) skull
crepuscular twilight
criada (*f.*) maid
criado (*m.*) servant
criar to bring up, to rear, to educate
crin (*f.*) mane
criollo (*m.*) person of pure Spanish blood living in the Americas
cruce (*m.*) crossing; crossroads
crujido (*m.*) rustling; creak, creaking
cuadra (*f.*) hall; stable; city block; hut
cuadrilla (*f.*) group, troupe; quadrille, square dance
cuadro (*m.*) square; picture; frame; description, scene
cuchillo (*m.*) knife
cuenta (*f.*) account, bill, note
cuento de hadas (*m.*) fairy tale
cuentón gossipy; (*m.*) story-teller
cuero (*m.*) leather
culpa (*f.*) fault; sin; guilt; crime
culpabilidad (*f.*) guilt
cuna (*f.*) cradle
cursi vulgar, shoddy

CH
chacal (*m.*) jackal
chal (*m.*) shawl
chaleco (*m.*) waistcoat, vest
charol (*m.*) lacquer; patent leather
chicano (*m.*) Mexican-American
chiflado mentally unstable, crazy
chistoso humorous, witty
choza (*f.*) hovel, hut, shanty

D
dar paso a to give way to, to give place to
darse cuenta de to realize
deber (*m.*) duty, obligation
debilidad (*f.*) weakness
delantal (*m.*) apron
delante de in front of
demorar to delay
de nuevo again
departamento (*m.*) department; apartment
derecho (*m.*) right; duty; fee
derramar to spill
derrotar to dissipate; to break, to tear; to defeat
desahogo (*m.*) ease; freedom; relief
desarrollar to develop
desarrollo (*m.*) development
desasosegado uneasy
desazonado annoyed
desbaratado destroyed
descalzo barefoot, shoeless
descaradamente shamelessly
descargar to unload
descaro (*m.*) nerve
desconfiar to distrust; to lose confidence
descuidado careless, negligent; unaware
desde luego of course
desdén (*m.*) disdain
desempeñar to recover; to carry out one's obligations
desempeñar un papel to play a part
desencadenar to unleash; to let loose
desenlace (*m.*) dénouement; conclusion, end
desesperación (*f.*) despair
desesperarse to despair; to be troubled
desgarrado shameless; licentious
desgarrador heartbreaking
desgracia (*f.*) misfortune
deslizar to slip, to slide; to act or speak carelessly
desnudez (*f.*) nakedness
desobligar to forget one's obligation; to raise a person's spirits
desollado barefaced, brazen
despectivo contemptuous
despechado enraged
despedirse (i) to take leave; to say goodbye

despeinar to entangle; to disarrange the hair
despiojarse to delouse oneself
desplegar (ie) to unfold; to put forth, to display
desplumado moulted
despotricar to rave
despreciado scorned, despised
despreciar to scorn, to despise
desvelo (*m.*) lack of sleep; vigilance; anxiety; uneasiness
dibujar to draw, to sketch, to outline
dicha (*f.*) happiness; good luck
diestro right; expert; dexterous
dilecto loved, beloved
diseñar to draw, to design, to sketch
disfrazarse to masquerade, to go in disguise
disfrutar to benefit by; to enjoy
disimular to fein, to pretend; to hide
disparate (*m.*) absurd thing
dispensar to dispense, to exempt; to pardon; to deal out
displicente disagreeable
dispositivo (*m.*) device, mechanism; gadget
doblarse to double; to give in
doble (*m.*) step in a Spanish dance; double
doncella (*f.*) maiden
dudoso doubtful
dueño (*m.*) owner
dulce sweet; gentle, meek
dulzura (*f.*) sweetness
durar to last, to endure
dureza (*f.*) hardness, roughness

E

echar to throw; to toss; to put in or into
echar fuego to be very angry
efigie (*f.*) effigy, image
egregia eminent
ejército (*m.*) army
embarazada pregnant
embarazo (*m.*) pregnancy
embestir (i) to assail, to attack, to rush against
embrujado bewitched
emisor (*m.*) transmitter
empacado packed

empalizada (*f.*) fence
empapado soaked, drenched
(a) empellones forcefully
enagua (*f.*) skirt; petticoat
enajenar to alienate; to carry away
encaje (*m.*) lace; act of fitting
encallado stuck
encallecido hardened
encantamiento (*m.*) enchantment
encanto (*m.*) enchantment, charm
encañonado put into tubes or pipes; plaited, folded
encararse con to confront
encargado in charge
encariñarse con to become fond of
encender (ie) to kindle, to light; to inflame
encerrar (ie) to lock up; to confine
encía (*f.*) gum (in the mouth)
encierro (*m.*) act of enclosing; confinement
encubridor hiding, concealing
encuesta (*f.*) inquiry; poll
endecha (*f.*) dirge, doleful, ditty
endurecido hardened
enfrentarse con to face; to oppose
enganche (*m.*) hook; hooking
engañar to deceive, to fool, to trick
enjaulado caged
enloquecer to become mad; to be annoyed
enmarañado entangled, perplexed, involved in difficulties
enmudecer to impose silence; to be silent; to become dumb
enojar to anger, to vex; to tease
enredadera (*f.*) climbing plant; vine
enredarse to become entangled
enrollar to roll, to roll up
ensabanar to wrap up in sheets
ensangrentado bloody
ensayo (*m.*) test; experiment; rehearsal
enseñanza (*f.*) teaching; education
ensopado soaked
en tanto que while; until
(mal) entendido (*m.*) misunderstanding
enterarse de to know; to find out
entero entire, whole; right
enterrar (ie) to bury
entrañar to bury deep; to carry within

entreabierto ajar; half open
entregar to deliver; to hand over
entretenerse to amuse oneself; to delay oneself
entristecerse to become sad
envejecer to make old; to grow old
enviciar to corrupt
envidiar to envy
envolver (ue) to involve; to entangle; to wrap
equipo (*m.*) equipment; sport team
equivocación (*f.*) error, mistake
errabundo wandering
escama (*f.*) scale (fish); flake
escampar to clear, to stop raining
escarceo (*m.*) prance; excitement
escarcha (*f.*) frost; frosting
escarmiento (*m.*) punishment
escarnio (*m.*) taunt; ridicule
escenario (*m.*) stage
(a) escobazos kicked with a broom
escoger to choose; to select
esconderse to hide, to go into hiding
escondite (*m.*) hiding place
escopeta (*f.*) shotgun
escotado low cut in the neck (of a dress)
escrito (*m.*) writing; manuscript
esculpir to carve; to sculpture
escupir to spit
escurrirse to slip; to drop; to slide; to slip out, to escape
esfera (*f.*) sphere
esforzado strong
esforzar (ue) to invigorate; to exert; to enforce
espacioso slow, deliberate
espalda (*f.*) back, shoulder
espantáa (espantada) (*f.*) sudden fright; cold feet; stampede
espantar to frighten
espantoso dreadful, frightful
espejo (*m.*) mirror
espesarse to become thick, to thicken
espina (*f.*) thorn, spine; doubt, suspicion
espinar to prick with thorns; to provoke
espinazo (*m.*) spine
espuela (*f.*) spur; incitement, stimulus
espumadera (*f.*) ladle

esquema (*m.*) scheme; outline, sketch
esquina (*f.*) corner, nook; edge
estación (*f.*) season
estacionarse to remain stationary; to park (a car)
estadística (*f.*) statistics
estallar to explode
estallido (*m.*) crack, snap; report (of a firearm)
estar en estado to be pregnant
estar en trance de to be on the point of; to be in process of
estéril futile; sterile
estiércol (*m.*) manure
estirpe (*f.*) race, stock
estocada (*f.*) stab, thrust
estorbo (*m.*) nuisance
extranjero (*m.*) foreigner
extraño strange, odd
estrellado starry
estremecer to shake; to make tremble
estremecerse to shudder
estrenar to use or do anything for the first time
estrujado squeezed, crushed, mashed; wrinkled
etapa (*f.*) epoch, period; stage; station
evitar to avoid

F

facha (*f.*) appearance, aspect, looks
(estar hecho una) facha to look terrible
faena (*f.*) task, job
falla (*f.*) fault, defect
fallar to fail, to be deficient
fango (*m.*) mud; mire
fantasma (*m.*) ghost
fastidiar to annoy, to bother
felicidad (*f.*) happiness
feria (*f.*) fair; market
festejar to entertain; to celebrate
fianza (*f.*) bond, security, guarantee
fiar to entrust; to confide; to vouch for
fidelidad (*f.*) loyalty, faithfulness
fideo (*m.*) thin noodle, vermicelli
fiebre (*f.*) fever
fiel loyal, faithful
fiera (*f.*) wild beast
fijamente fixedly

fijarse en to notice, to pay attention to

fila (*f.*) row, line; rank

filo (*m.*) cutting edge

fingir to feign, to pretend

(al) fin y al cabo at last

flaqueza (*f.*) weakness

fleco (*m.*) fringe

flecha (*f.*) arrow

foco (*m.*) focus, focal point

follaje (*m.*) foliage

fondo (*m.*) bottom; depth; background; back

fornido stout, strong

fortaleza (*f.*) fortress; strength, vigor

fraile (*m.*) friar

freno (*m.*) brake; restraint

frente (*f.*) forehead; countenance; (*m.*) front

frotar to rub, to scour

fuera de quicio unhinged; furious

fulgurar to glow

fusil (*m.*) gun

G

galeote (*m.*) galley slave

galvanizado galvanized

gallinero (*m.*) chicken coop

gama (*f.*) range, scale

ganador (*m.*) winner, gainer

garfio (*m.*) hook; gaff

garganta (*f.*) throat, neck

gárgara (*f.*) gargling

garraleta (*f.*) jalopy

garrote (*m.*) stick

gastado spent; worn out, old

gasto (*m.*) expense

gavilán (*m.*) sparrow-hawk

género (*m.*) genre; kind; way

girar to spin

girasol (*m.*) sunflower

golondrina (*f.*) swallow

golpe (*m.*) blow, hit

golpear to hit, to give blows

goma de borrar (*f.*) eraser

(la) gorda tremendously

gorra (*f.*) cap, bonnet

gota (*f.*) drop

grabado engraved; recorded

graduado graduated; (*m.*) graduate

grasa (*f.*) grease

gremio (*m.*) guild, society, brotherhood; trade union

grieta (*f.*) crack

gringo (*m.*) derogatory term for North American

gritería (*f.*) shouting

grito (*m.*) shout, cry

grueso dense; thick

guardar to keep

guerrero (*m.*) fighter

guirnalda (*f.*) garland, wreath

guiso (*m.*) stew

gusto (*m.*) pleasure; whim; taste, flavor

H

haber de to be supposed to

haber que to have to, to be necessary

hacinado stacked up

(cuento de) hadas (*m.*) fairy tale

hado (*m.*) fate, destiny

halagar to please, to flatter

hallar to find

harina (*f.*) flour

harto fed up

hasta until; even

hecho (*m.*) fact, event

helado (*m.*) ice cream, water-ice; frozen

heredar to inherit

herida (*f.*) wound

hermético mysterious, hermetic

herrador (*m.*) farrier, horse-shoer

herradura (*f.*) horse-shoe

hervir (ie,i) to boil; to seethe; to bubble

hieratismo (*m.*) traditonal liturgical or religious character

hilacha (*f.*) ravelled thread

hincharse to swell; to grow arrogant

hoguera (*f.*) bonfire

hoja (*f.*) leaf

hoja de lata (*f.*) tin-plate

holanda (*f.*) fine Dutch linen, cambric

holganza (*f.*) idleness

hombría (*f.*) manliness

hombro (*m.*) shoulder

hondo profound, deep; (*m.*) bottom

hondonada (*f.*) dale, ravine

honradez (*f.*) honesty, integrity, faithfulness

horcón (*m.*) beam

hortaliza (*f.*) vegetable garden

hosco sullen

hoz (*f.*) sickle, reaping-hook
hueco (*m.*) ditch, hole; hollow; empty; vain
huelga (*f.*) strike
huella (*f.*) trace, footprint
huerta (*f.*) vegetable garden
huerto (*m.*) vegetable garden
huesa (*f.*) grave, sepulchre
hueso (*m.*) bone
huevón (*m.*) profane term for lazy bum
huidizo elusive
huir to flee, to escape; to elope; to run away
humedecido moistened, wet
humillarse to humble oneself
hundir to sink

I
idioma (*m.*) language
igualmente equally
imagen (*f.*) image
impasible impassive, unmoved
impávido dauntless, intrepid
imperar to rule, to be in command
impertérrito intrepid; unterrified
impío impious; wicked; pitiless
imprevisto unforeseen, unexpected
inaudito unheard of, extraordinary
incapaz incapable
incurrir to incur; to become liable
indagar to inquire, to find out
indescifrable undecipherable; impenetrable
infierno (*m.*) hell
infranqueable impassable; unsurmountable
ingenuidad (*f.*) naiveté
inmigrante immigrant
intemperie (*f.*) outdoors; rough weather
interlocutor (*m.*) speaker
intruso (*m.*) intruder
ira (*f.*) rage
irreductible unyielding

J
jaca (*f.*) nag, pony
jamón (*m.*) ham
jardín (*m.*) flower garden
jarra (*f.*) earthen jar
juego (*m.*) game
juez (*m.*) judge

juguete (*m.*) toy, plaything
junco (*m.*) rush, reed
jurar to swear
juventud (*f.*) youth

L
labio (*m.*) lip
ladrido (*m.*) bark, barking
lana (*f.*) wool
latido (*m.*) beat
latir to beat
lazo (*m.*) bow, knot; tie, bond
lectura (*f.*) reading
lechuga (*f.*) lettuce
legua (*f.*) league (about three miles)
lejanía (*f.*) distance, remoteness
lema (*m.*) motto; theme; slogan
lengua (*f.*) tongue
lento slow
leñador (*m.*) woodcutter
levadura (*f.*) yeast
ley (*f.*) law
liado bound, tied
licenciado (*m.*) graduate; lawyer
lidiar to fight
lila (*f.*) lilac
lisiado injured, lamed, maimed
loco crazy
locura (*f.*) madness, lunacy
lodazal (*m.*) mudhole
lograr to gain, to obtain, to succeed
lucido splendid
luciente shining
lucha (*f.*) battle
(desde) luego of course
lugar (*m.*) place, spot, site
lúgubre mournful, gloomy, lugubrious
lujo (*m.*) luxury
lujurioso lustful; lewd
lumbre (*f.*) fire; spark; splendour
luna de miel (*f.*) honeymoon
luto (*m.*) mourning

LL
llaga (*f.*) wound, sore; prick, thorn
llamado (*m.*) call
llegada (*f.*) arrival
llenar to fill
lleno full, complete
llorar to weep, to cry

M

macizo   solid

mácula (*f.*)   stain, spot, blemish

machacar   to pound or to break into small pieces

madrugada (*f.*)   dawn, early morning

madrugador (*m.*)   early-riser

magullado   bruised, worn out

maldecir   to curse; to bad-mouth

maligno   malicious, evil

manar   to spring from; to proceed; to issue

mancillado   spotted, stained

mancuerna (*f.*)   pair tied together; thong for tying two steers

manchado   stained, blemished

mandado   sent

mandato (*m.*)   mandate, order

manga (*f.*)   sleeve

manguera (*f.*)   hose

manoletín (*m.*)   a kind of bullfight pass

mansedumbre (*f.*)   meekness

mantel (*m.*)   tablecloth; covering

mantener   to maintain, to sustain

maquillaje (*m.*)   make-up

marchito   faded, withered

mareado   sea-sick; unwell

marfil (*m.*)   ivory

marido (*m.*)   husband

mariposa (*f.*)   butterfly

marisco (*m.*)   shell-fish

masticar   to chew

matar   to kill

matiz (*m.*)   shade, hue

matricular   to enroll, to register

mayúscula (*f.*)   capital letter

media (*f.*)   stocking

(a) medida que   in keeping with the rate at which

medir (i)   to measure

mejorar   to improve

mella (*f.*)   hollow crack; dent

mendigar   to beg

mendigo (*m.*)   beggar

menear   to move from place to place; to wag, to waggle

menester (*m.*)   need, want

menesteres (*m.*)   implements, tools

menestra (*f.*)   pottage

(por lo) menos   at least

mensaje (*m.*)   message

menta (*f.*)   mint

mentir (ie,i)   to lie; to deceive

mentira (*f.*)   lie

mentiroso   lying; deceitful

(a) menudo   frequently

mercadería (*f.*)   marketplace

mercancía (*f.*)   goods

merced (*f.*)   wages; gift; mercy

merecer   to deserve, to merit

merluza (*f.*)   hake

meseta (*f.*)   plateau; landing

mestizo (*m.*)   person of mixed Spanish and Indian blood

metáfora (*f.*)   metaphor

meterse   to plunge into; to meddle

metiche   meddling, meddlesome

metido   placed into, put into

mezclarse   to mix, to mingle; to meddle in anything

mezquino   poor, indigent; avaricious

miedoso   fearful, timorous

mimar   to coax; to spoil a child

mirada (*f.*)   look, glance

mirra (*f.*)   myrrh

mirto (*m.*)   myrtle

mito (*m.*)   myth

moda (*f.*)   fashion, custom, style

modal   fashionable

modales (*m.*)   manners

modoso   temperate; well-behaved

mojado   wet, drenched

molestar   to bother

molinillo (*m.*)   small mill

moneda (*f.*)   money, coinage

morder (ue)   to bite

mordisco (*m.*)   bite, biting

moro (*m.*)   Moor

mortaja (*f.*)   shroud

mosca (*f.*)   fly

mozo (*m.*)   youth, young man

muchedumbre (*f.*)   multitude, crowd

mudanza (*f.*)   alteration; change; move

muerte (*f.*)   death

muladar (*m.*)   dungheap

muralla (*f.*)   wall

murciélago (*m.*)   bat

musgo (*m.*)   moss

muslo (*m.*)   thigh

N

nana (*f.*)   grandma; lullaby; nanny

natal   native

náufrago (*m.*)   shipwrecked person

navaja (*f.*) razor; folding-knife
neblina (*f.*) mist, drizzle; fog
nido (*m.*) nest
nieto (*m.*) grandson
nieve (*f.*) snow
nimio excessive, too much; stingy
ni siquiera not even
novia (*f.*) bride, sweetheart
novillo (*m.*) steer
nubarrón (*m.*) storm cloud
nube (*f.*) cloud
nublo cloudy, nebulous
nudo (*m.*) knot; bond
nueva (*f.*) news
nuez (*f.*) walnut; nut
nutrir to nourish; to strengthen; to foment

O

obertura (*f.*) overture
obispo (*m.*) bishop
obrero (*m.*) workman, laborer
ocultar to hide
odiar to hate
odioso hateful
oficio (*m.*) position, office; trade
oído (*m.*) hearing; ear
ojera (*f.*) dark circle under one's eyes
(costarle un) ojo de la cara to cost one an arm and a leg
ola (*f.*) wave
oler (ue) to smell; to scent
olvido (*m.*) oblivion, forgetting
olla (*f.*) pot, kettle
ombligo (*m.*) navel
onda (*f.*) wave
opíparamente sumptuously
oreja (*f.*) ear; hearing; handle
orgullo (*m.*) pride
orilla (*f.*) shore
oscuridad (*f.*) darkness
oscuro dark, obscure

P

padecer to suffer
¡(Qué) padre! How great!
país (*m.*) country
pajarraco (*m.*) big bird
paladar (*m.*) palate; taste
palidecer to turn pale
palmo a palmo inch by inch
palo (*m.*) stick; log
paloma (*f.*) pigeon, dove

(a) palos by beating
pámpano (*m.*) vine-branch, tendril
panadería (*f.*) bakers' shop
pantorrilla (*f.*) calf of the leg
pañuelo (*m.*) handkerchief
papa (*m.*) pope; (*f.*) potato
papel (*m.*) paper; role, part in a play
papeleo (*m.*) paperwork
para con towards
parado standing up; careless; slow
pared (*f.*) wall
pariente (*m.*) relative
parpadear to blink; to wink
párpado (*m.*) eyelid
parra (*f.*) vine; honey jar
partida (*f.*) departure
partidario (*m.*) partisan; follower
partir to crack; to split; to set out, to depart
párroco (*m.*) parish priest
pasador (*m.*) bolt
pasaje (*m.*) passage way; passage money, ticket
paso (*m.*) pace, footstep
pasodoble (*m.*) a type of marching music; a type of dance
pasto (*m.*) pasture
pastor (*m.*) shepherd
pata (*f.*) foot and leg of animals
patrón (*m.*) boss
pavoroso terrifying
pecador (*m.*) sinner
pecho (*m.*) breast; chest
pedido (*m.*) order; demand
pedrada (*f.*) blow, throw
peinado (*m.*) hairdo
peinadora hairdresser
peinar to comb, to dress the hair
pelado bare
peligro (*m.*) danger
pelo (*m.*) hair; down (of bird); thread
pellejo (*m.*) hide, skin
pendiente (*m.*) earring
percance (*m.*) mishap
perdidoso losing; easily mislaid
peregrino (*m.*) pilgrim
perico (*m.*) parakeet, small parrot
periodismo (*m.*) journalism
persiana (*f.*) venetian blind
personaje (*m.*) character (in a play, etc.)
pertenecer to belong

pesadilla (*f.*) nightmare
pesar to weigh; to grieve, to afflict
peso (*m.*) weight
pez (*m.*) fish, catch
piadoso pious; merciful
picapedrero (*m.*) stonecutter
picar to prick, to pierce; to sting
picotear to peck
piedad (*f.*) piety, devotion; pity, mercy
piel (*f.*) skin; leather, fur
pinchazo (*m.*) puncture; prick, wound
pisar to step on; to step; to trample; to tread
piso (*m.*) floor; story; apartment
pitar to honk
pitón (*m.*) python; lump; shoot; sprout
pizcador (*m.*) picker
pizcar to pick; to pinch
placentero joyful, pleasant
plancha (*f.*) steam iron
planta (*f.*) sole of the foot; plant, floor
plantear to plan; to trace; to try
plastrón (*m.*) floppy tie, cravate
plazo (*m.*) term, duration; credit; installment
pleamar (*f.*) highwater; high tide
pleno complete, full
pliegue (*m.*) fold, pleat, crease; gather (sewing)
plomo (*m.*) lead
pluma (*f.*) feather; quill pen
poder (*m.*) power
podrido rotten, bad, putrid
polvo (*m.*) dust
pólvora (*f.*) gunpowder
ponerse (el sol) to set
ponerse a to begin; to become
pordiosero (*m.*) beggar
por lo menos at least
pormenor (*m.*) detail, particular
portal (*m.*) porch, entry
portarse to behave
portón (*m.*) inner door of a house
porvenir (*m.*) future, time to come
posadero (*m.*) innkeeper, host
posición (*f.*) physical or social position
postigo (*m.*) shutter
postre (*m.*) dessert
pozo (*m.*) well

prado (*m.*) meadow, field
prejuicio (*m.*) prejudice, bias
premiar to reward
preocuparse por to worry about
presa (*f.*) capture; prize; loot; hold
presidio (*m.*) garrison; penitentiary
preso (*m.*) prisoner
préstamo (*m.*) loan
primo (*m.*) cousin
promedio (*m.*) middle; average
propiedad (*f.*) property
pudor (*m.*) bashfulness, modesty
pudrir to rot; to corrupt
pueblo (*m.*) town; people
puente (*m.*) bridge
puesto (*m.*) job, position
pulga (*f.*) flea
punto de media (*m.*) stocking stitch
punto de vista (*m.*) point of view
puñal (*m.*) dagger
puño (*m.*) fist; handful; grasp
pupitre (*m.*) school desk; writing desk

Q

quebrarse to be broken; to break
quedo soft
quejarse to complain
quejumbroso plaintive, complaining
(fuera de) quicio unhinged, furious
quizá (quizás) perhaps

R

rabia (*f.*) anger
rabo (*m.*) tail of animals; hind part
racimo (*m.*) bunch, cluster
radicar to take root; to be
(a) ráfagas in sudden bursts
raíz (*f.*) root; base
rajarse to crack
rama (*f.*) branch, shoot, sprig
rango (*m.*) rank, status
rasgos (*m.*) features
(a) rastras by dragging
raza (*f.*) race
realista realistic
realizar to perform; to fulfil
rebanada (*f.*) slice
recato (*m.*) modesty; reserve
recaudado collected
recelo (*m.*) suspicion; distrust
recinto (*m.*) walled enclosure
recoger to gather; to cull
recorrer to run over; to travel

recto straight; fair; honest
recurrente recurrent
rechazar to reject
red (*f.*) net; web
redoble (*m.*) rumble
reforzar (ue) to reinforce; to strengthen
refrán (*m.*) proverb, saying
refresco (*m.*) refreshment; cooling drink
rejega meek; slow
relamerse to lick one's lips; to relish
relámpago (*m.*) flash of lightning
relampaguear to flash
relinchar to whinny, to neigh
relumbrante resplendent
rematar to close, to end, to finish
remilgo (*m.*) affected niceness; prudery
remolino (*m.*) whirlwind
rendir (i) to surrender
renegar (ie) to deny
renglón (*m.*) line
reparar to repair, to restore; to consider, to heed
repartir to distribute
repisa (*f.*) mantel piece; shelf
repliegue (*m.*) fold, crease; withdrawal
reprimir to repress, to suppress
reptar to crawl
requiebro (*m.*) endearing expression; compliment
resaltar to jut out; to be evident; to result
resorte (*m.*) spring; means
(con) respecto a with respect to
respeto (*m.*) respect
respirar to breathe
resplandor (*m.*) radiance, gleam
respuesta (*f.*) answer, response
(a) retazos in bits and pieces
retozar to frolick
retrasar to delay
retrato (*m.*) portrait; resemblance
reventar (ie) to burst; to blow up; to splash
reverdecer to sprout again, to grow green
reverencia (*f.*) reverence, homage; movement in a bullfight
revolera (*f.*) movement in a bullfight
revolotear to flutter, to fly about

riesgo (*m.*) risk
rifar to raffle
rima (*f.*) rhyme
riñón (*m.*) kidney
risa (*f.*) laugh; laughter
rocío (*m.*) dew
rodear to surround
(de) rodillas on one's knees
roído nibbled at; corroded
romance (*m.*) ballad
rosal (*m.*) rose bush; red-rose
rosco (*m.*) loaf of bread
rostro (*m.*) countenance, human face
roto broken
roturación (*f.*) breaking new ground
rozar to rub against; to graze; to touch on
rudo rough, rude, churlish
ruedo (*m.*) rotation; bull-ring
ruido (*m.*) noise
ruiseñor (*m.*) nightingale
rumbo a in the direction of; heading for

S
sábana (*f.*) sheet
saber to know; to taste
saborear to flavor; to give a zest
sal (*f.*) salt; wit; wisdom
sala (*f.*) hall, drawing room
salitrera (*f.*) nitrate works, fields
salmo (*m.*) psalm
salsa (*f.*) sauce
salvaje wild
salvo except
(a) salvo without injury
sangrar to bleed
sangre (*f.*) blood
sardinel (*m.*) brick wall
secador (*m.*) hair-dryer
secano (*m.*) unirrigated land
seco dry
secundario secondary (high school)
seda (*f.*) silk
semáforo (*m.*) traffic light
sembrado sowed with
semejante similar
semejanza (*f.*) resemblance, similarity
semental (*m.*) stud-horse
semilla (*f.*) seed; cause; origin
sendero (*m.*) path, footpath

seno (*m.*)   breast, bosom
sentido (*m.*)   sense, meaning
sentirse (ie,i)   to be affected; to feel
señal (*f.*)   sign, mark
ser (*m.*)   life; being; essence
serie (*f.*)   series, order
sideral   space, starry
sien (*f.*)   temple (of the head)
significado (*m.*)   meaning
símil (*m.*)   simile
simpatía (*f.*)   liking, affection
sin embargo   nevertheless
sino (*m.*)   fate, destiny
(ni) siquiera   not even
sobra (*f.*)   leftover
(de) sobra   extra; in surplus
sobrecogedor   surprising
sobrenatural   supernatural
sobresaltar   to assail, to attack
sobresalto (*m.*)   sudden shock
solapa (*f.*)   lapel
soledad (*f.*)   solitude, loneliness
solo   alone
sólo   only
sollozo (*m.*)   cry, sob
sombra (*f.*)   shade; shadow
sombrío   somber, gloomy
someterse   to submit
sonámbulo (*m.*)   insomniac
sonido (*m.*)   sound
sonrisa (*f.*)   smile
soñar con   to dream of
soñoliento   sleepy, drowsy
soplo (*m.*)   puff
soponcio (*m.*)   grief; swoon
soportar   to tolerate
sorbo (*m.*)   sip
sordo   deaf
sorpresa (*f.*)   surprise
sortija (*f.*)   ring
sospechar   to suspect
suavizar   to soften
subir   to raise, to lift up; to take up; to go up
súbito   sudden
subrayar   to underline; to emphasize
suceder   to happen, to occur
sucio   dirty
sudar   to sweat
sudor (*m.*)   sweat
suegra (*f.*)   mother-in-law
sueldo (*m.*)   wages, salary
suelo (*m.*)   earth, soil; ground, floor

suelto   loose, free
sueño (*m.*)   dream
sufrimiento (*m.*)   suffering
sujetar   to subdue; to hold fast; to catch; to fasten
sumido   sunk; overwhelmed
suntuario   sumptuary
superar   to surpass, to excel
surco (*m.*)   furrow
surgir   to surge; to spout
susurrar   to whisper

T
tablero (*m.*)   board; counter
tacón (*m.*)   heel
taconeo (*m.*)   heel-clicking, tapping
tallo (*m.*)   stem, stalk, shoot
tamaño (*m.*)   size
(en) tanto que   while; until
tapa (*f.*)   cover, cap, lid
tapar   to cover; to hide
tapia (*f.*)   mud wall; adobe wall
tapiar   to wall in
tardar   to take a long time
tarjeta postal (*f.*)   postcard
taza (*f.*)   cup, cupful
techo (*m.*)   roof, ceiling; cover
telaraña (*f.*)   spiderweb
telón (*m.*)   curtain
tema (*m.*)   theme
temblar (ie)   to tremble, to shake
tempestad (*f.*)   tempest, storm
temple (*m.*)   temper; valor
temporada (*f.*)   period of time, season
tenaza (*f.*)   tong
tener en cuenta   to keep in mind
tener ganas de   to have a desire to; to feel like
tener que ver con   to have to do with
teñido   dyed, tinted
terciopelo (*m.*)   velvet
ternura (*f.*)   tenderness
tierno   fresh; tender
timbrado   stamped
timbre (*m.*)   call bell; postage stamp
tinieblas (*f.*)   shadows, darkness; confusion
tirado   thrown
tirar   to throw; to throw away; to shoot
tirarse   to throw oneself; to lie down

tiritar to shiver
tobillo (*m.*) ankle
toca (*f.*) hood, bonnet
tocar to touch
todavía still
tontería (*f.*) foolishness, foolery
toque (*m.*) touch; ringing of bells
torcido twisted; bent
tornasol (*m.*) sunflower; iridescence
(en) torno around
torta (*f.*) round cake, tart
toser to cough
trabajador (*m.*) worker, hand laborer
trabalenguas (*m.*) tongue-twister
traducir to translate
tragar to swallow
trago (*m.*) drink
traicionar to betray
traje (*m.*) clothes, suit, costume
trama (*f.*) plot; argument of a play
trampa (*f.*) trap; trick
(estar en) trance de to be on the point of; to be in process of
transeúnte (*m.*) sojourner; passer-by
trapero (*m.*) ragdealer
trapío (*m.*) fine appearance and spirit (of the fighting bull)
trapo (*m.*) rag, cloth; bullfighter's cloak
trascordado forgotten
trasladar to transport, to move; to transfer
traste (*m.*) rubbish; utensils
tratar de to deal with
(a) través de through, across
trayecto (*m.*) run; stretch, distance
trazar to sketch, to trace
trazo (*m.*) sketch; plan
trenza (*f.*) braid; plait
trepar to climb, to creep up
treta (*f.*) thrust; trick, wile
trigo (*m.*) wheat
trigos (*m.*) crops; cornfields
triunfar to succeed, to triumph
troca (*f.*) truck
tronar (ue) to thunder
trozo (*m.*) piece
trueno (*m.*) thunderclap
trufa (*f.*) truffle; lie
trusa (*f.*) bathing trunks
tubo (*m.*) tube, pipe
tullido paralyzed

tumbar to knock down; to knock over
tupido stuffed, blocked up; dense

U

uncir to yoke
uña (*f.*) fingernail
útil useful
uva (*f.*) grape

V

vacío void, empty, vacuous
vaporoso vaporous; ethereal
varicela (*f.*) chicken pox
varón (*m.*) male
vecindad (*f.*) neighborhood
vela (*f.*) watch, vigil; candle; sail
velar to keep watch over
vencer to conquer
verdadero true, truthful
verdugo (*m.*) executioner
vergonzoso shameful, disgraceful
vergüenza (*f.*) shame
verónica (*f.*) pass in bullfighting
vestuario (*m.*) cloak-room; wardrobe
víbora (*f.*) viper; treacherous person
vidrio (*m.*) glass
vigilar to keep an eye on
viña (*f.*) vineyard
(a) vista in the presence of; on sight
(punto de) vista (*m.*) point of view
vistoso showy; fine; glaring
viuda (*f.*) widow
volador flying
volante (*m.*) steering wheel
volar (ue) to fly
voltear to whirl, to revolve; to turn upside down
voluntad (*f.*) will; willpower; wish
vuelo (*m.*) flight
vuelta (*f.*) turn; twirl; change; reverse

Y

ya already

Z

zaguán (*m.*) entrance; porch; hall
zorro (*m.*) fox
zumbar to buzz
zumbido (*m.*) humming, buzzing
zurrón (*m.*) pouch